Kuss um Mitternacht

Rin Mikimoto

2

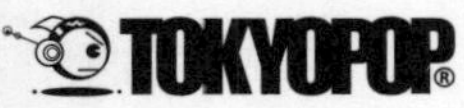

Inhaltsverzeichnis

STORY & CAST

Kuss um Mitternacht

Highschool-Schülerin Hinana sehnt sich nach einer Liebe wie in einem Märchen. Als sie dem gut aussehenden Star Kaede begegnet, wird ihr Traum von einem Prinzen Realität ...! Im Anschluss an ihr erstes Date ♥ lädt er sie zu sich nach Hause ein. Hinana ist hin und weg, doch diese rätselhafte »Scarlet«, deren Name öfter fällt, geht ihr nicht mehr aus dem Kopf. Also stellt sie Kaede zur Rede. Es kommt heraus, dass Scarlet Kaedes Hündin ist! Gerade als das Missverständnis geklärt ist und die Stimmung romantisch wird, taucht jedoch Kaedes Manager Shige in der Wohnung auf ...

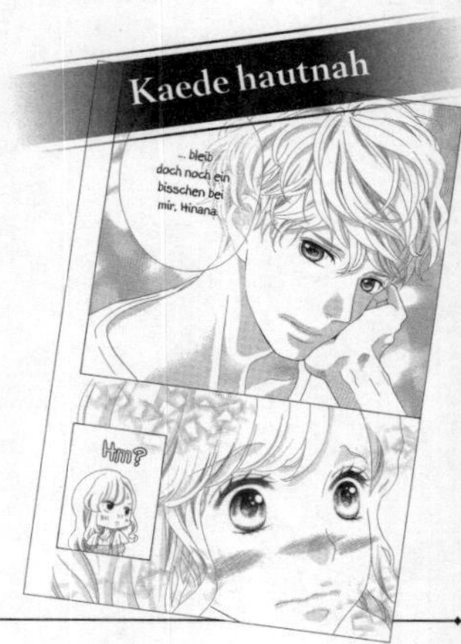

Kaede Ayase
Wahnsinnig gut aussehender Star, der einem Prinzen gleicht. Er war früher ein Mitglied der Boygroup Funny bone und hat insgeheim ein Faible für Hintern.

Hinana Hanazawa
Highschool-Schülerin, die alles sehr genau nimmt. Sie träumt von einem Märchenprinzen.

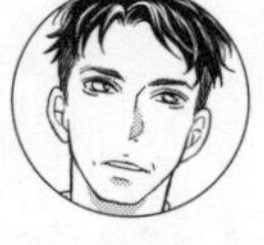

Shige
Kaedes Manager. Er weist den freiheitsliebenden Kaede in seine Schranken.

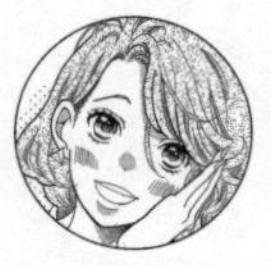

Hikaru (Run-chan)
Hinanas Sandkastenfreundin. Stellvertretende Präsidentin im Schülerrat.

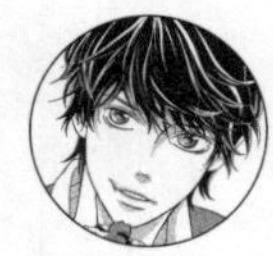

Akira (A-chan)
Hinanas Sandkastenfreund. Er spielt in einer Band.

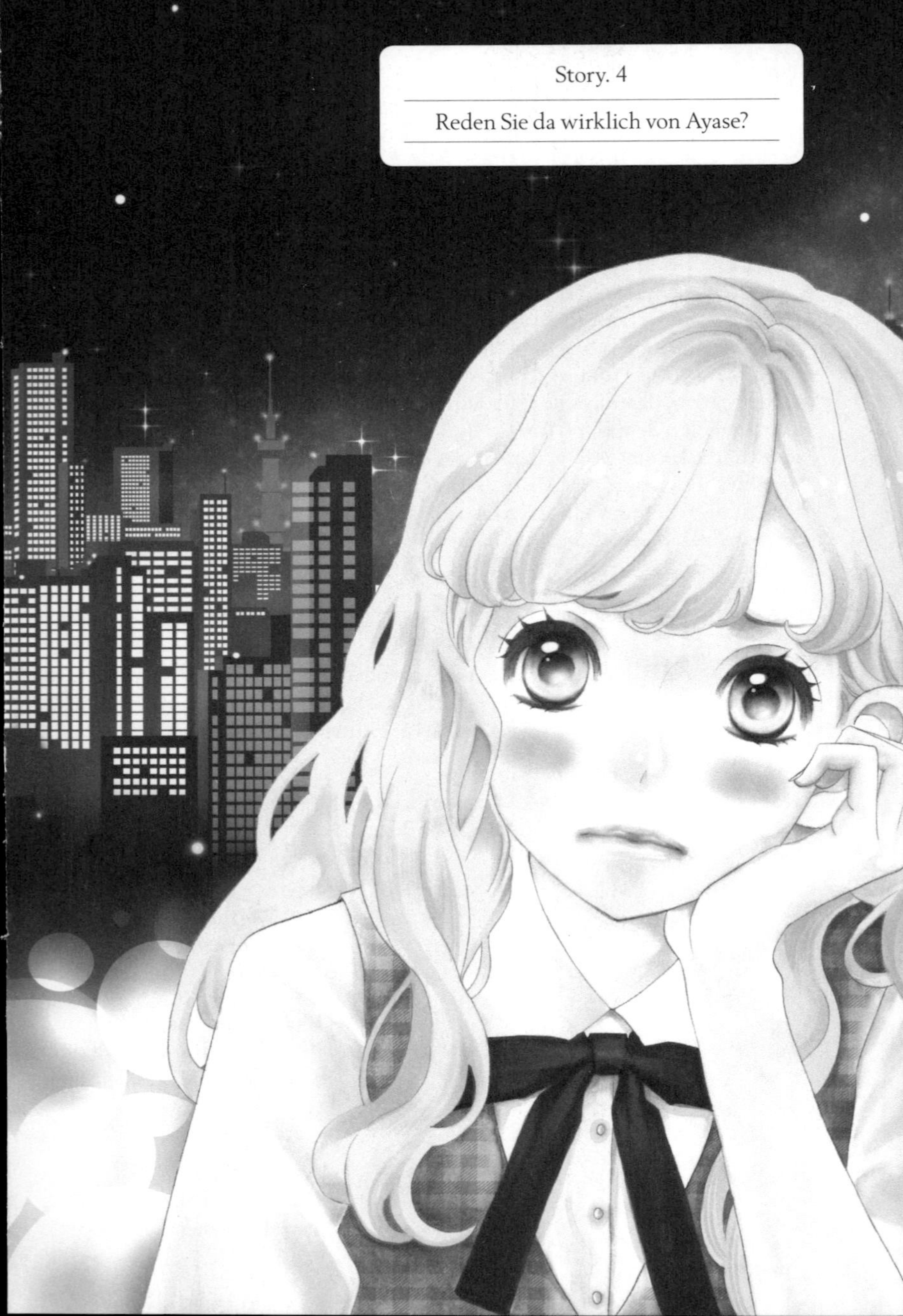
Story. 4
Reden Sie da wirklich von Ayase?

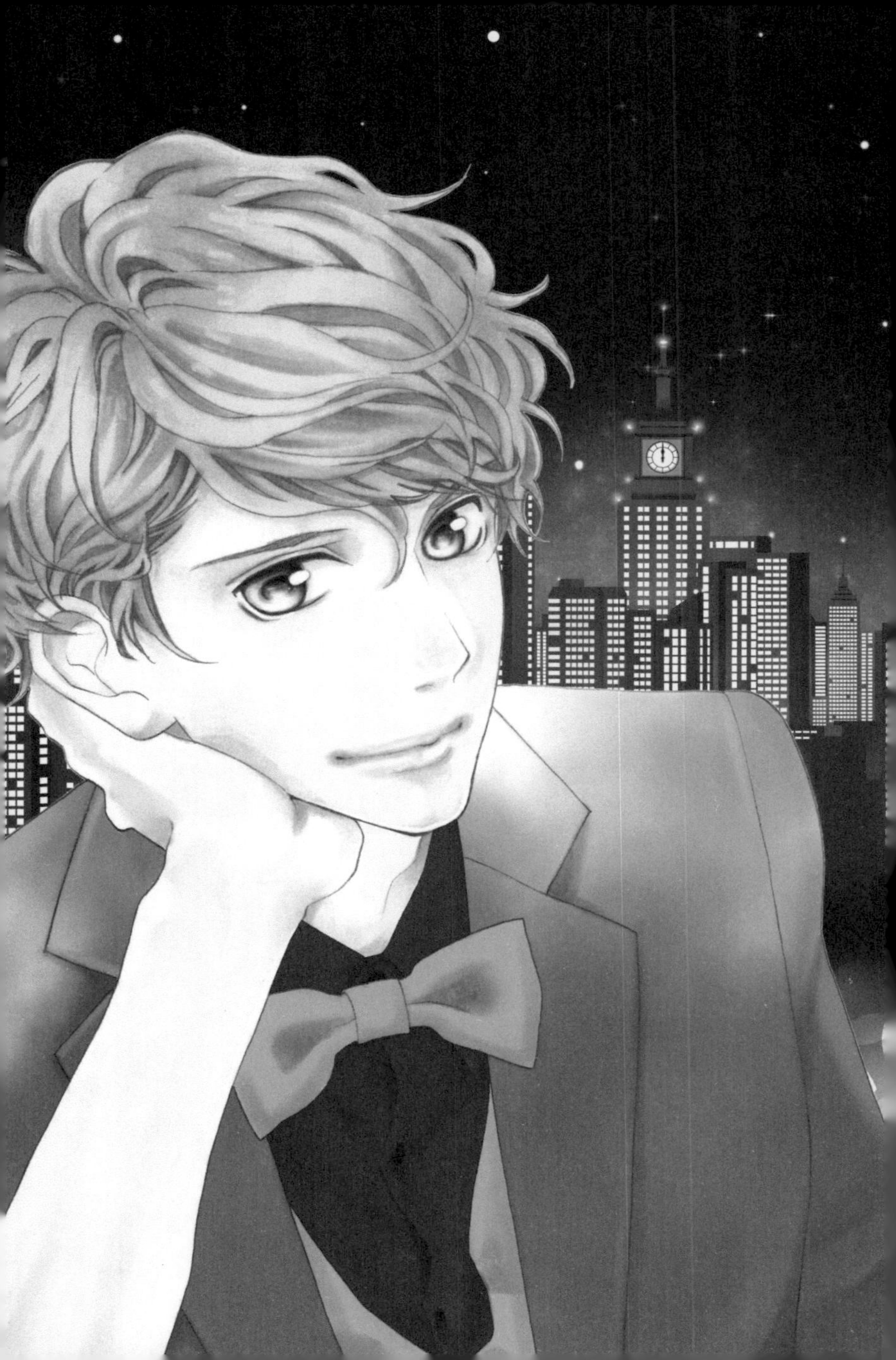

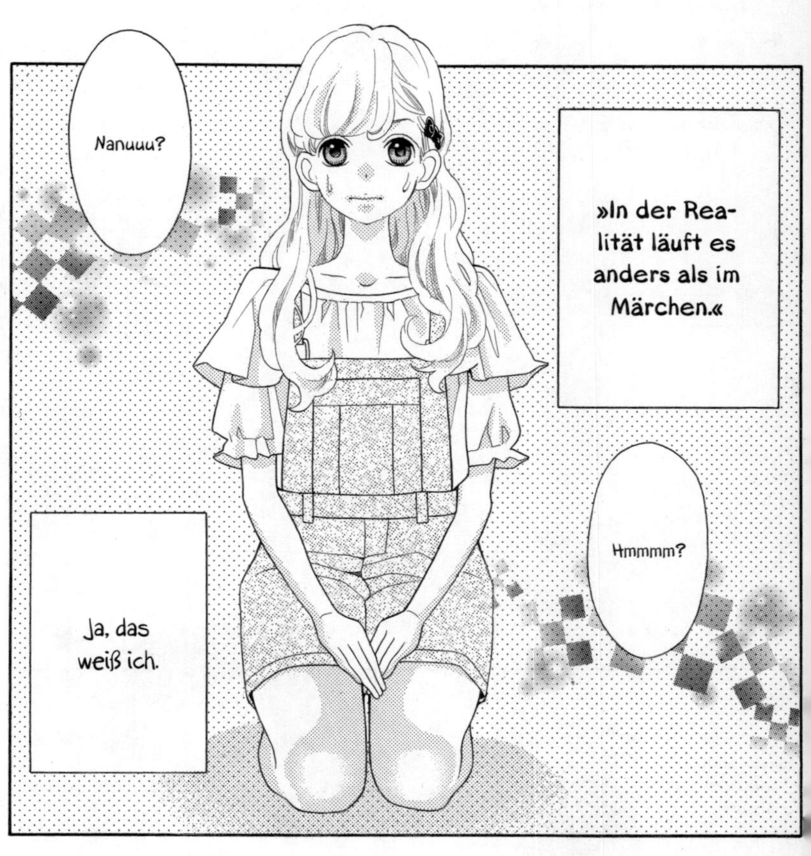

Kuss um Mitternacht

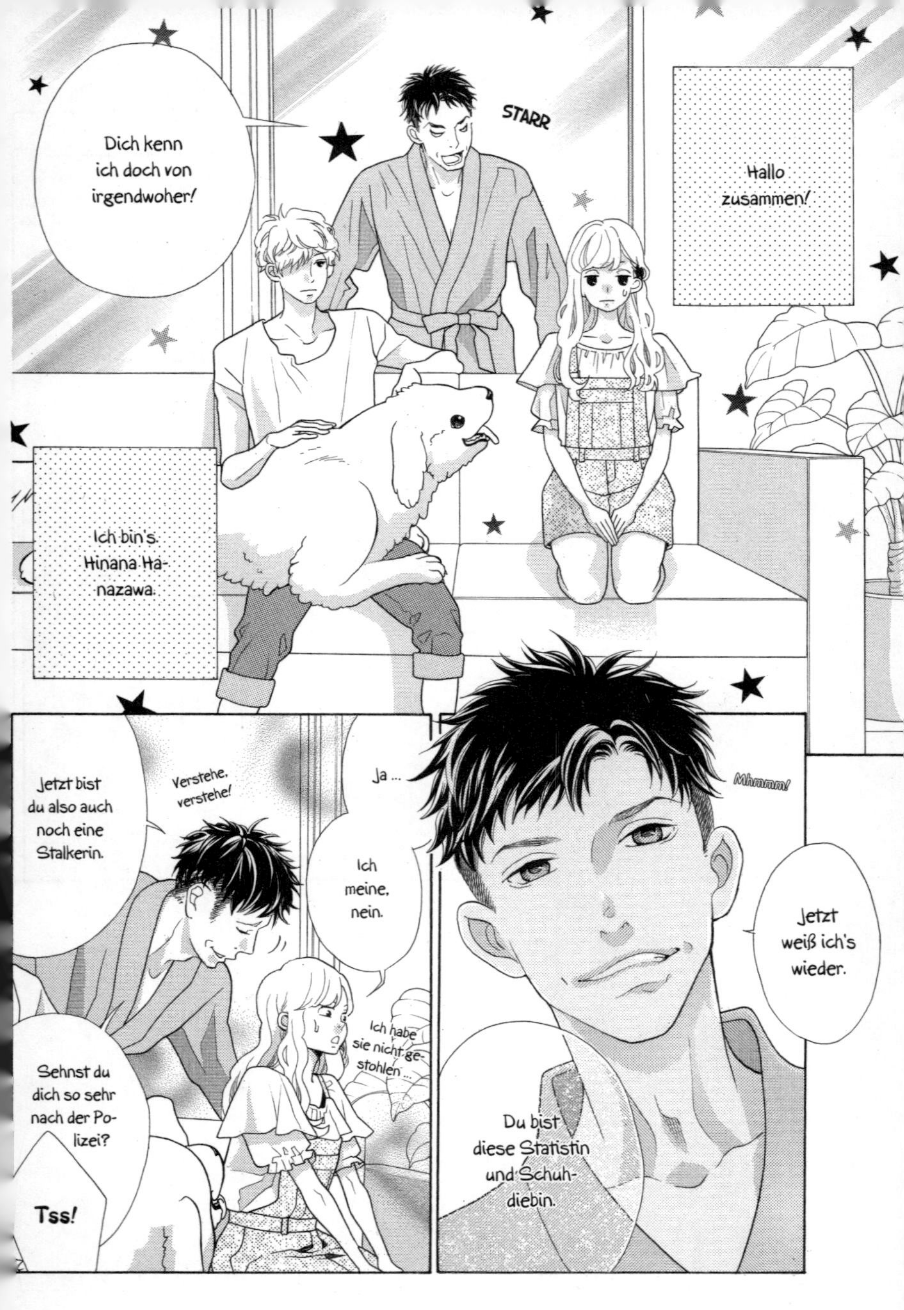
Hallo zusammen!
STARR
Dich kenn ich doch von irgendwoher!
Ich bin's. Hinana Hanazawa.
Mhmmm!
Jetzt weiß ich's wieder.
Du bist diese Statistin und Schuhdiebin.
Ja ...
Ich meine, nein.
Verstehe, verstehe!
Jetzt bist du also auch noch eine Stalkerin.
Ich habe sie nicht gestohlen ...
Sehnst du dich so sehr nach der Polizei?
Tss!

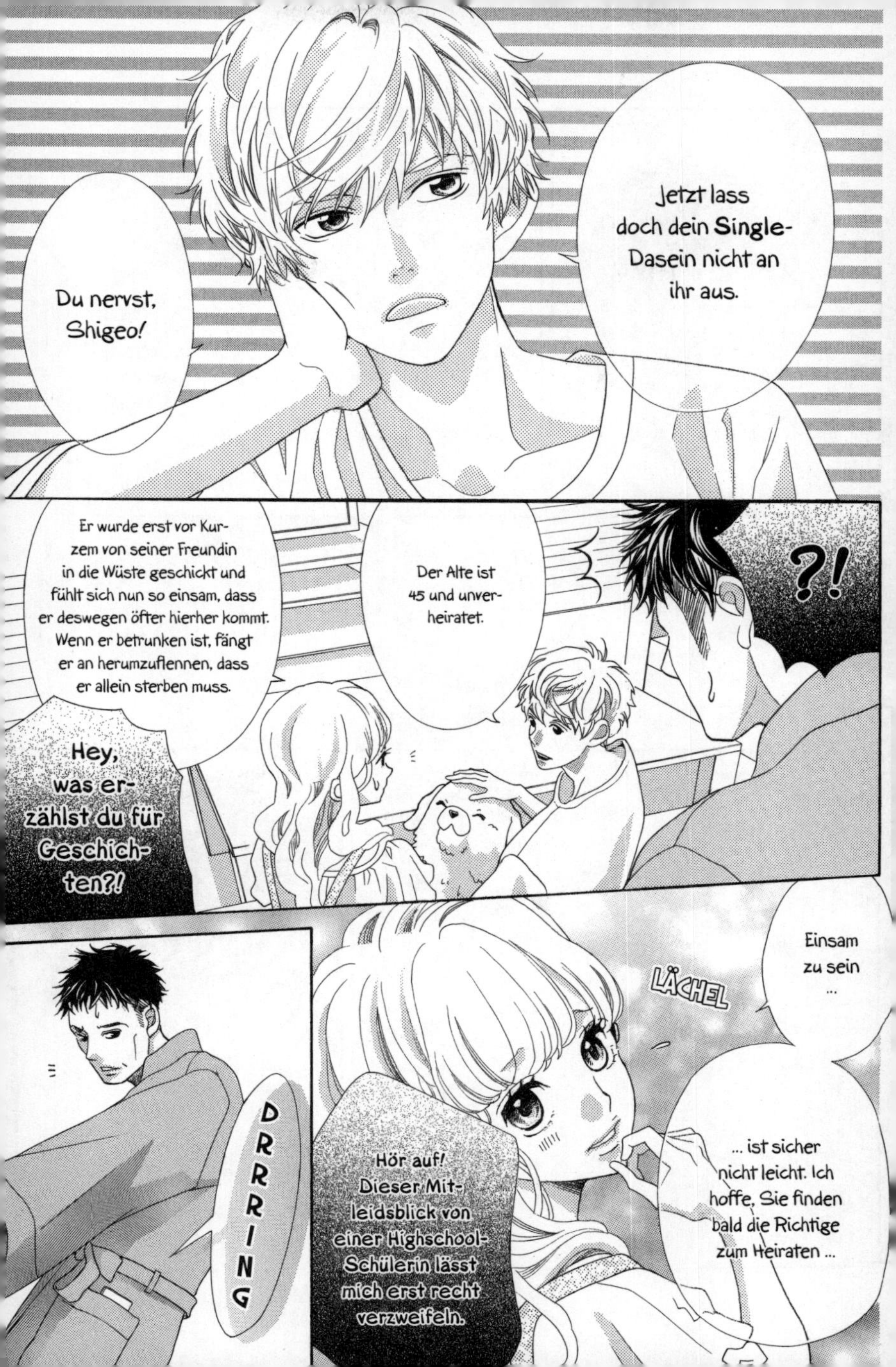
Jetzt lass doch dein Single-Dasein nicht an ihr aus.
Du nervst, Shigeo!
?!
Der Alte ist 45 und unverheiratet.
Er wurde erst vor Kurzem von seiner Freundin in die Wüste geschickt und fühlt sich nun so einsam, dass er deswegen öfter hierher kommt. Wenn er betrunken ist, fängt er an herumzuflennen, dass er allein sterben muss.
Hey, was erzählst du für Geschichten?!
Einsam zu sein ...
LÄCHEL
... ist sicher nicht leicht. Ich hoffe, Sie finden bald die Richtige zum Heiraten ...
Hör auf! Dieser Mitleidsblick von einer Highschool-Schülerin lässt mich erst recht verzweifeln.
DRRRING

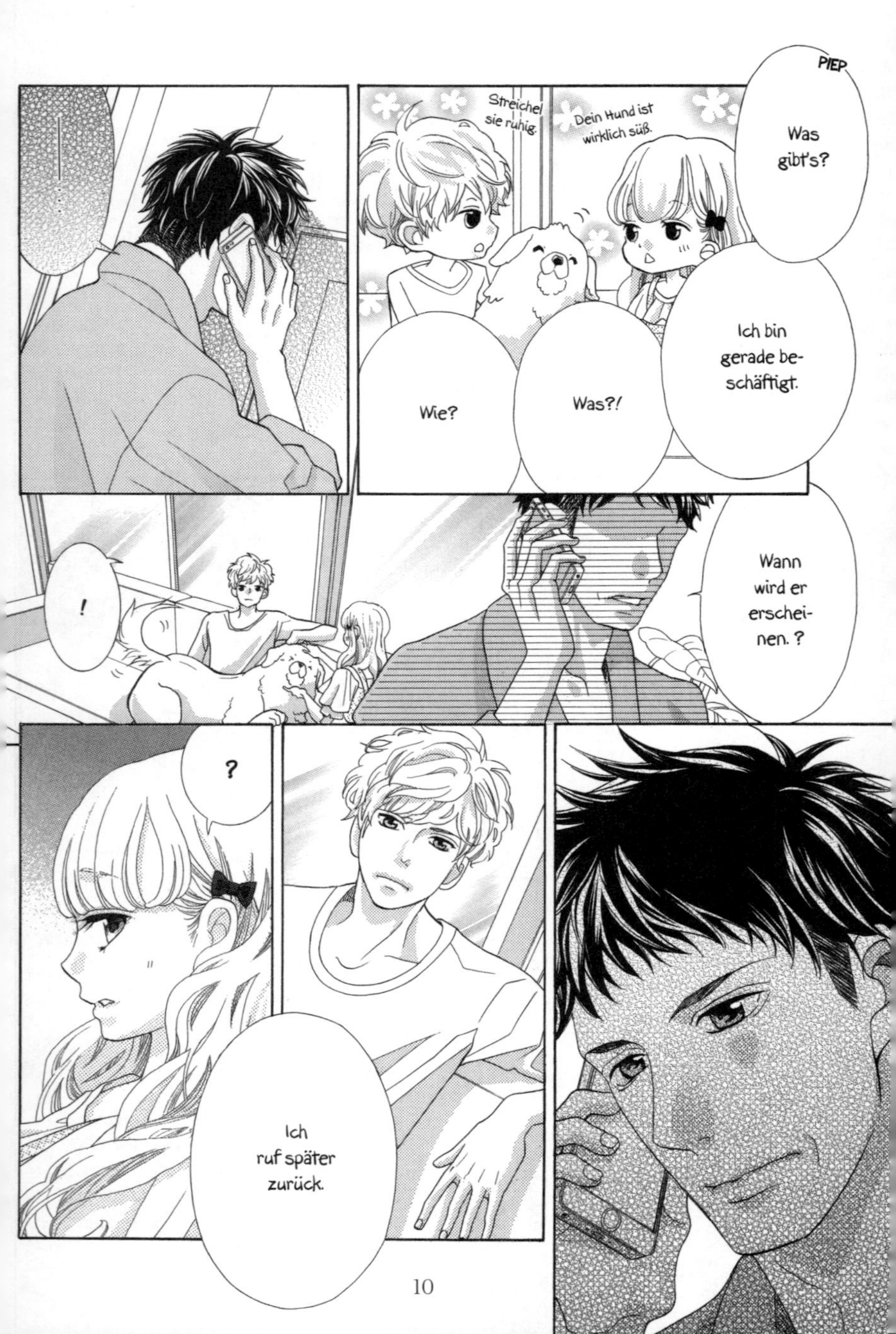
……
Piep
Was gibt's?
Dein Hund ist wirklich süß.
Streichel sie ruhig.
Ich bin gerade beschäftigt.
Was?!
Wie?
Wann wird er erscheinen. ?
!
?
Ich ruf später zurück.

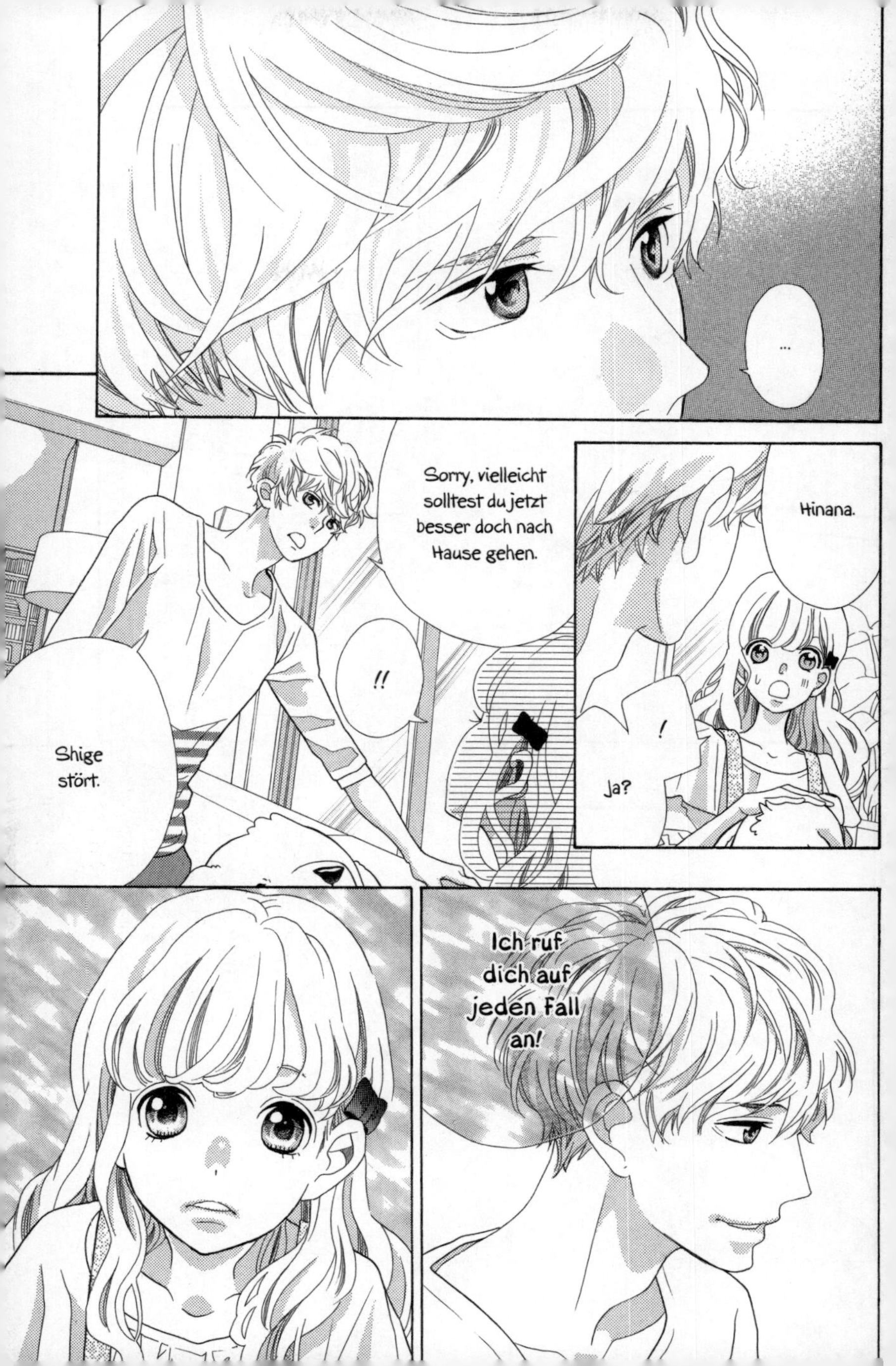
...
Hinana.
!
Ja?
Sorry, vielleicht solltest du jetzt besser doch nach Hause gehen.
!!
Shige stört.
Ich ruf dich auf jeden Fall an!

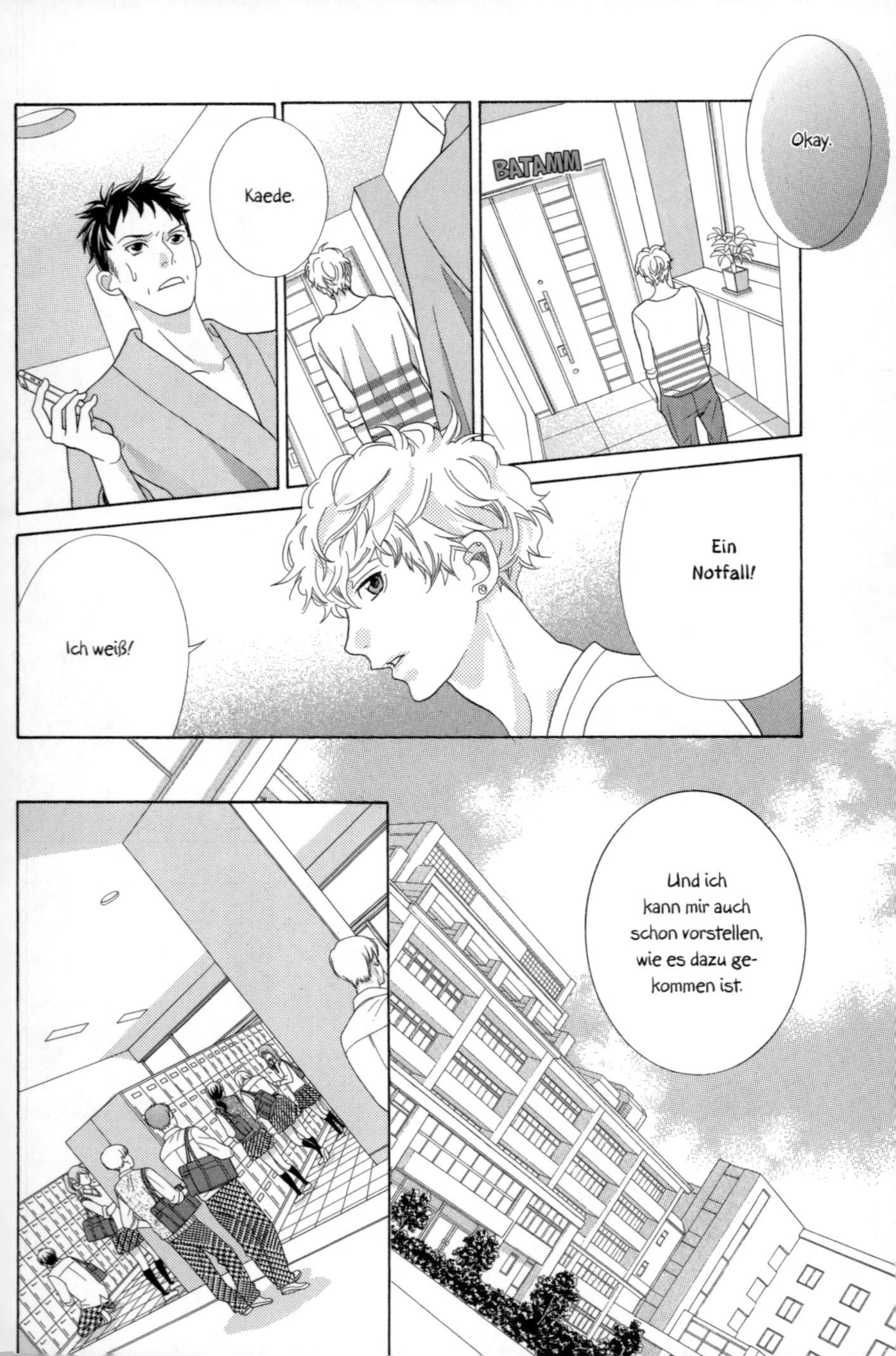
Okay.
BATAMM
Kaede.
Ein Notfall!
Ich weiß!
Und ich kann mir auch schon vorstellen, wie es dazu ge-kommen ist.

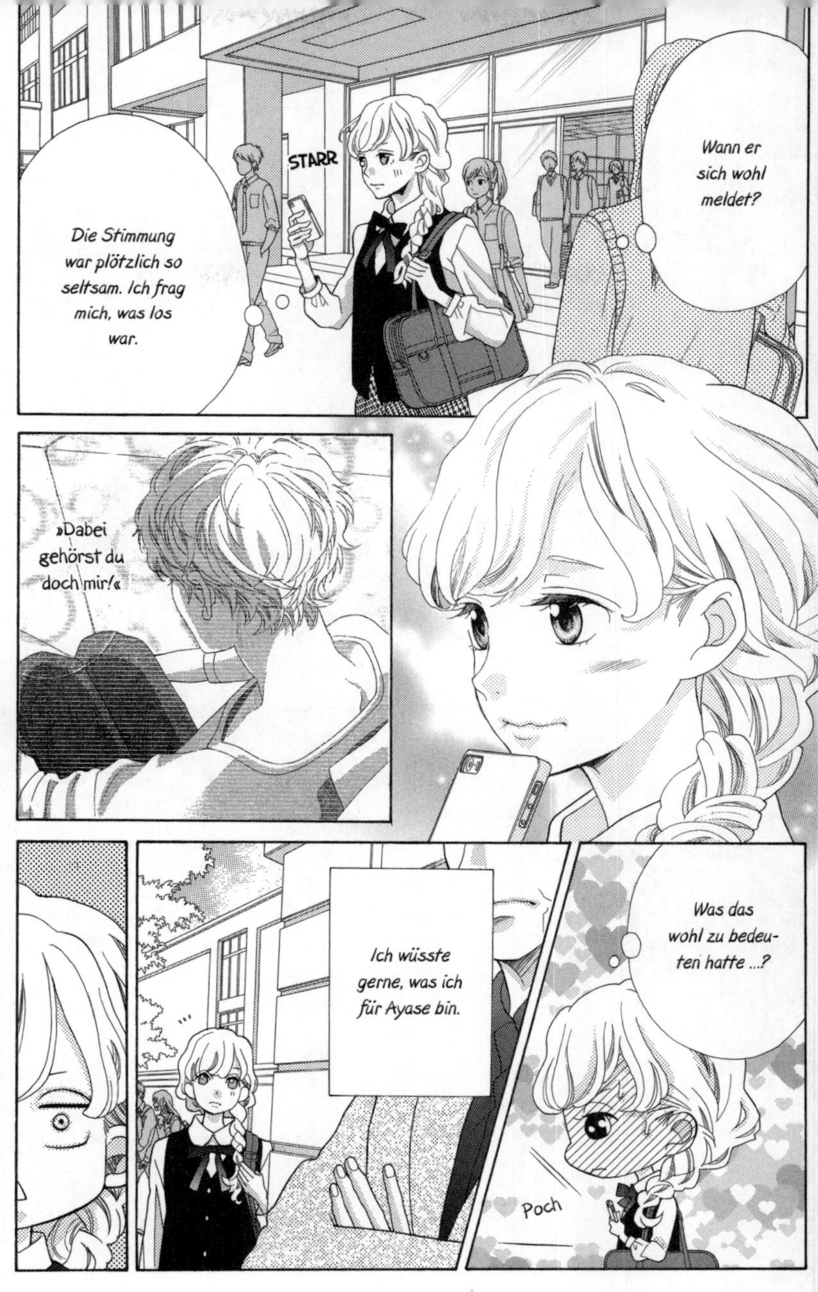
Wann er sich wohl meldet?
STARR
Die Stimmung war plötzlich so seltsam. Ich frag mich, was los war.
»Dabei gehörst du doch mir!«
Was das wohl zu bedeuten hatte …?
Poch
Ich wüsste gerne, was ich für Ayase bin.
…

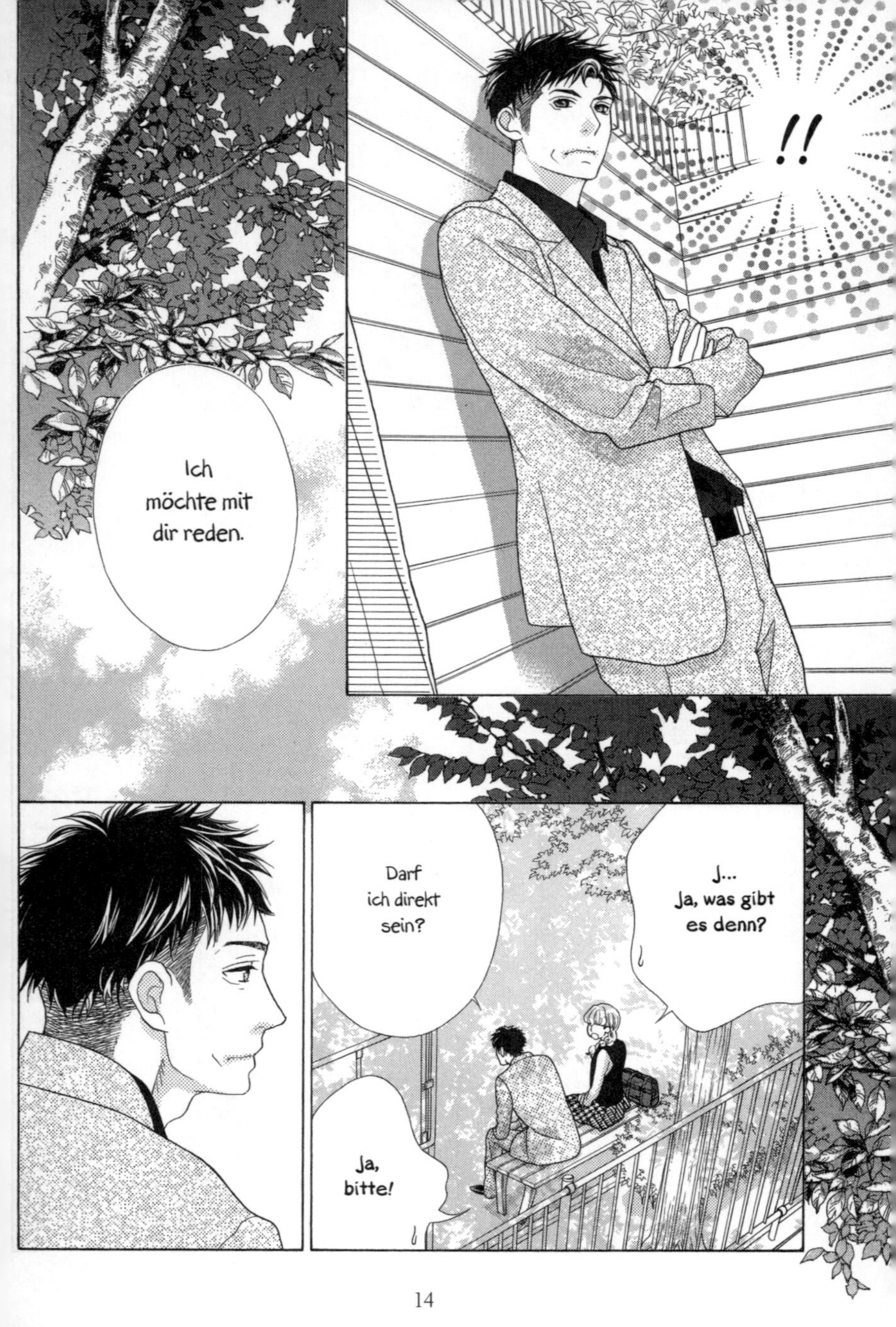
!!
Ich möchte mit dir reden.
J... Ja, was gibt es denn?
Darf ich direkt sein?
Ja, bitte!

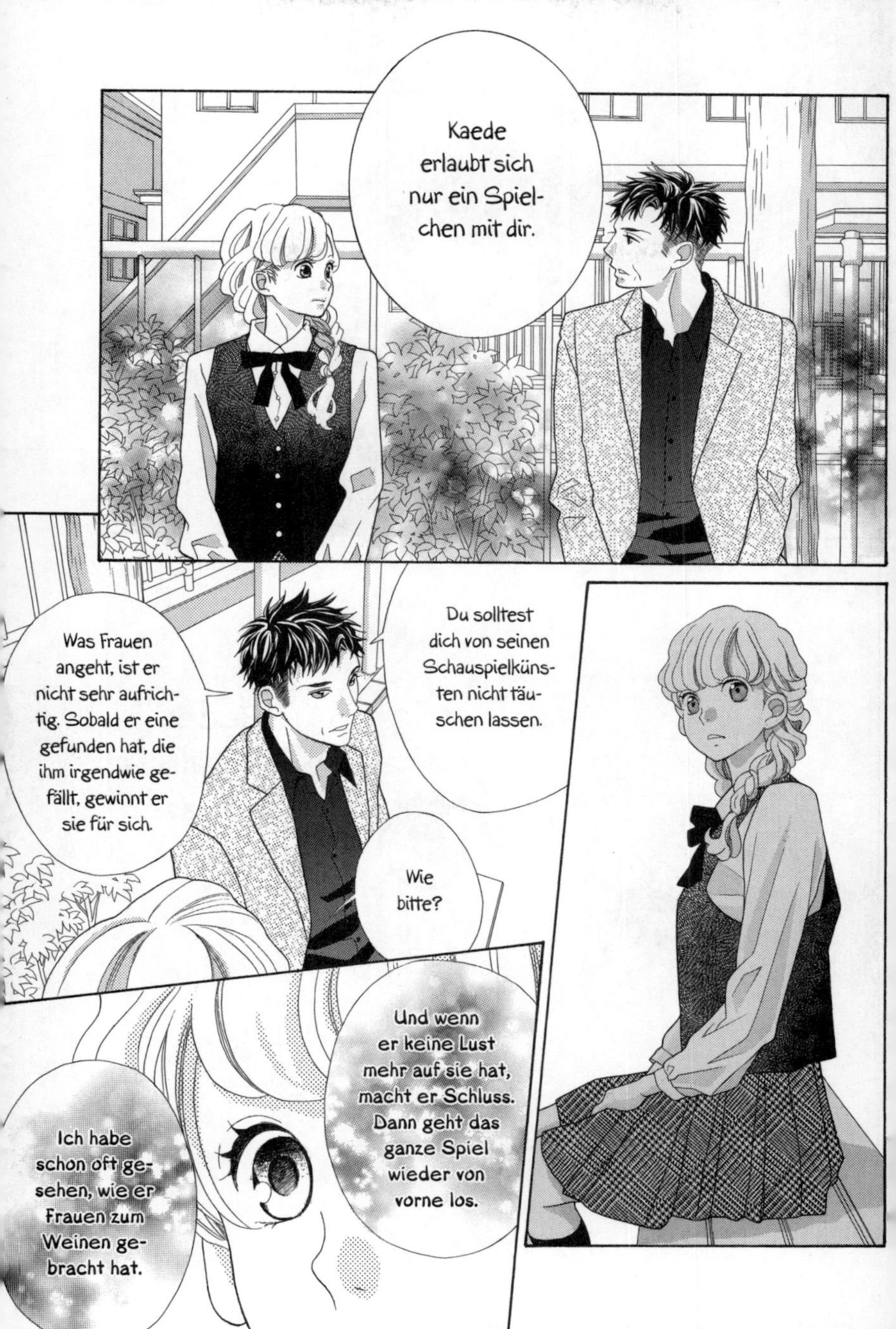
Kaede erlaubt sich nur ein Spielchen mit dir.
Du solltest dich von seinen Schauspielkünsten nicht täuschen lassen.
Was Frauen angeht, ist er nicht sehr aufrichtig. Sobald er eine gefunden hat, die ihm irgendwie gefällt, gewinnt er sie für sich.
Wie bitte?
Und wenn er keine Lust mehr auf sie hat, macht er Schluss. Dann geht das ganze Spiel wieder von vorne los.
Ich habe schon oft gesehen, wie er Frauen zum Weinen gebracht hat.

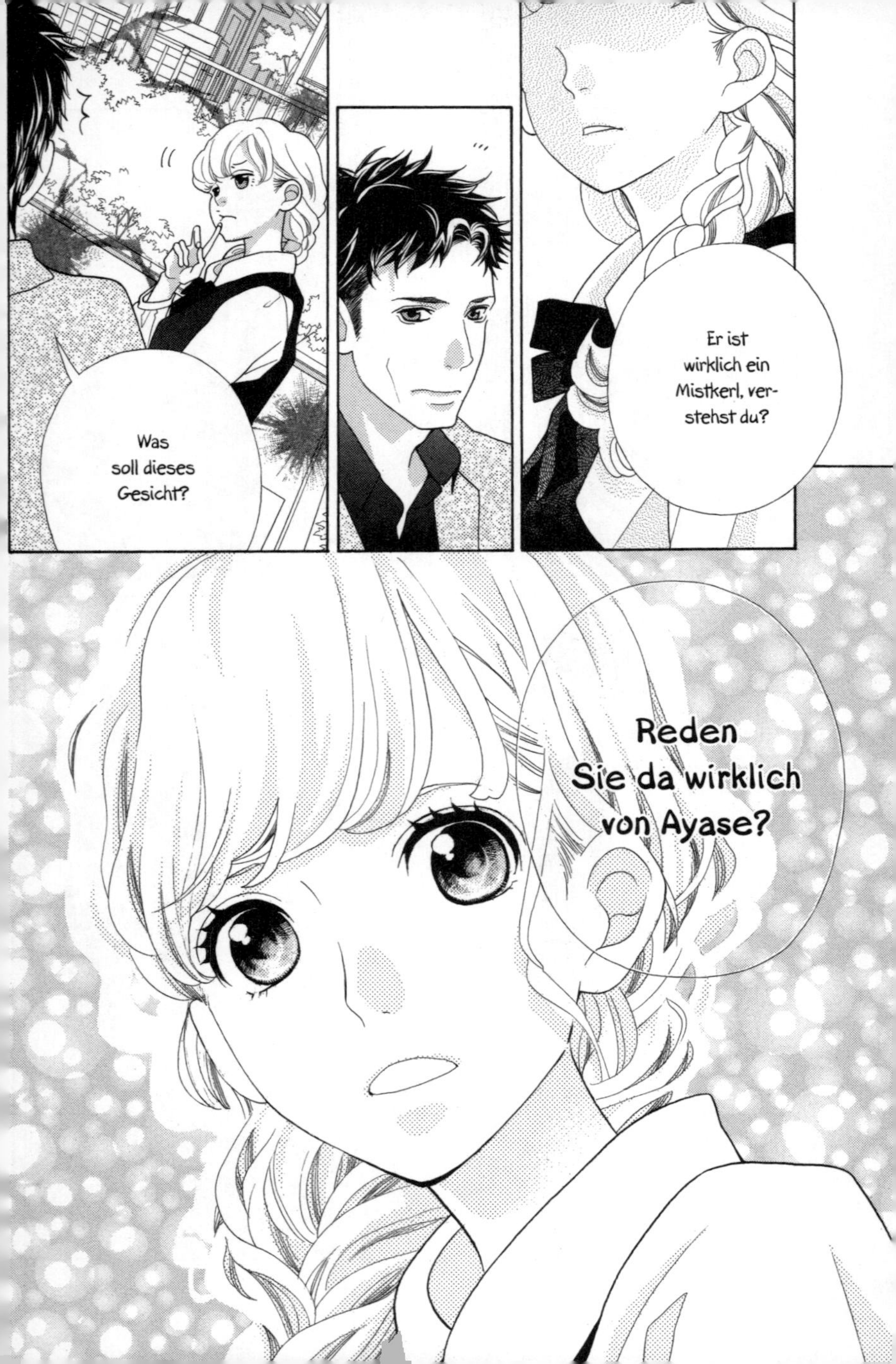
Er ist wirklich ein Mistkerl, versteht du?
Was soll dieses Gesicht?
Reden Sie da wirklich von Ayase?

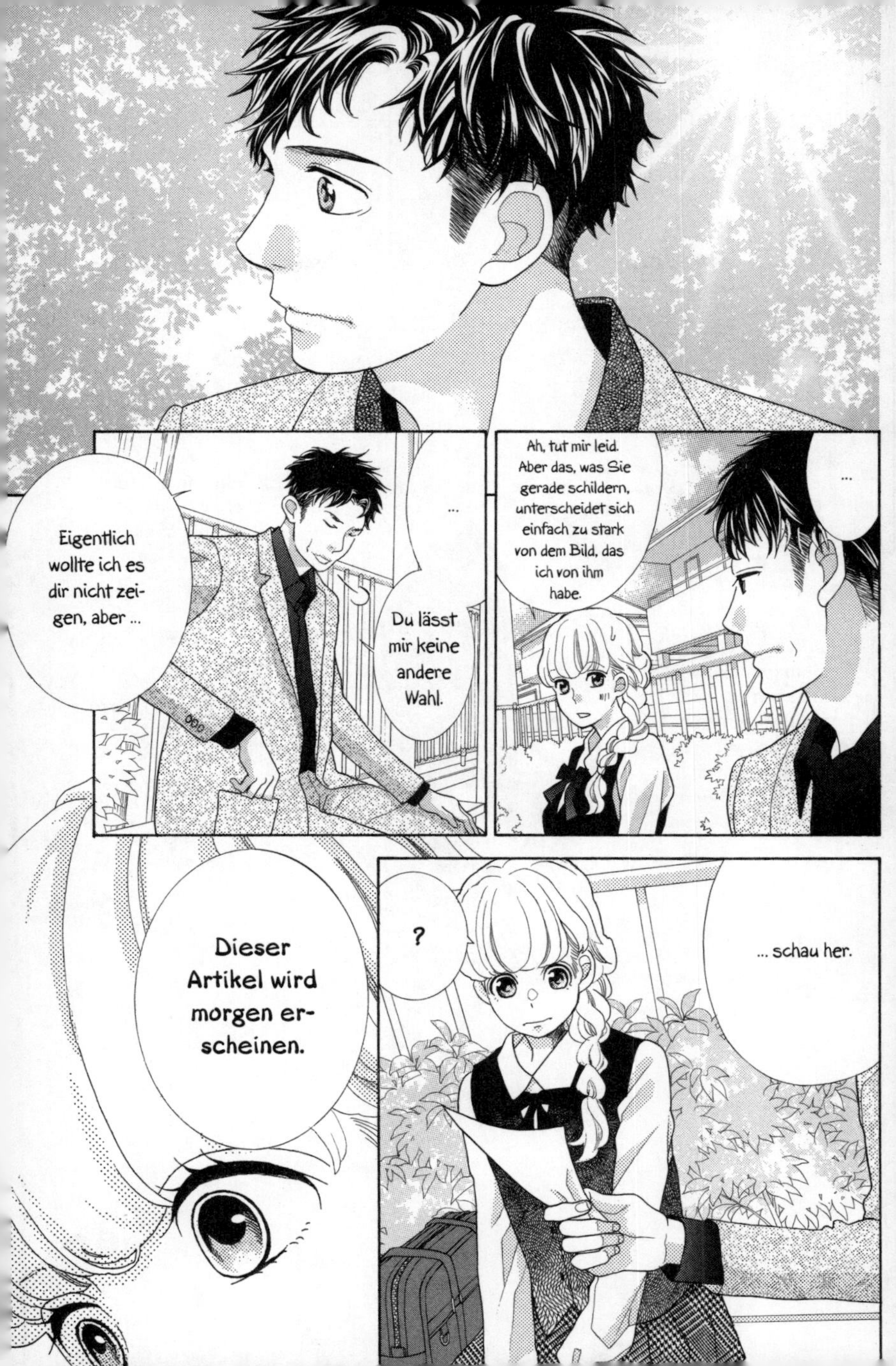
...
Ah, tut mir leid. Aber das, was Sie gerade schildern, unterscheidet sich einfach zu stark von dem Bild, das ich von ihm habe.
...
Du lässt mir keine andere Wahl.
Eigentlich wollte ich es dir nicht zeigen, aber ...
... schau her.
?
Dieser Artikel wird morgen erscheinen.

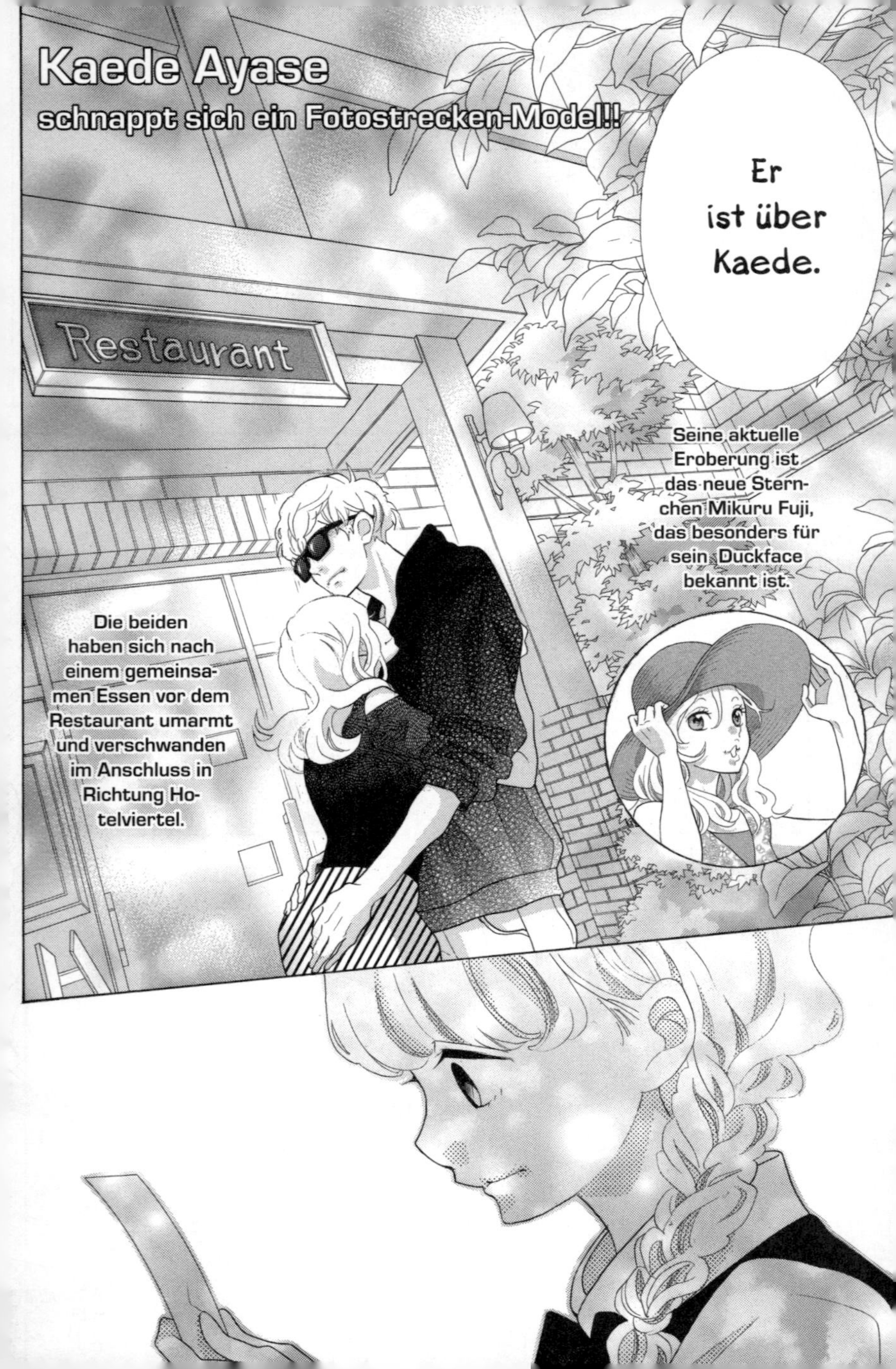
Kaede Ayase
schnappt sich ein Fotostrecken-Model!!
Er ist über Kaede.
Restaurant
Seine aktuelle Eroberung ist das neue Sternchen Mikuru Fuji, das besonders für sein Duckface bekannt ist.
Die beiden haben sich nach einem gemeinsamen Essen vor dem Restaurant umarmt und verschwanden im Anschluss in Richtung Hotelviertel.

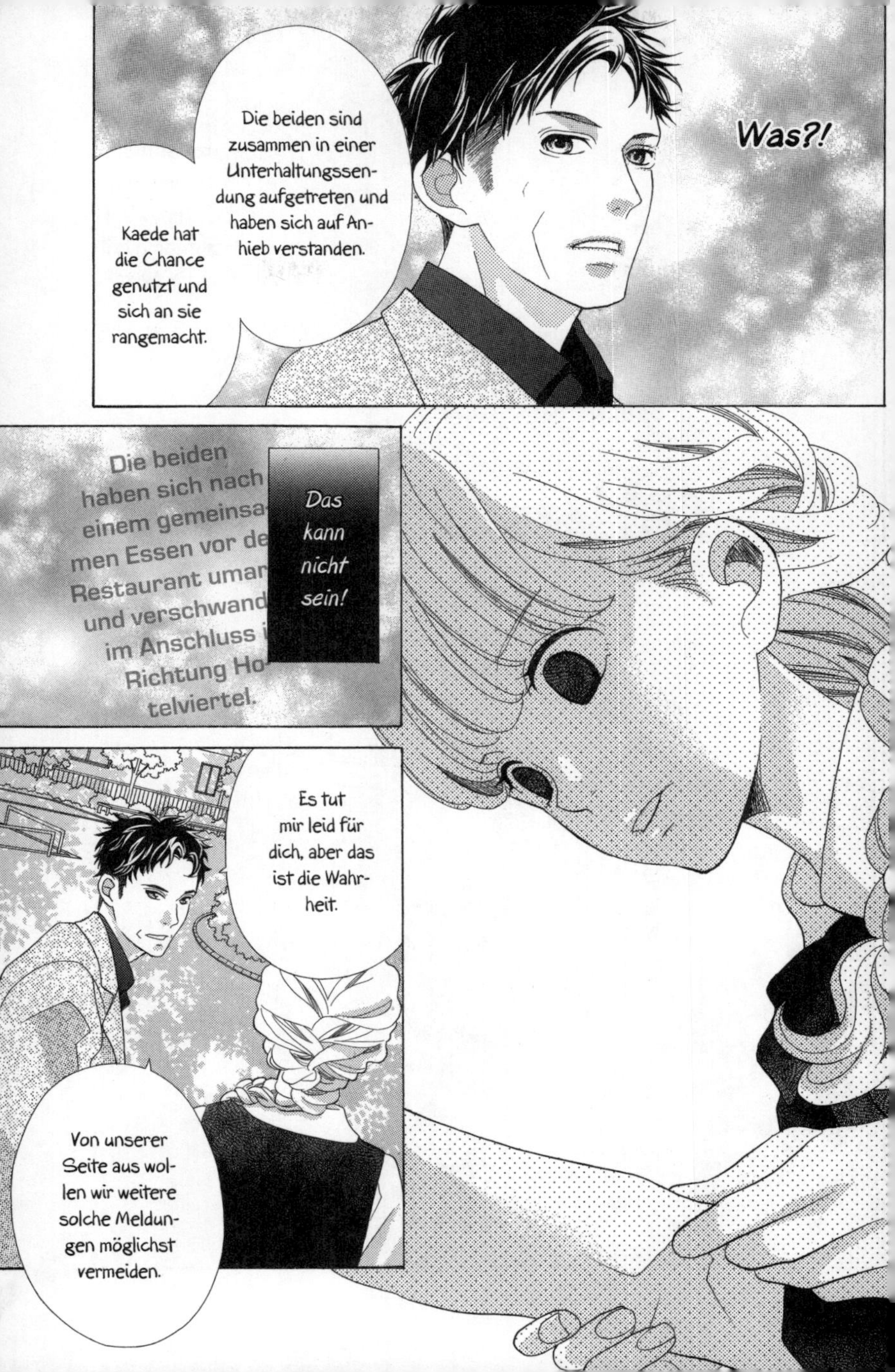
Was?!
Die beiden sind zusammen in einer Unterhaltungssendung aufgetreten und haben sich auf Anhieb verstanden.
Kaede hat die Chance genutzt und sich an sie rangemacht.
Das kann nicht sein!
Die beiden haben sich nach einem gemeinsamen Essen vor de Restaurant umar und verschwand im Anschluss i Richtung Hotelviertel.
Es tut mir leid für dich, aber das ist die Wahrheit.
Von unserer Seite aus wollen wir weitere solche Meldungen möglichst vermeiden.

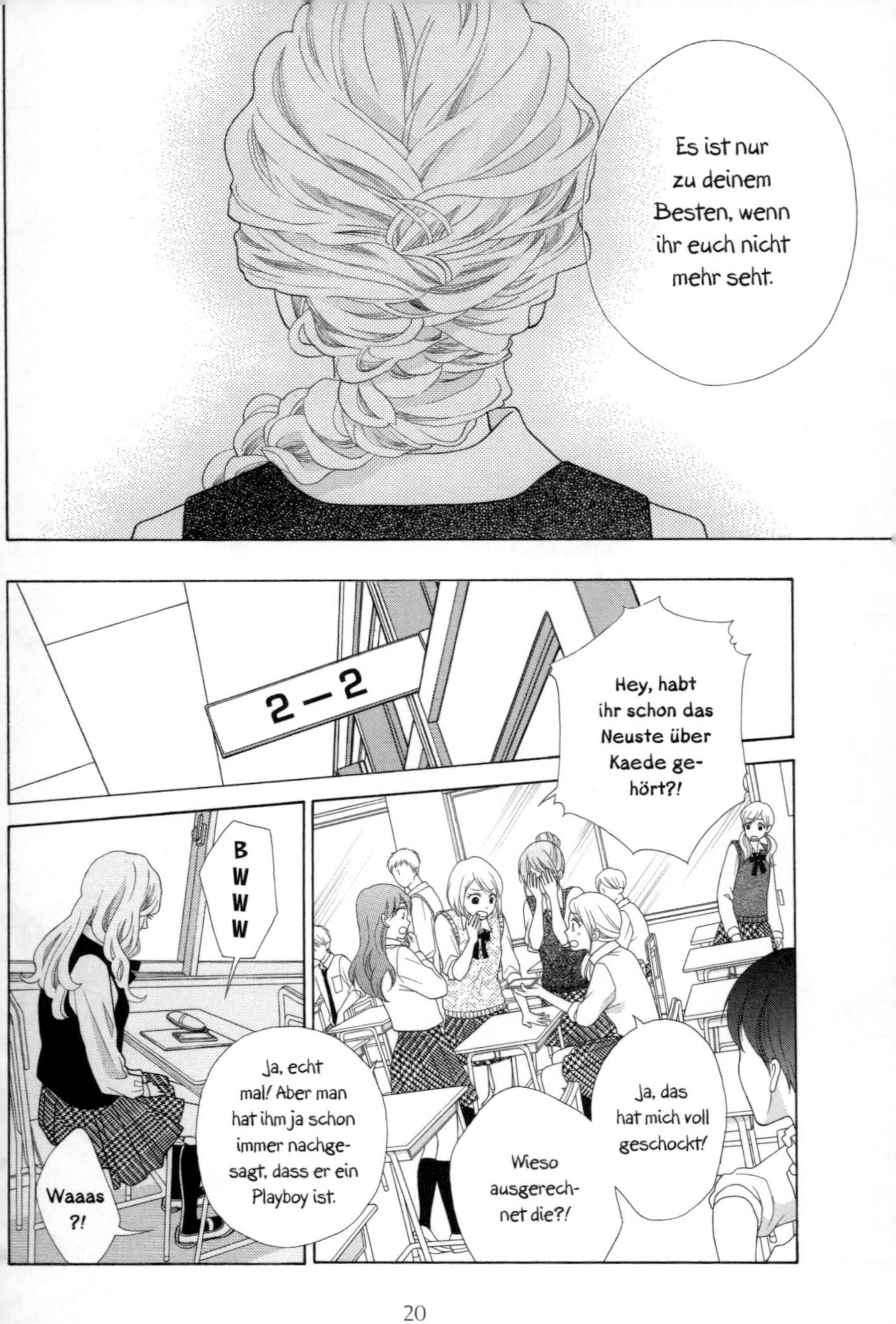

Es ist nur zu deinem Besten, wenn ihr euch nicht mehr seht.

2–2

Hey, habt ihr schon das Neuste über Kaede gehört?!

Ja, das hat mich voll geschockt!

Wieso ausgerechnet die?!

Ja, echt mal! Aber man hat ihm ja schon immer nachgesagt, dass er ein Playboy ist.

BWWW

Waaas?!

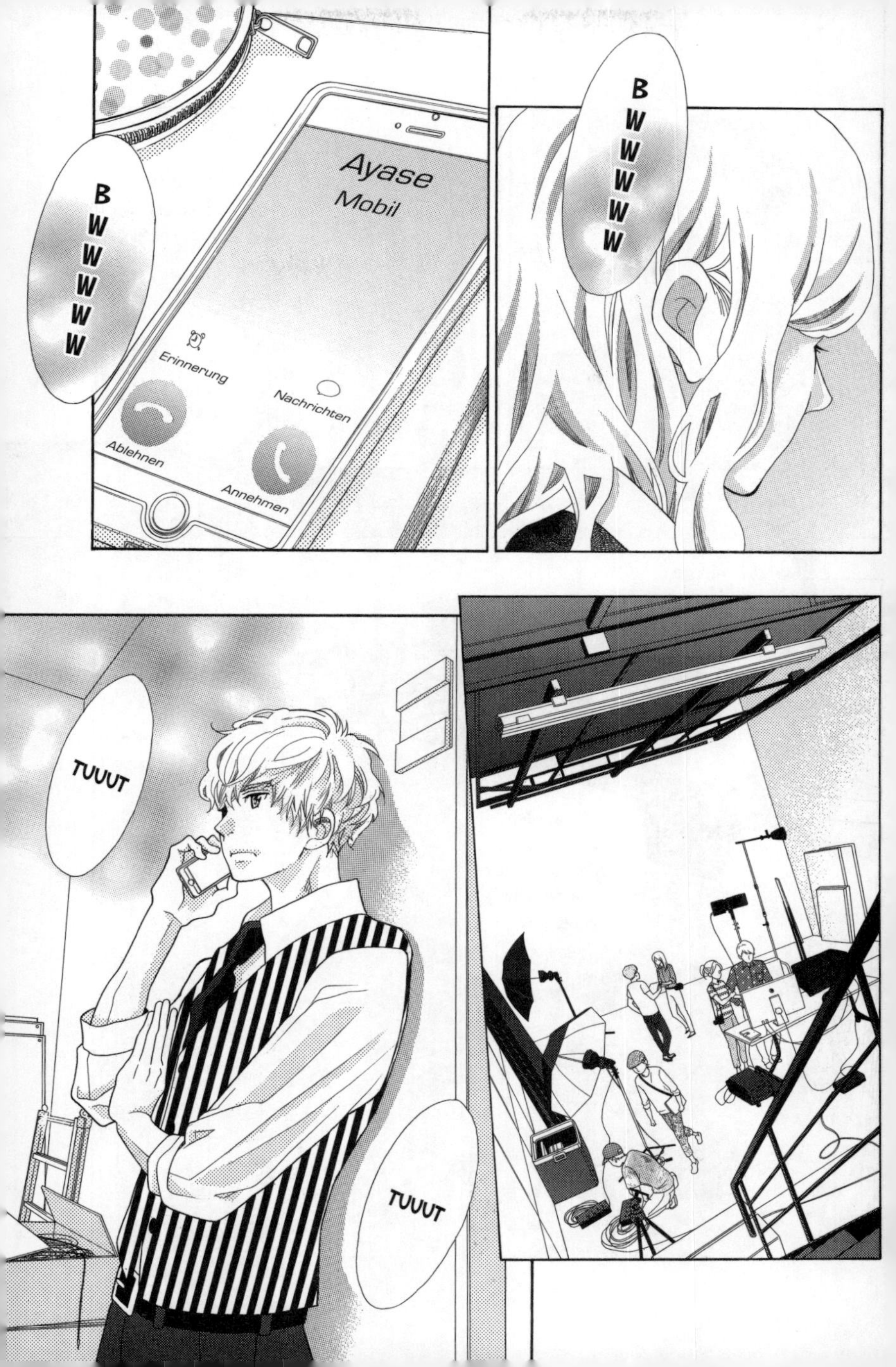

BWWWWW

Ayase
Mobil
Erinnerung
Nachrichten
Ablehnen
Annehmen

BWWWWW

TUUUT

TUUUT

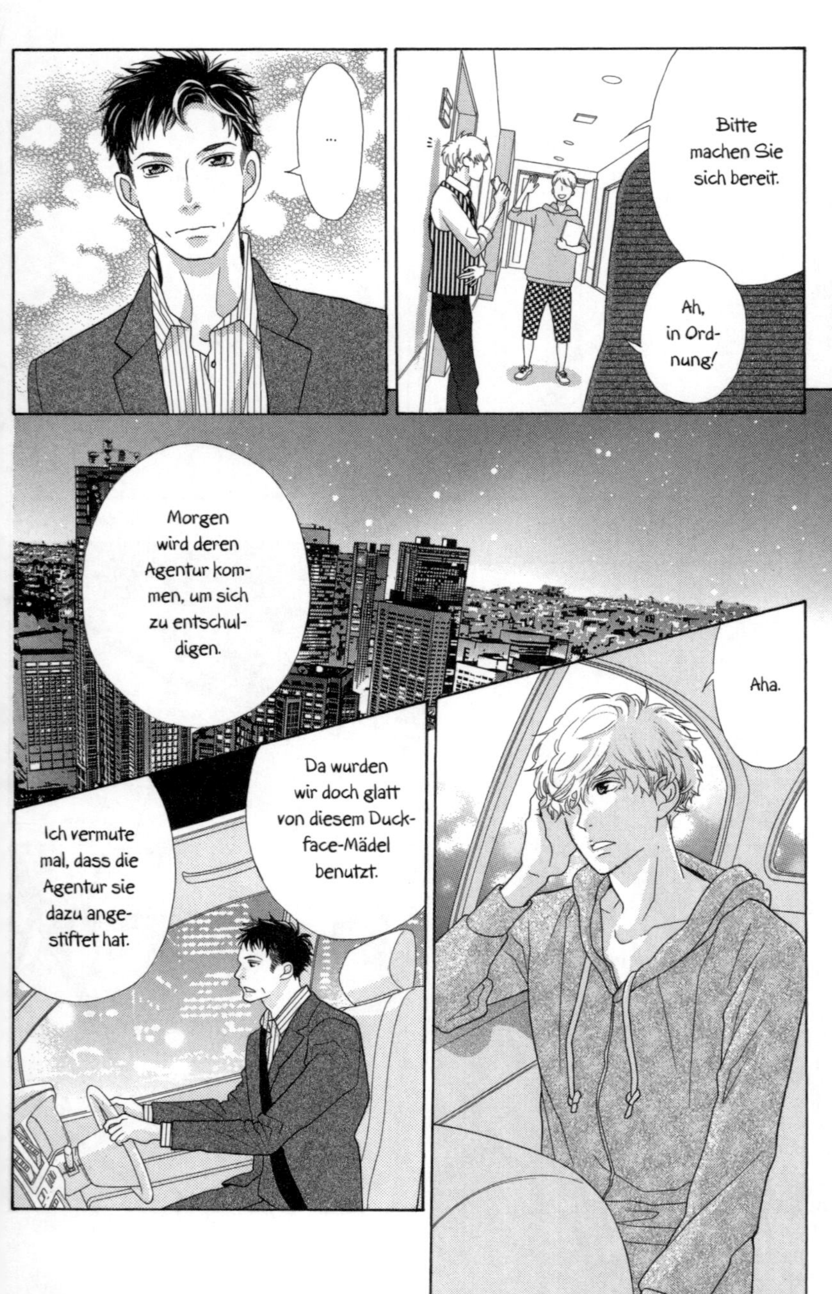
Bitte machen Sie sich bereit.
Ah, in Ordnung!
...
Morgen wird deren Agentur kommen, um sich zu entschuldigen.
Aha.
Da wurden wir doch glatt von diesem Duckface-Mädel benutzt.
Ich vermute mal, dass die Agentur sie dazu angestiftet hat.

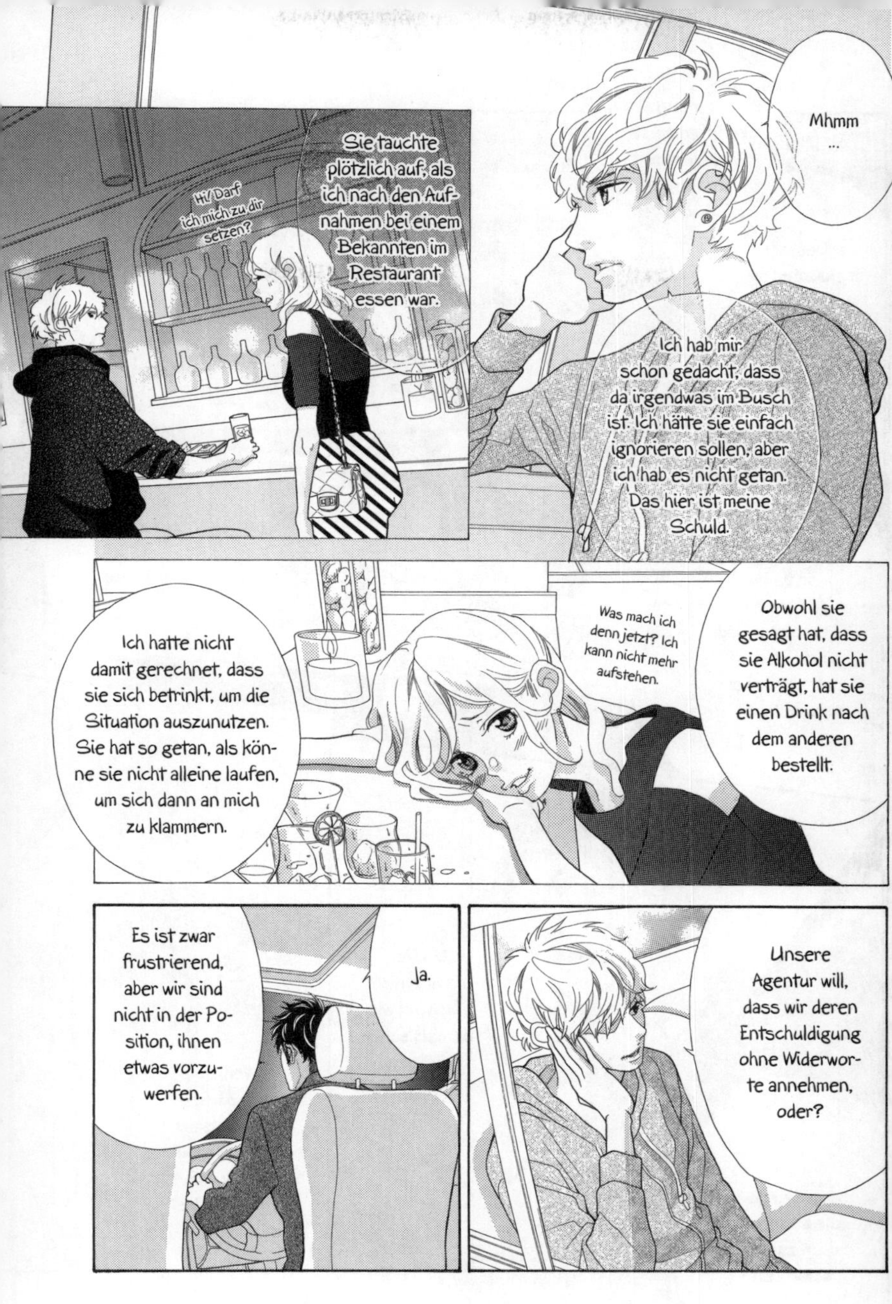
Mhmm
...
Sie tauchte plötzlich auf, als ich nach den Aufnahmen bei einem Bekannten im Restaurant essen war.
Hi! Darf ich mich zu dir setzen?
Ich hab mir schon gedacht, dass da irgendwas im Busch ist. Ich hätte sie einfach ignorieren sollen, aber ich hab es nicht getan. Das hier ist meine Schuld.
Obwohl sie gesagt hat, dass sie Alkohol nicht verträgt, hat sie einen Drink nach dem anderen bestellt.
Was mach ich denn jetzt? Ich kann nicht mehr aufstehen.
Ich hatte nicht damit gerechnet, dass sie sich betrinkt, um die Situation auszunutzen. Sie hat so getan, als könne sie nicht alleine laufen, um sich dann an mich zu klammern.
Unsere Agentur will, dass wir deren Entschuldigung ohne Widerworte annehmen, oder?
Ja.
Es ist zwar frustrierend, aber wir sind nicht in der Position, ihnen etwas vorzuwerfen.

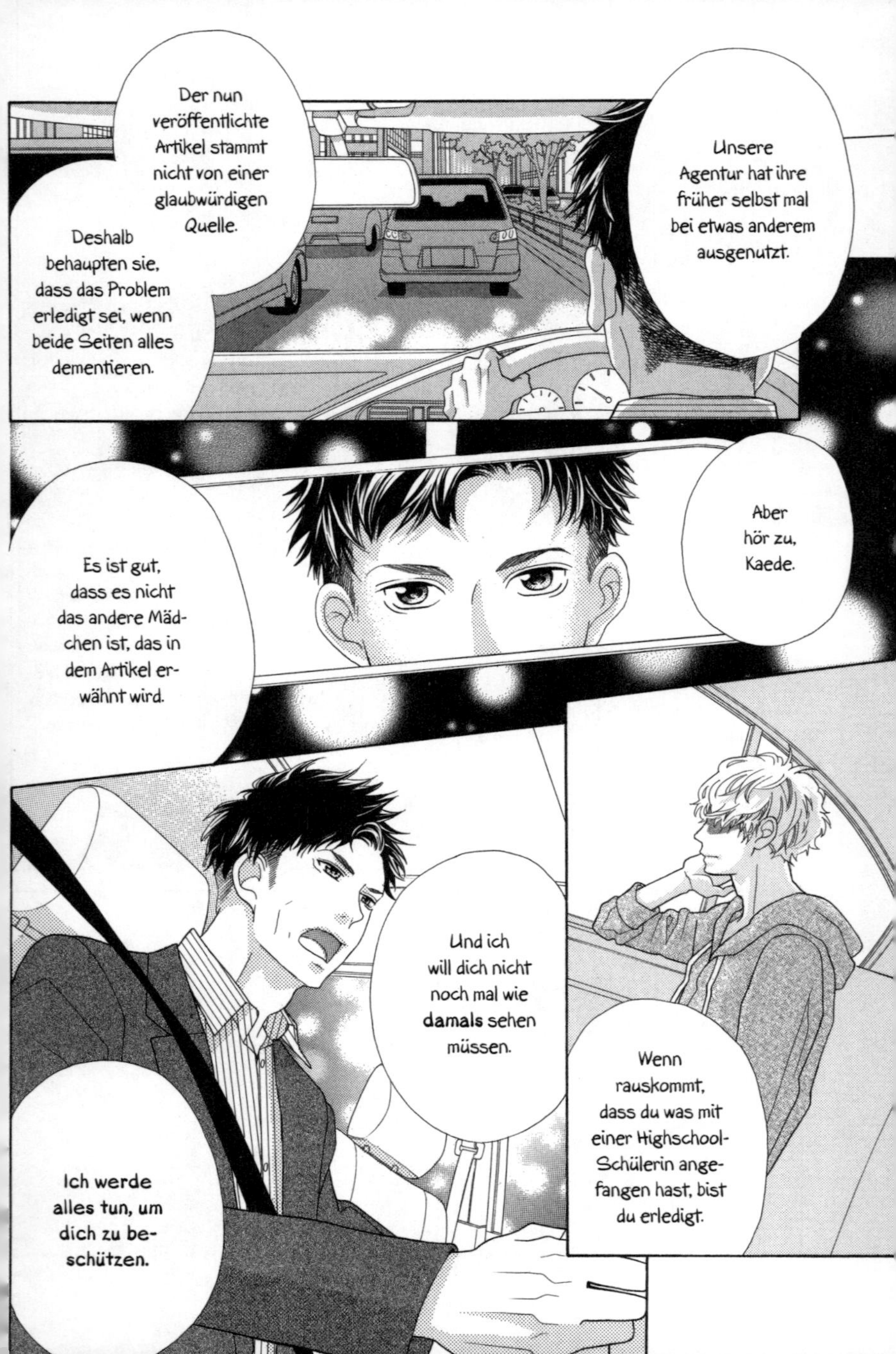
Unsere Agentur hat ihre früher selbst mal bei etwas anderem ausgenutzt.
Der nun veröffentlichte Artikel stammt nicht von einer glaubwürdigen Quelle.
Deshalb behaupten sie, dass das Problem erledigt sei, wenn beide Seiten alles dementieren.
Aber hör zu, Kaede.
Es ist gut, dass es nicht das andere Mädchen ist, das in dem Artikel erwähnt wird.
Wenn rauskommt, dass du was mit einer Highschool-Schülerin angefangen hast, bist du erledigt.
Und ich will dich nicht noch mal wie damals sehen müssen.
Ich werde alles tun, um dich zu beschützen.

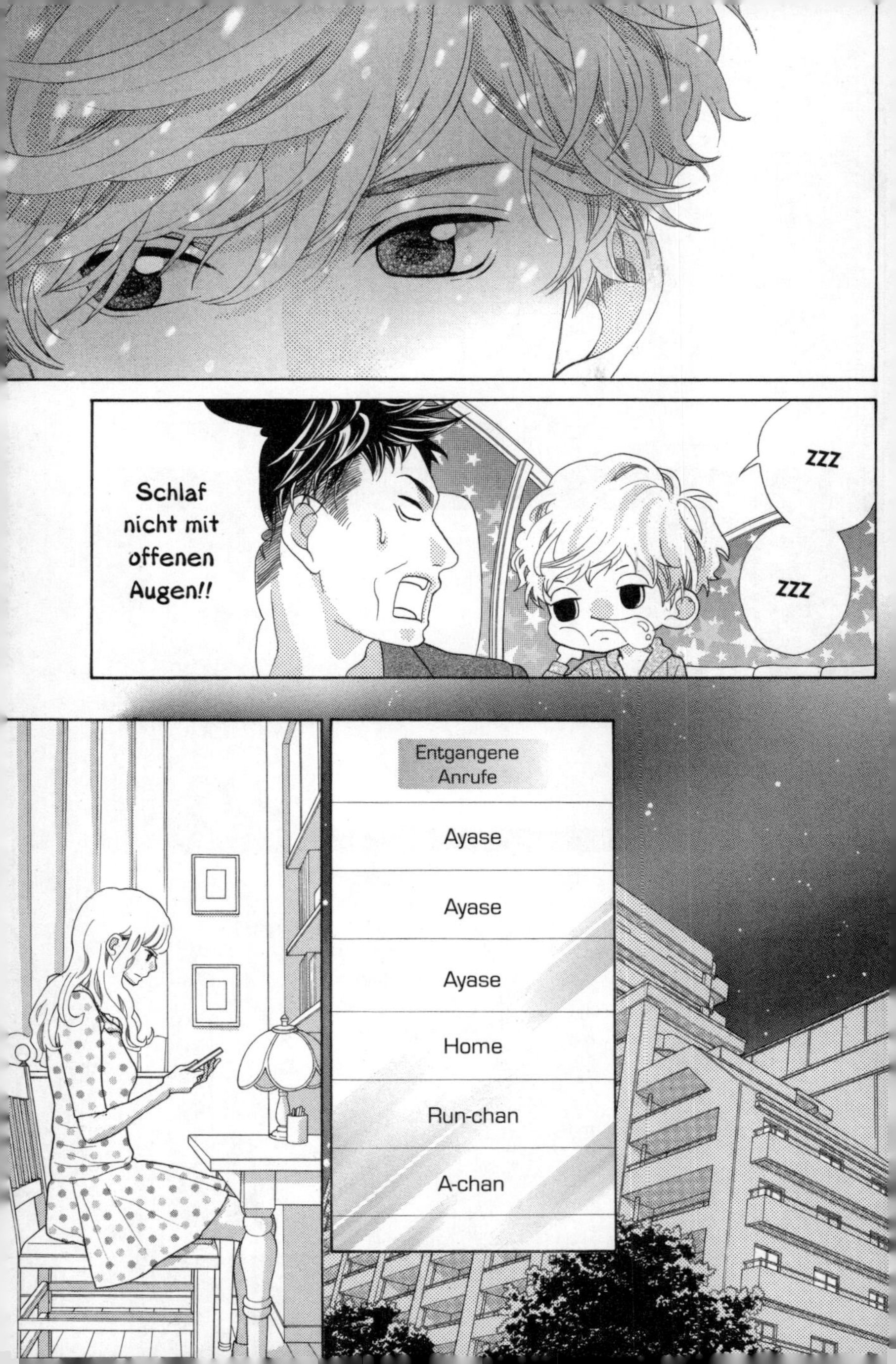

Schlaf nicht mit offenen Augen!!
ZZZ
ZZZ
Entgangene Anrufe
Ayase
Ayase
Ayase
Home
Run-chan
A-chan

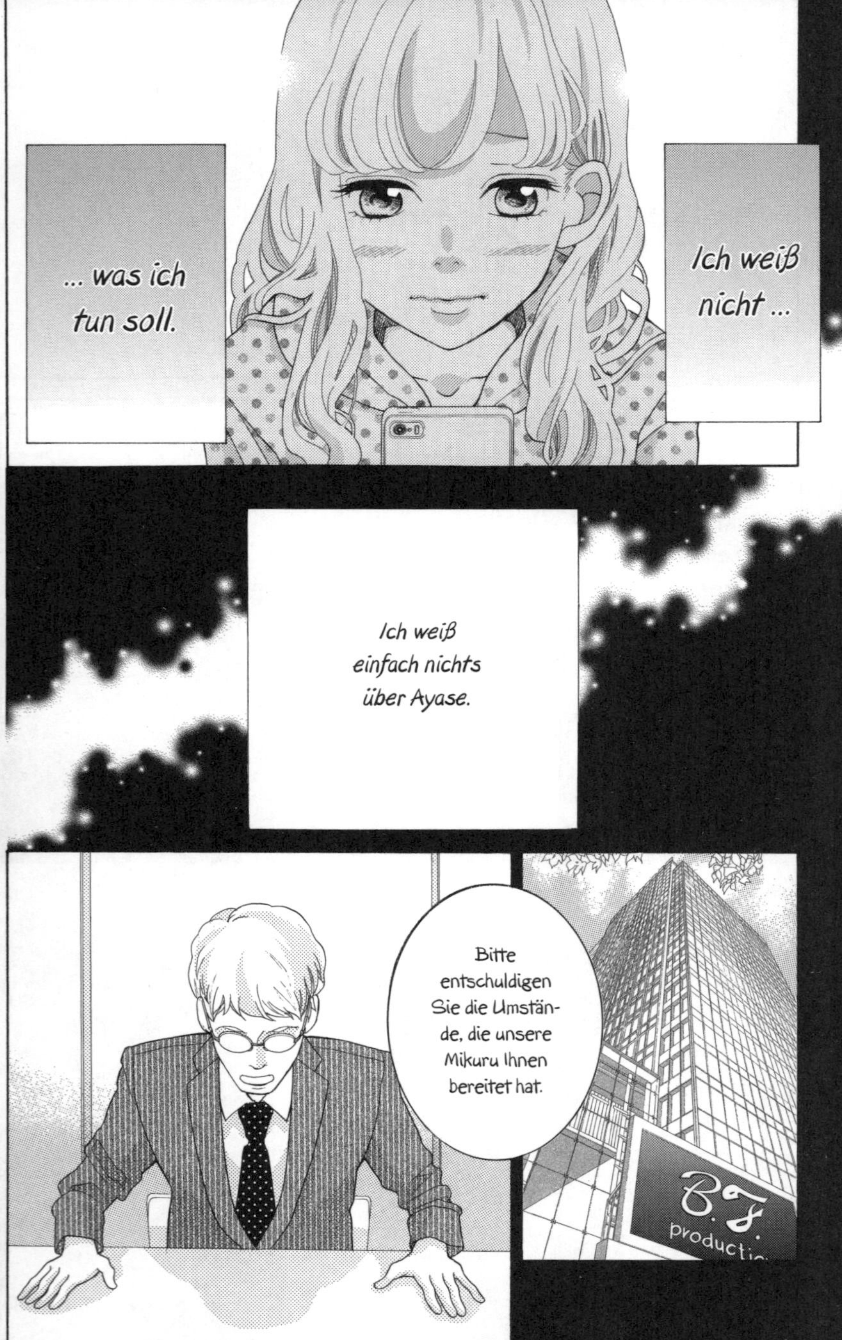
Ich weiß nicht ...
... was ich tun soll.
Ich weiß einfach nichts über Ayase.
B.T. production
Bitte entschuldigen Sie die Umstände, die unsere Mikuru Ihnen bereitet hat.

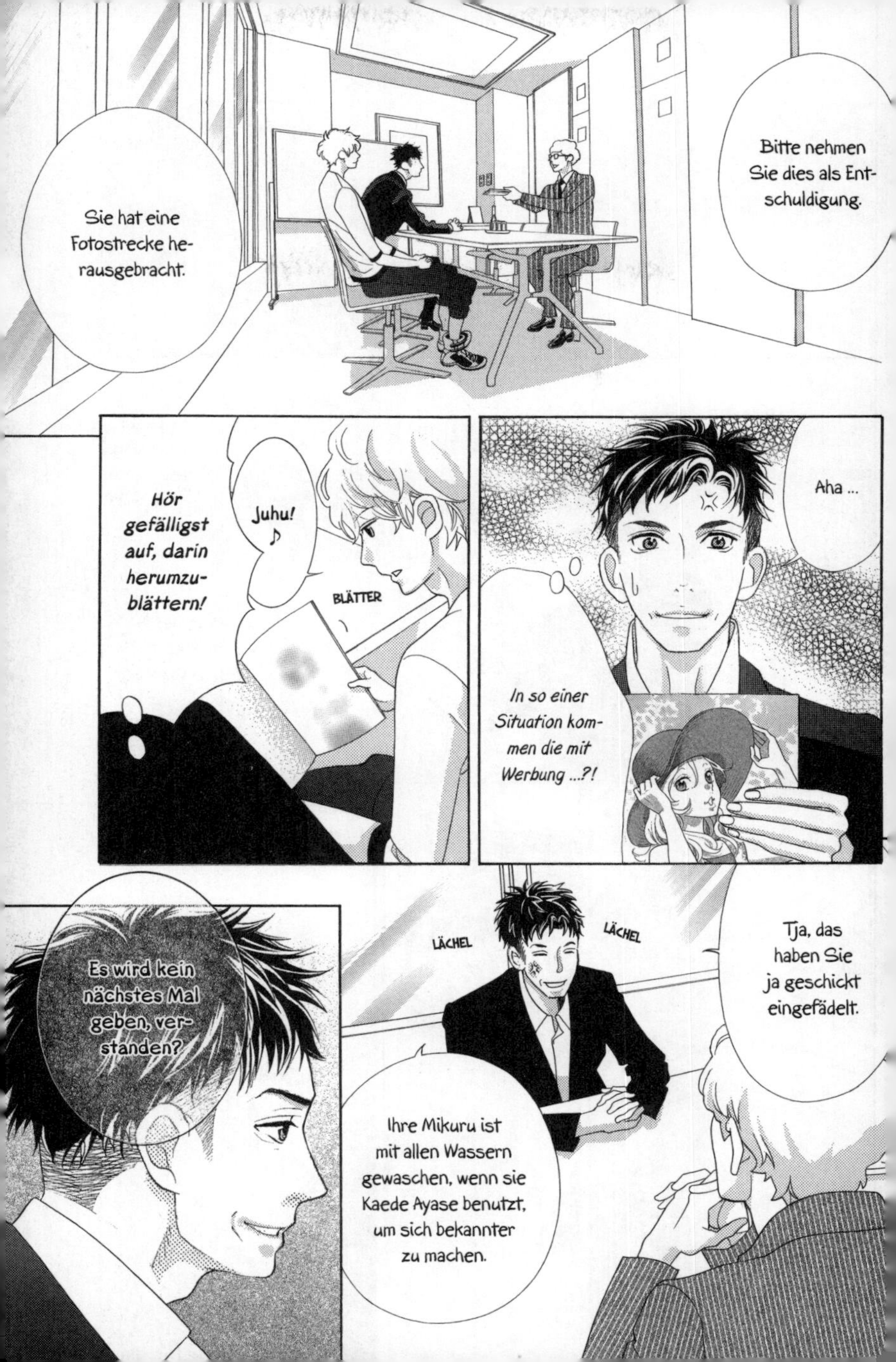
Bitte nehmen Sie dies als Entschuldigung.
Sie hat eine Fotostrecke herausgebracht.
Aha ...
In so einer Situation kommen die mit Werbung ...?!
Juhu! ♪
BLÄTTER
Hör gefälligst auf, darin herumzublättern!
Tja, das haben Sie ja geschickt eingefädelt.
LÄCHEL
LÄCHEL
Ihre Mikuru ist mit allen Wassern gewaschen, wenn sie Kaede Ayase benutzt, um sich bekannter zu machen.
Es wird kein nächstes Mal geben, verstanden?

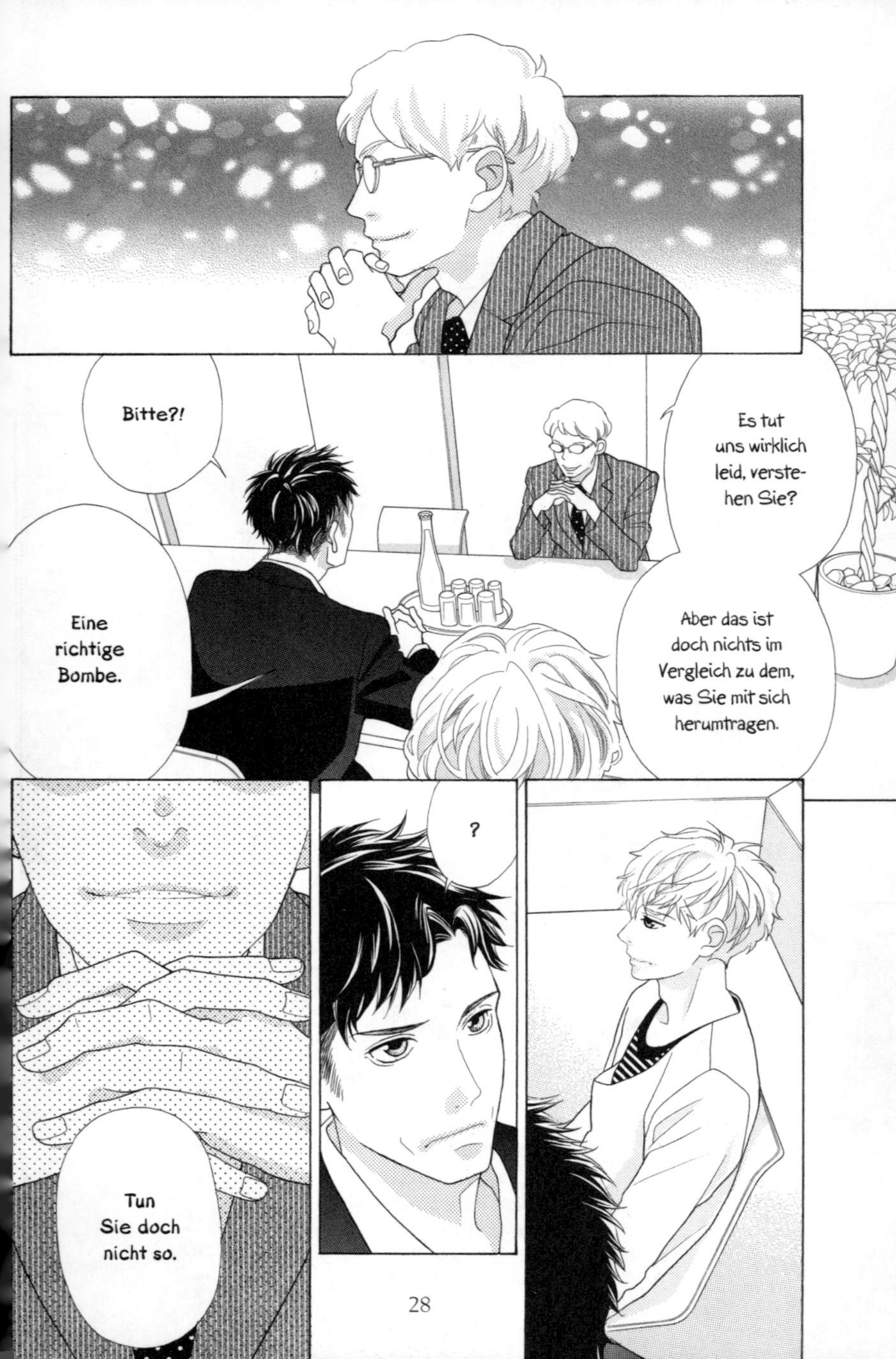
Es tut uns wirklich leid, verstehen Sie?
Aber das ist doch nichts im Vergleich zu dem, was Sie mit sich herumtragen.
Bitte?!
Eine richtige Bombe.
?
Tun Sie doch nicht so.

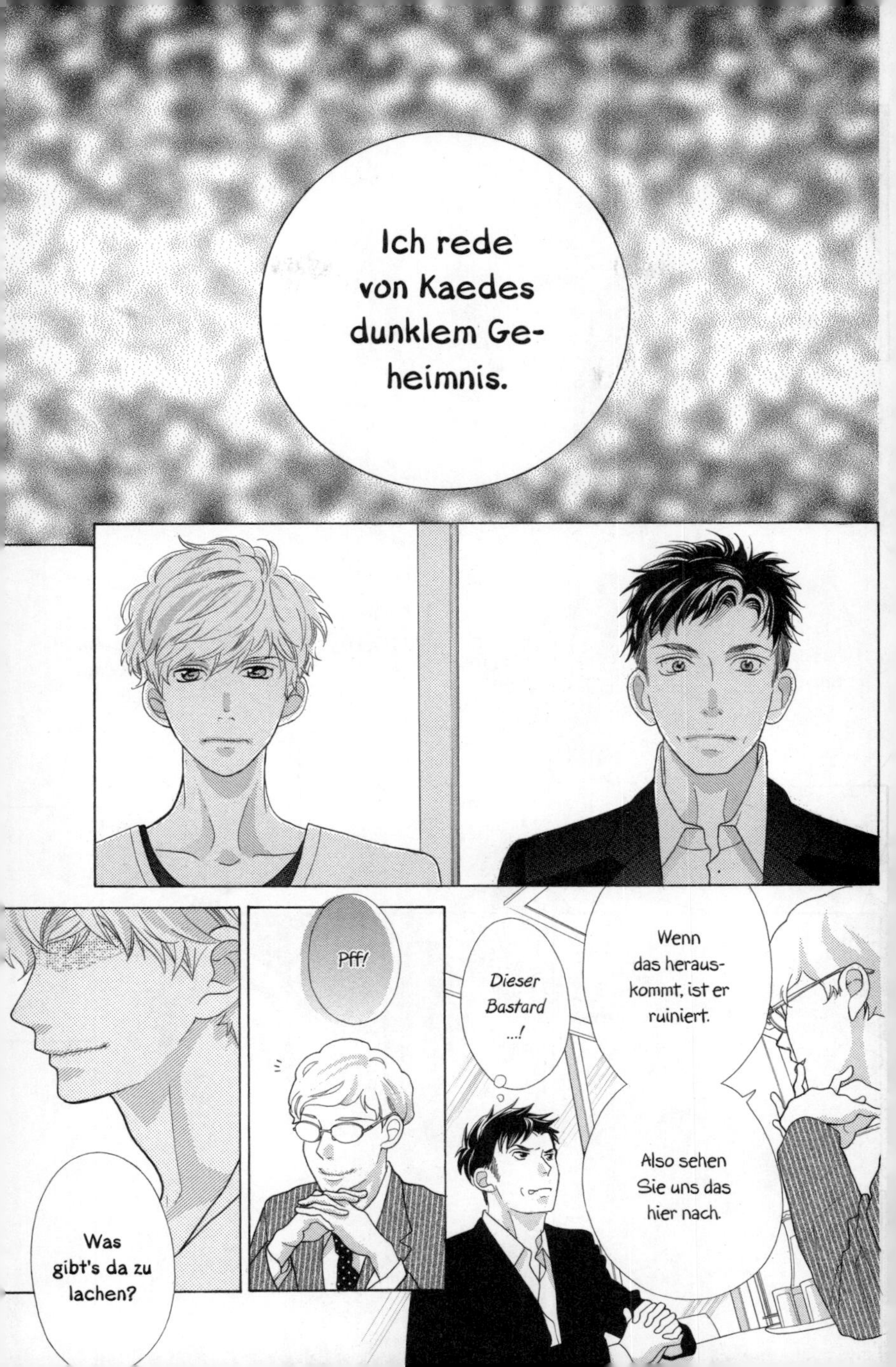

Ich rede von Kaedes dunklem Geheimnis.
Wenn das herauskommt, ist er ruiniert.
Also sehen Sie uns das hier nach.
Dieser Bastard ...!
Pff!
Was gibt's da zu lachen?

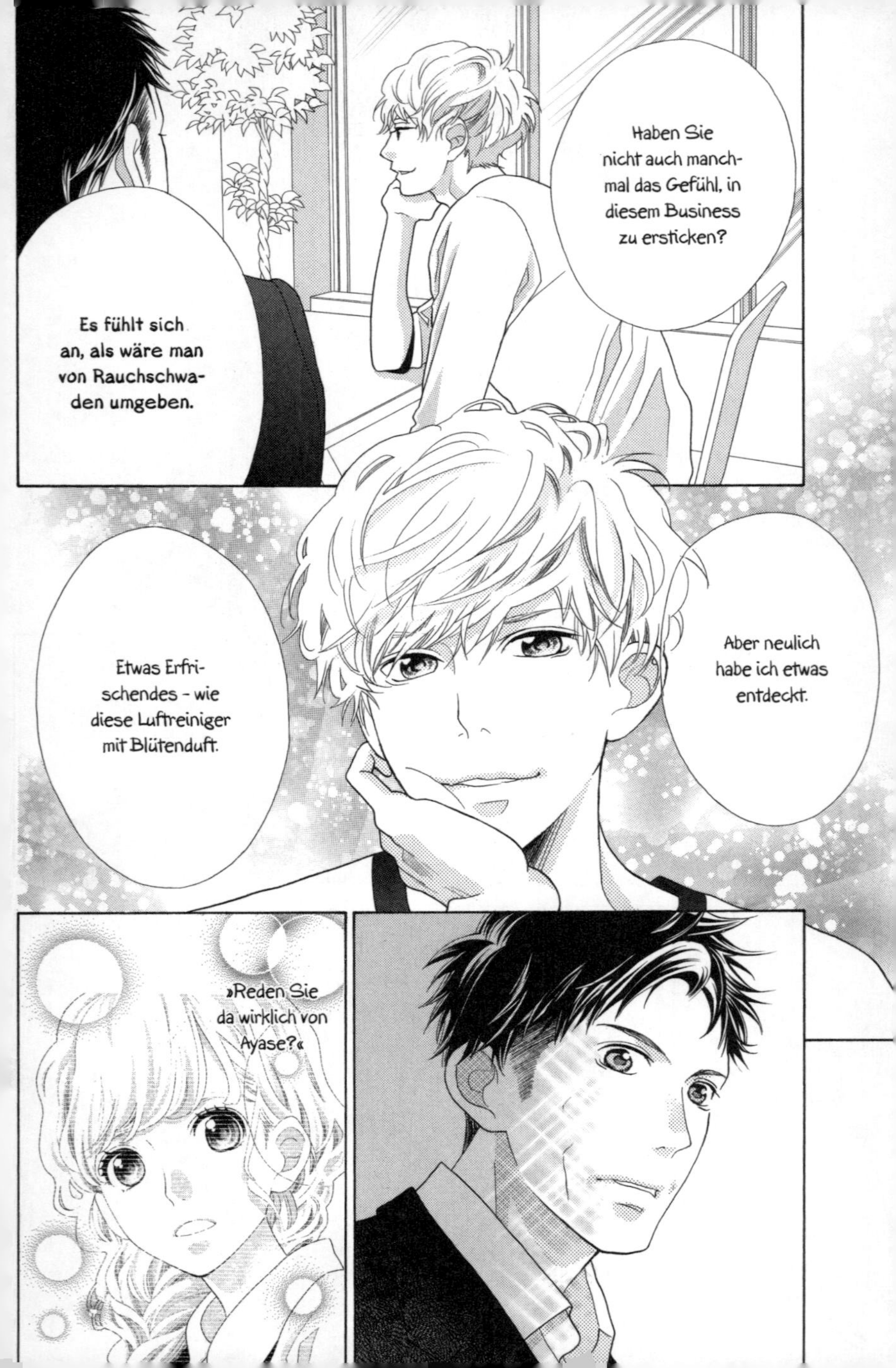
Haben Sie nicht auch manchmal das Gefühl, in diesem Business zu ersticken?
Es fühlt sich an, als wäre man von Rauchschwaden umgeben.
Aber neulich habe ich etwas entdeckt.
Etwas Erfrischendes - wie diese Luftreiniger mit Blütenduft.
»Reden Sie da wirklich von Ayase?«

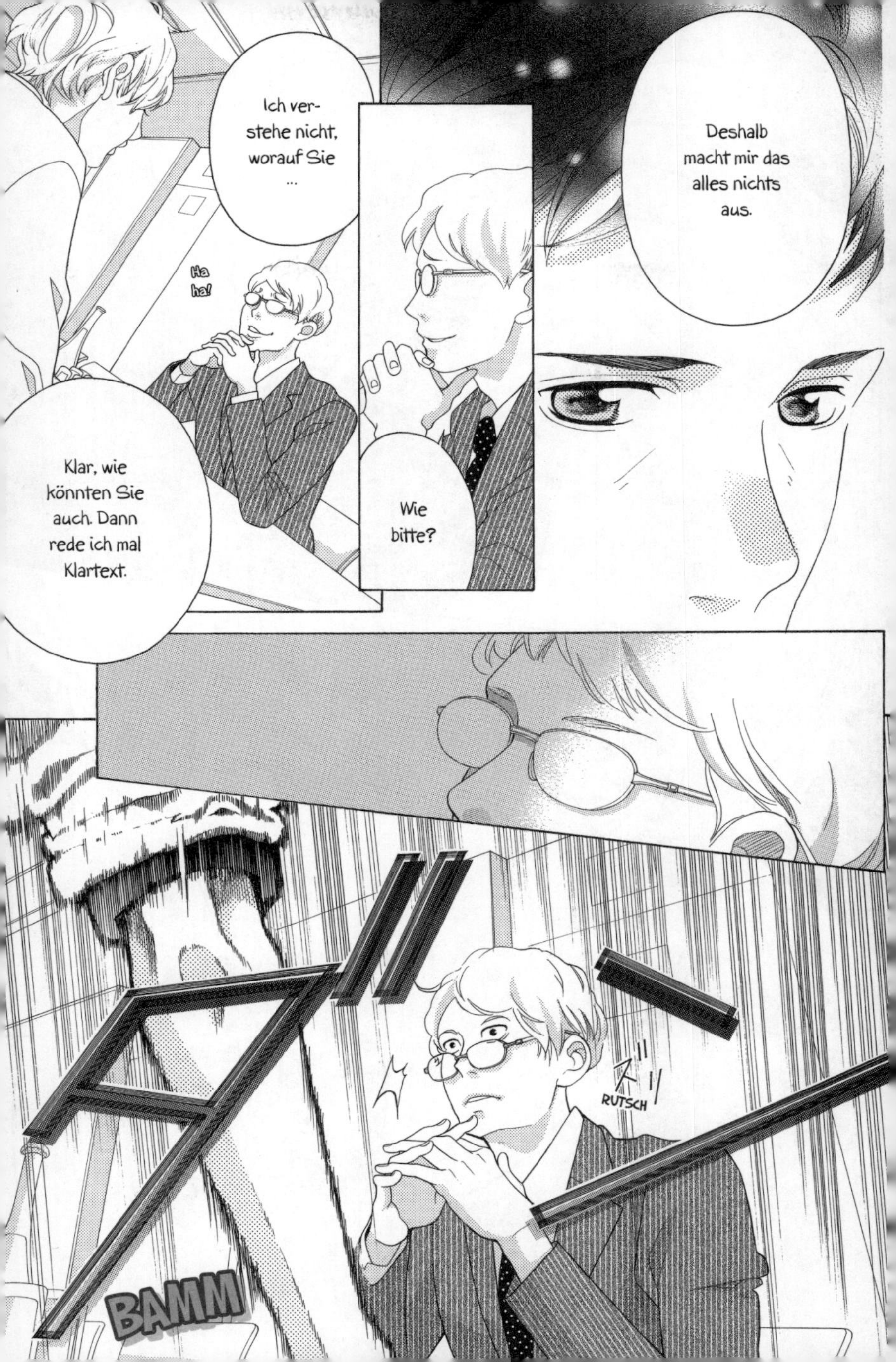
Deshalb macht mir das alles nichts aus.
Wie bitte?
Ich verstehe nicht, worauf Sie …
Ha ha!
Klar, wie könnten Sie auch. Dann rede ich mal Klartext.
RUTSCH
BAMM

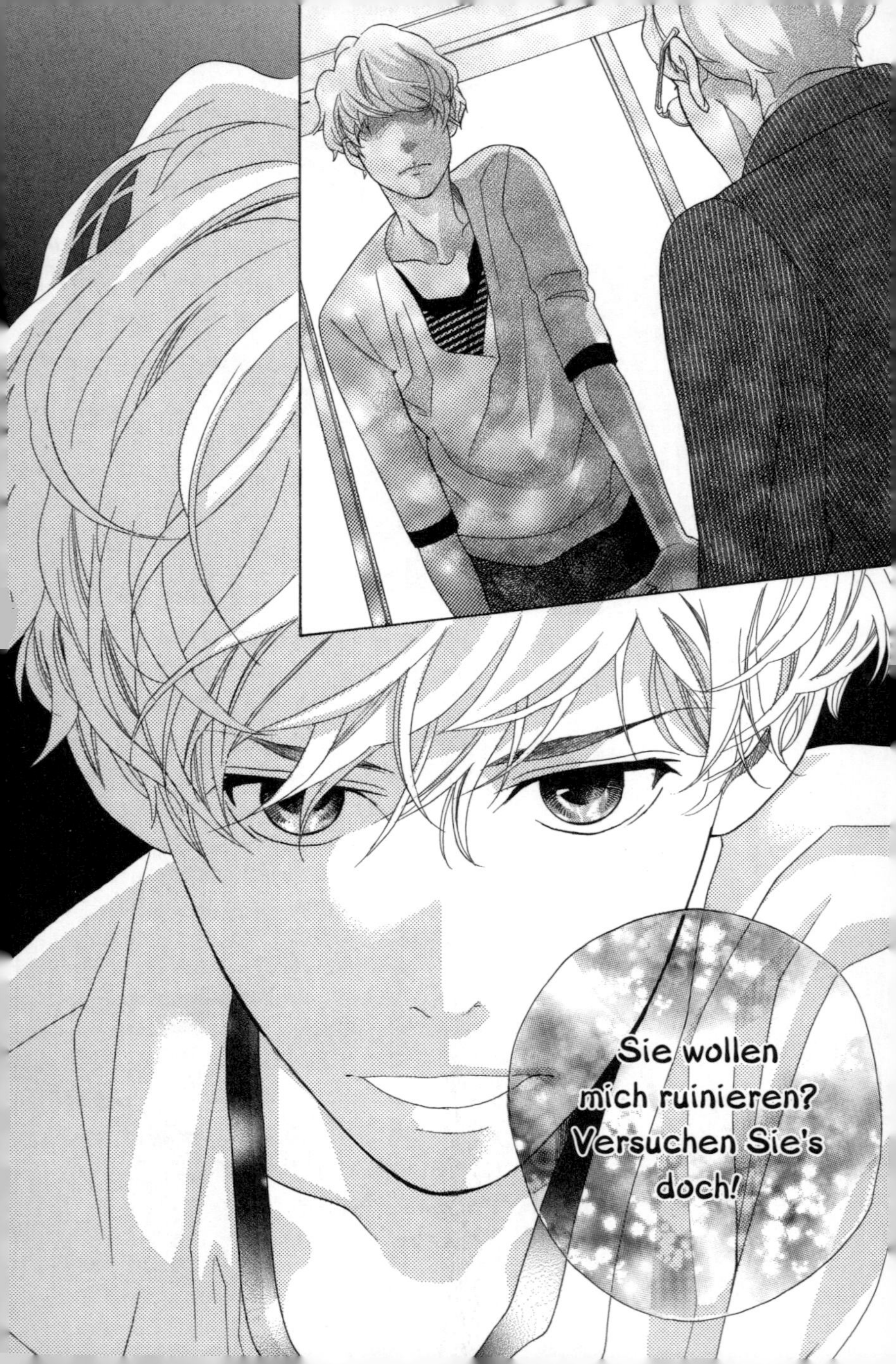
Sie wollen
mich ruinieren?
Versuchen Sie's
doch!

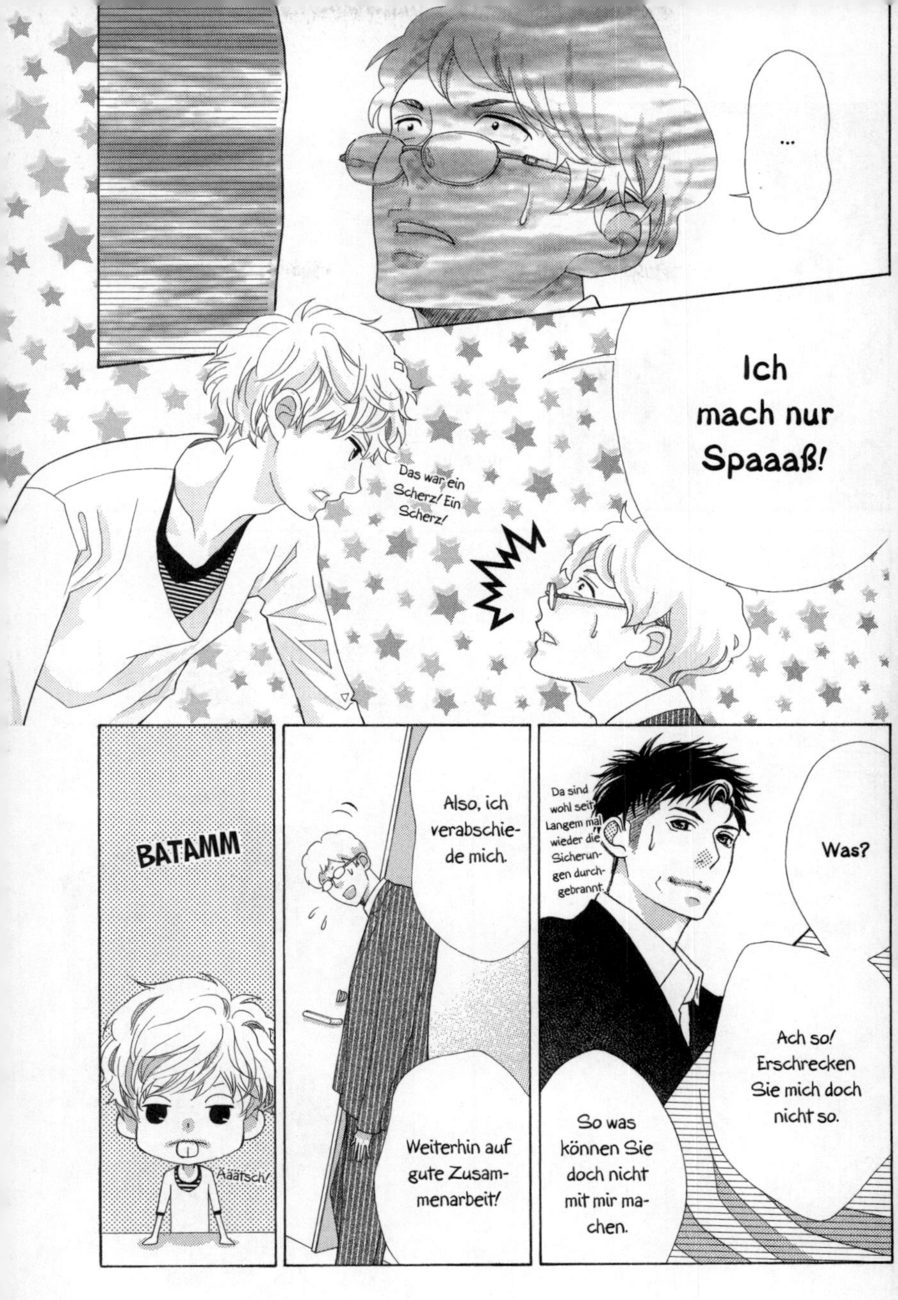
...
Ich mach nur Spaaaß!
Das war ein Scherz! Ein Scherz!
Was?
Da sind wohl seit Langem mal wieder die Sicherungen durchgebrannt.
Ach so! Erschrecken Sie mich doch nicht so.
So was können Sie doch nicht mit mir machen.
Also, ich verabschiede mich.
Weiterhin auf gute Zusammenarbeit!
BATAMM
Äääätsch!

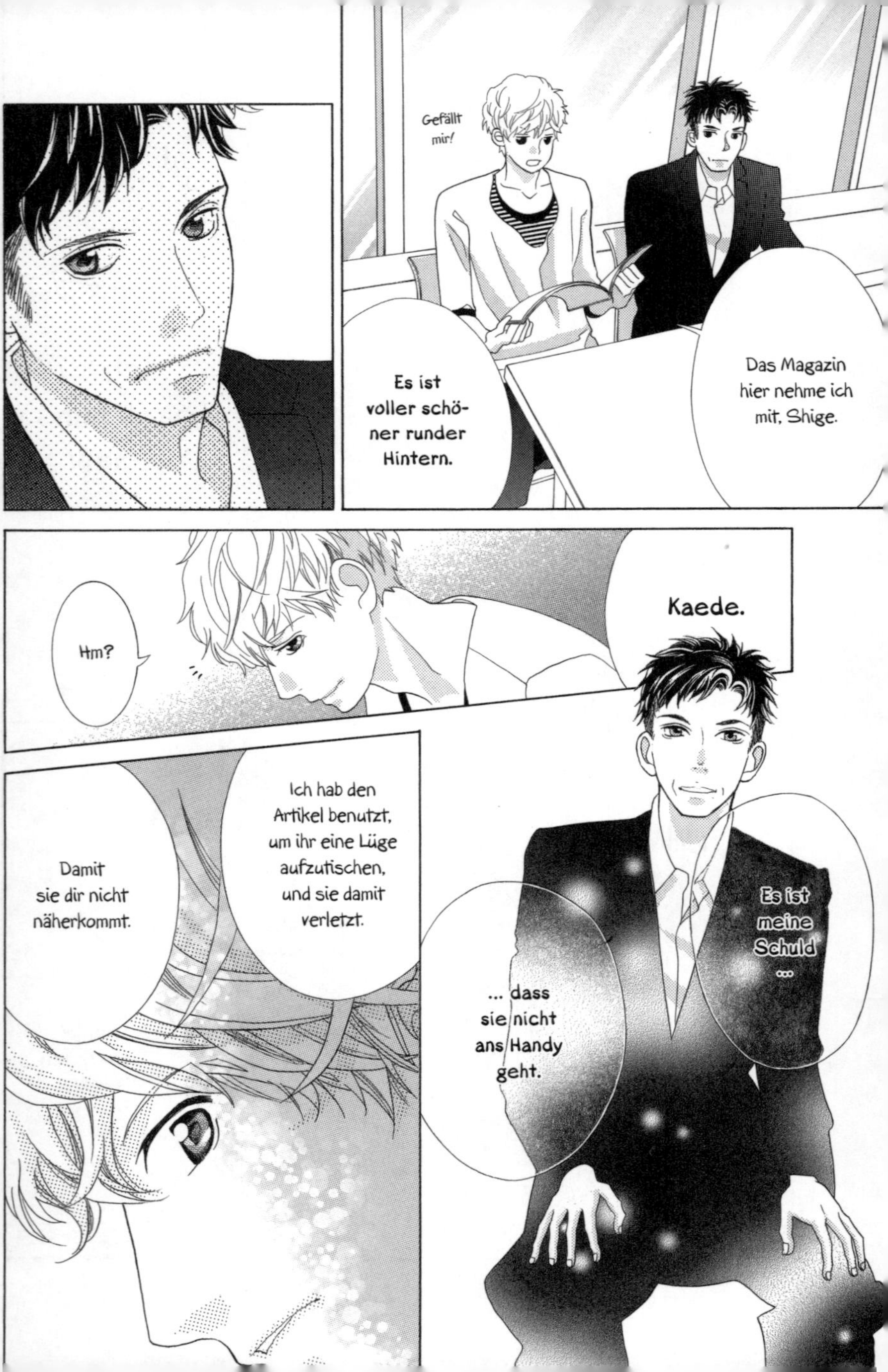

Das Magazin hier nehme ich mit, Shige.

Es ist voller schöner runder Hintern.

Gefällt mir!

Kaede.

Hm?

Es ist meine Schuld ...

... dass sie nicht ans Handy geht.

Ich hab den Artikel benutzt, um ihr eine Lüge aufzutischen, und sie damit verletzt.

Damit sie dir nicht näherkommt.

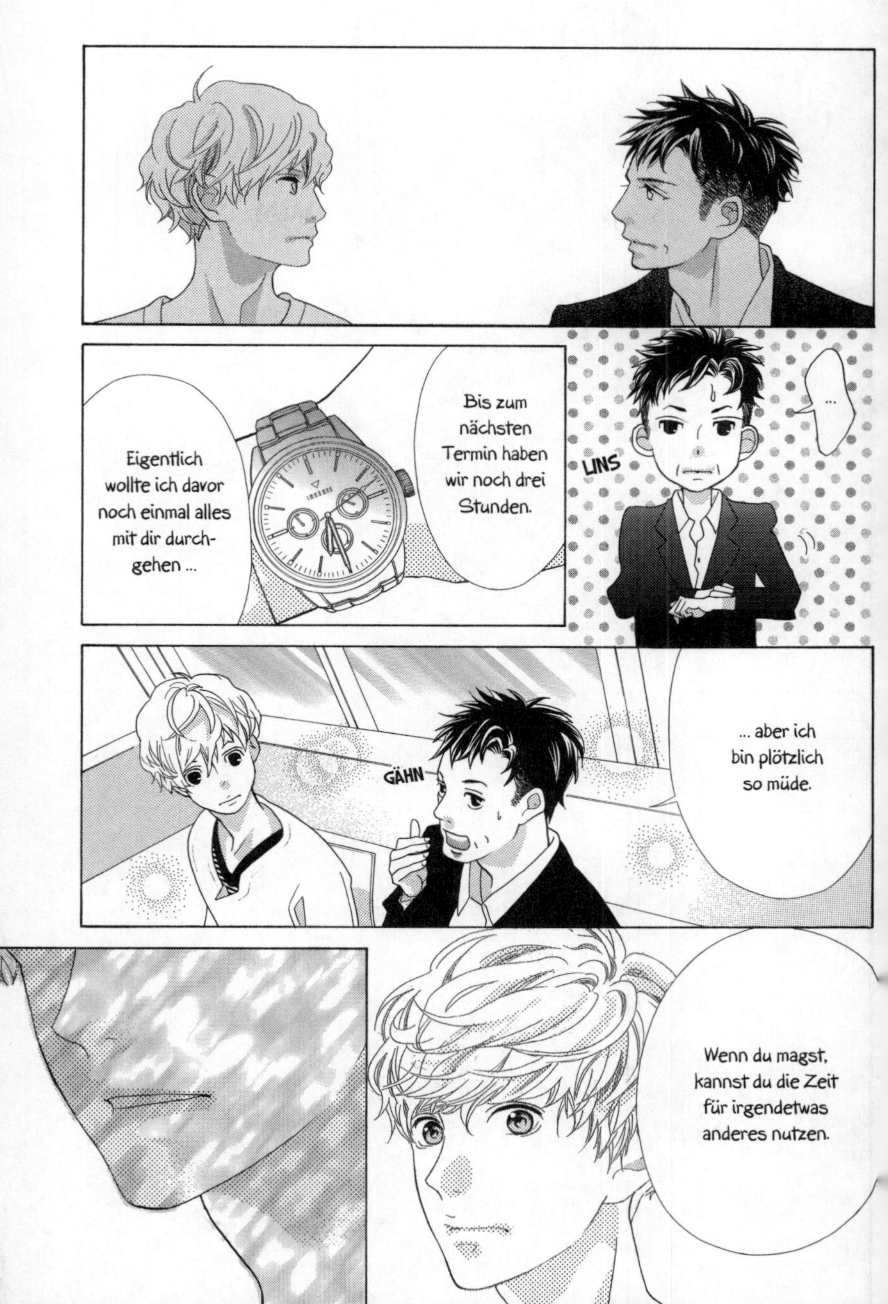

...
LINS
Bis zum nächsten Termin haben wir noch drei Stunden.
Eigentlich wollte ich davor noch einmal alles mit dir durchgehen ...
... aber ich bin plötzlich so müde.
GÄHN
Wenn du magst, kannst du die Zeit für irgendetwas anderes nutzen.

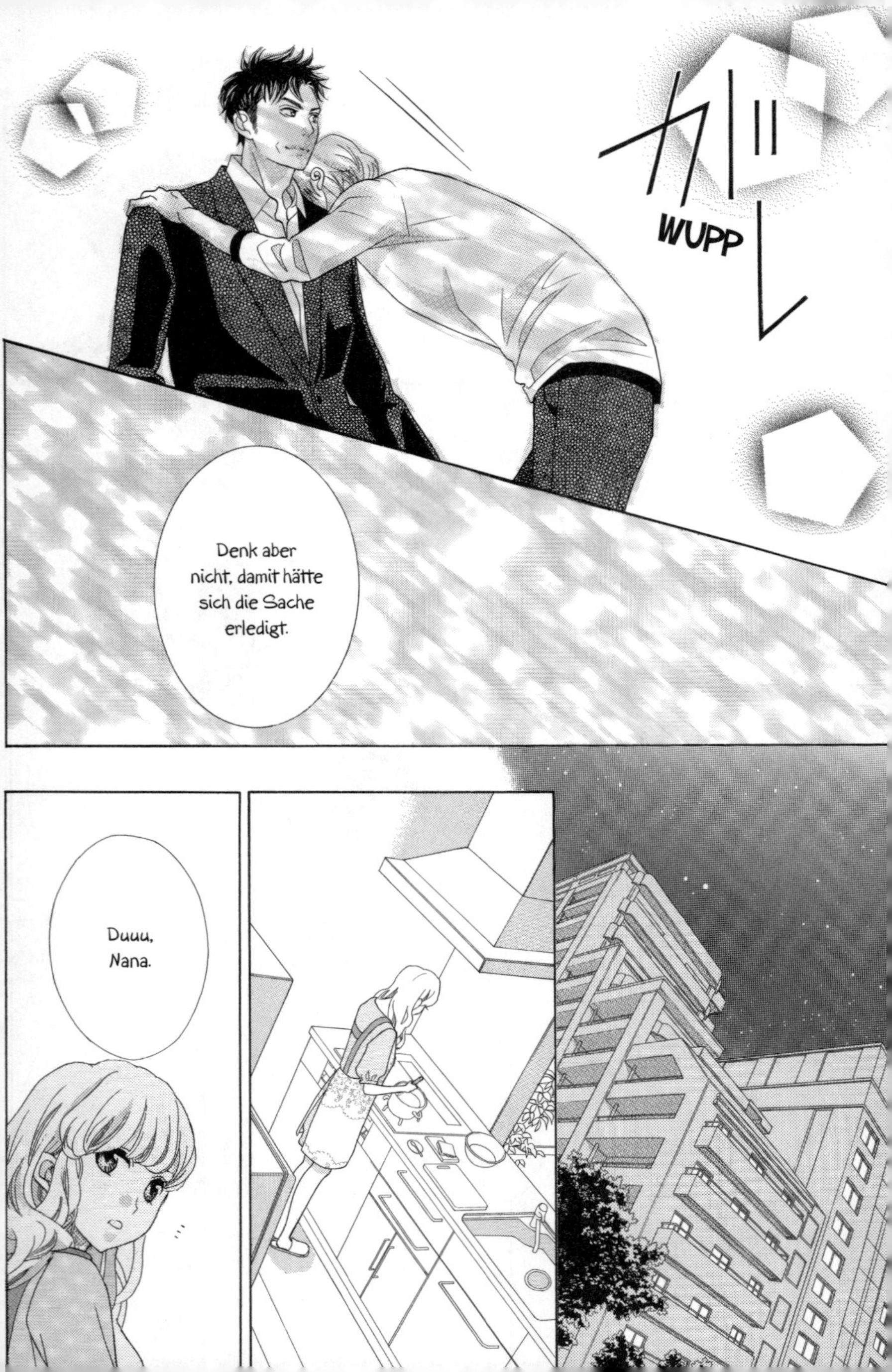

WUPP

Denk aber nicht, damit hätte sich die Sache erledigt.

Duuu, Nana.

...

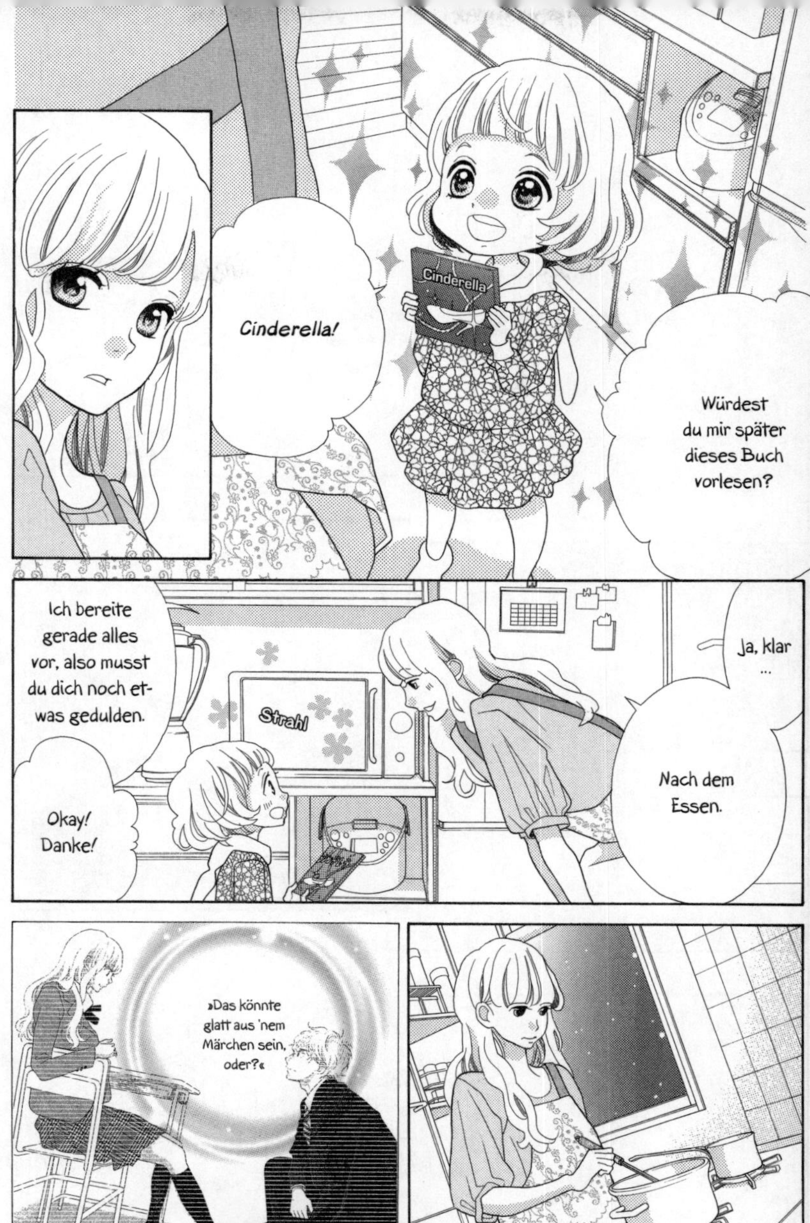

Würdest du mir später dieses Buch vorlesen?
Cinderella
Cinderella!
Ja, klar ...
Nach dem Essen.
Ich bereite gerade alles vor, also musst du dich noch etwas gedulden.
Strahl
Okay! Danke!
»Das könnte glatt aus 'nem Märchen sein, oder?«

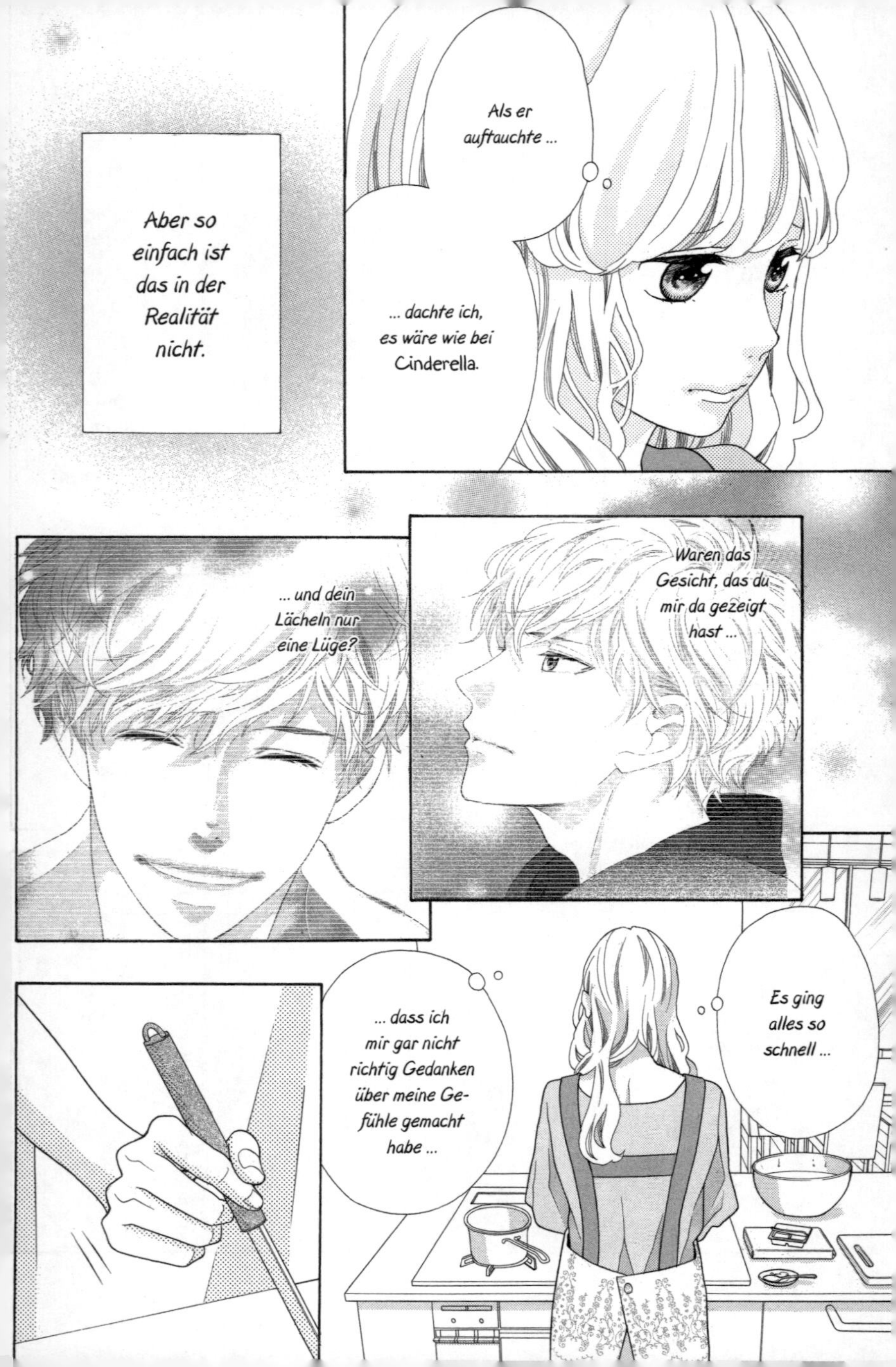
Als er auftauchte ...
... dachte ich, es wäre wie bei Cinderella.
Aber so einfach ist das in der Realität nicht.
Waren das Gesicht, das du mir da gezeigt hast ...
... und dein Lächeln nur eine Lüge?
Es ging alles so schnell ...
... dass ich mir gar nicht richtig Gedanken über meine Ge-fühle gemacht habe ...

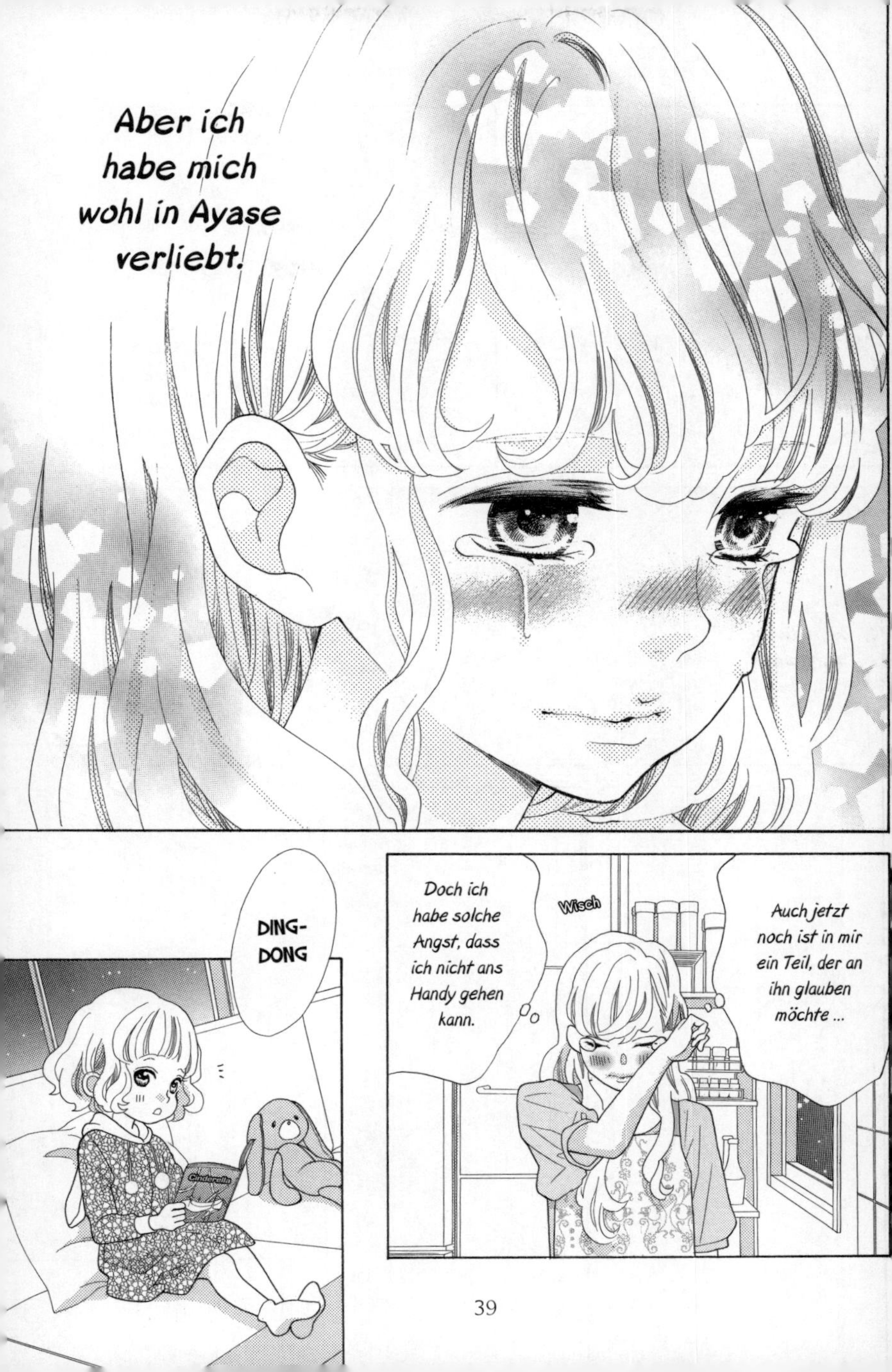

Aber ich habe mich wohl in Ayase verliebt.

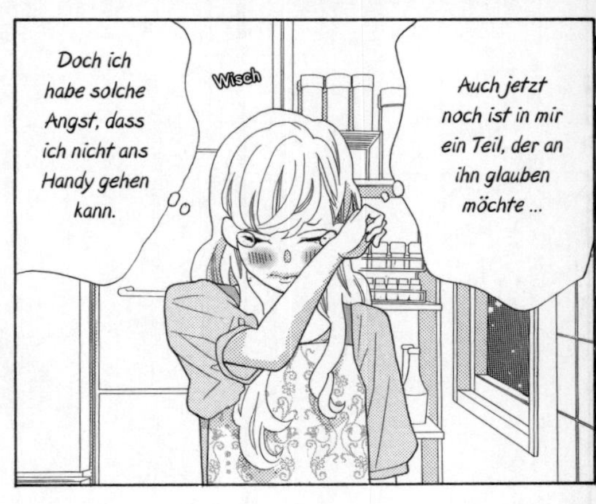

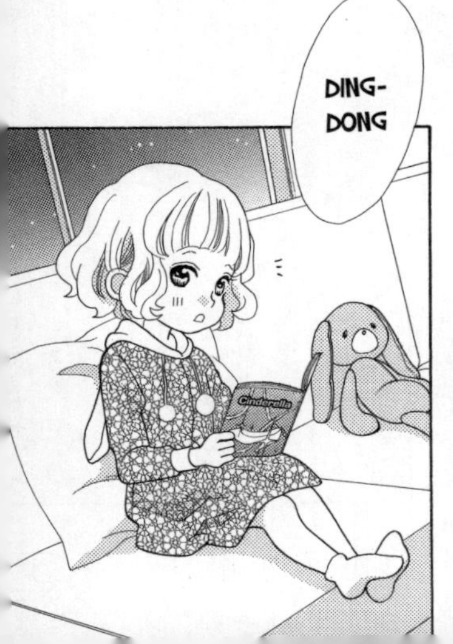

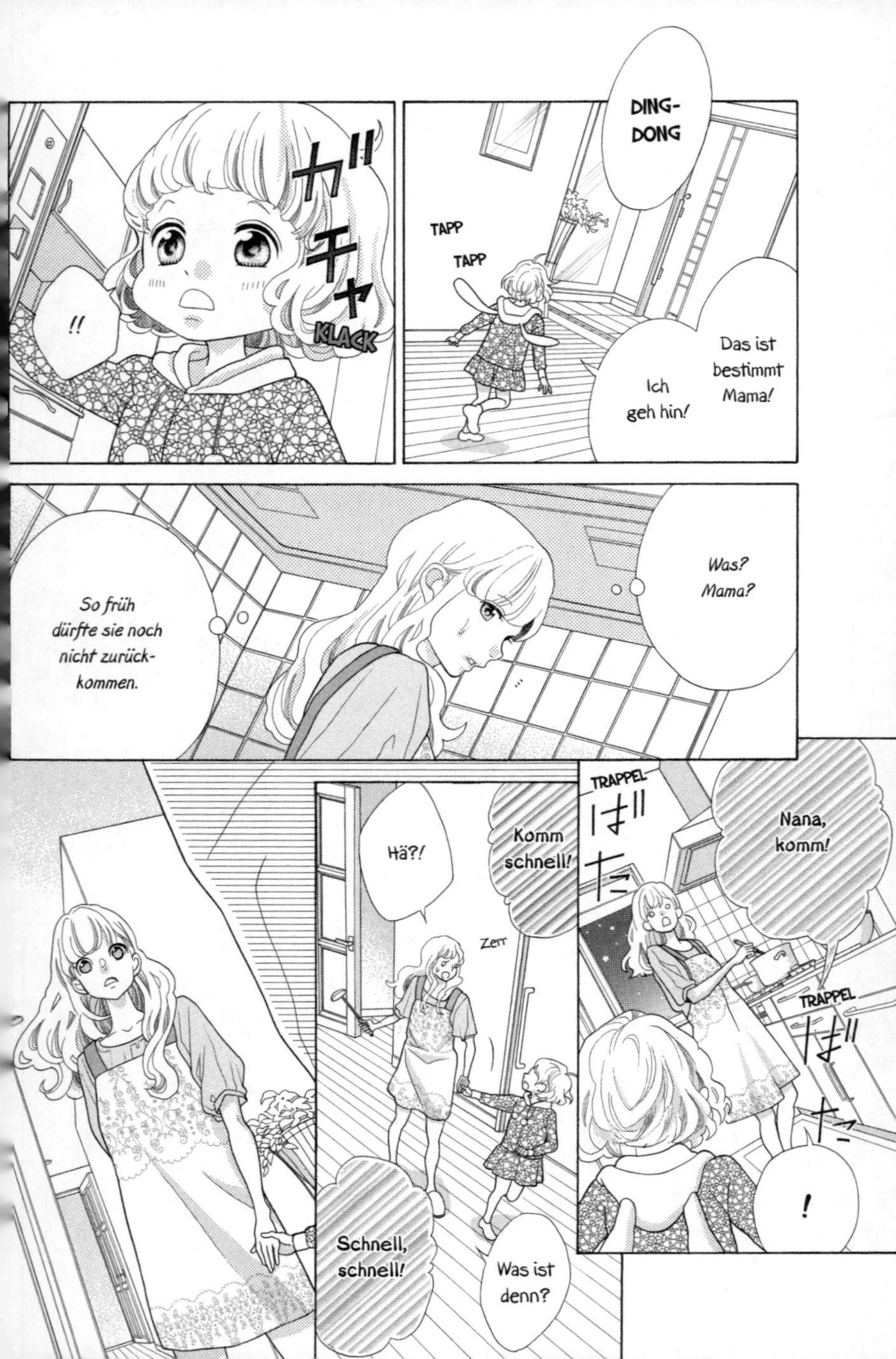
DING-
DONG
Das ist bestimmt Mama!
Ich geh hin!
TAPP
TAPP
KLACK
!!
Was? Mama?
...
So früh dürfte sie noch nicht zurück-
kommen.
TRAPPEL
Nana, komm!
TRAPPEL
!
Komm schnell!
Hä?!
Zerr
Was ist denn?
Schnell, schnell!

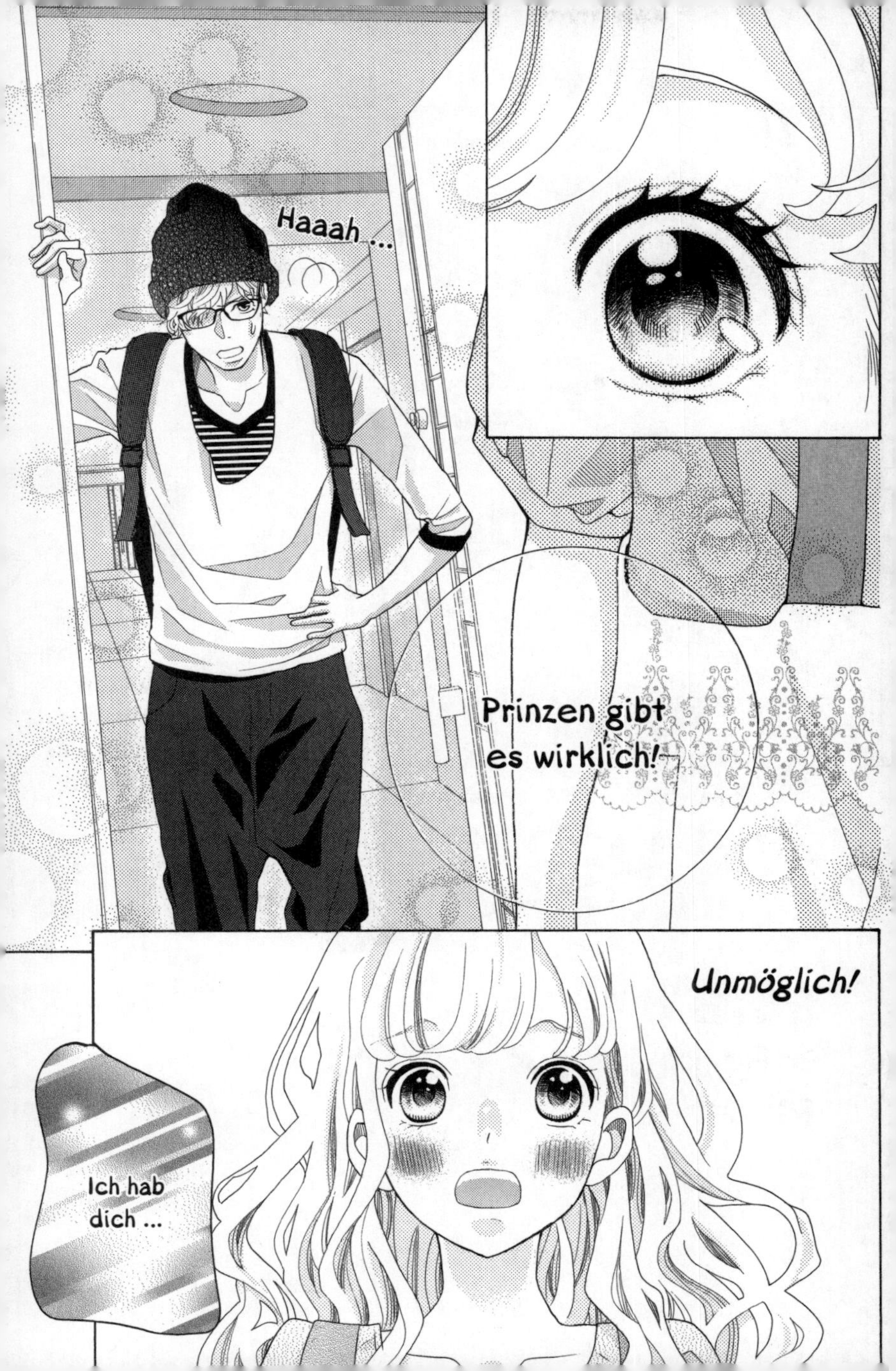
Haaah ...
Prinzen gibt es wirklich!
Unmöglich!
Ich hab dich ...

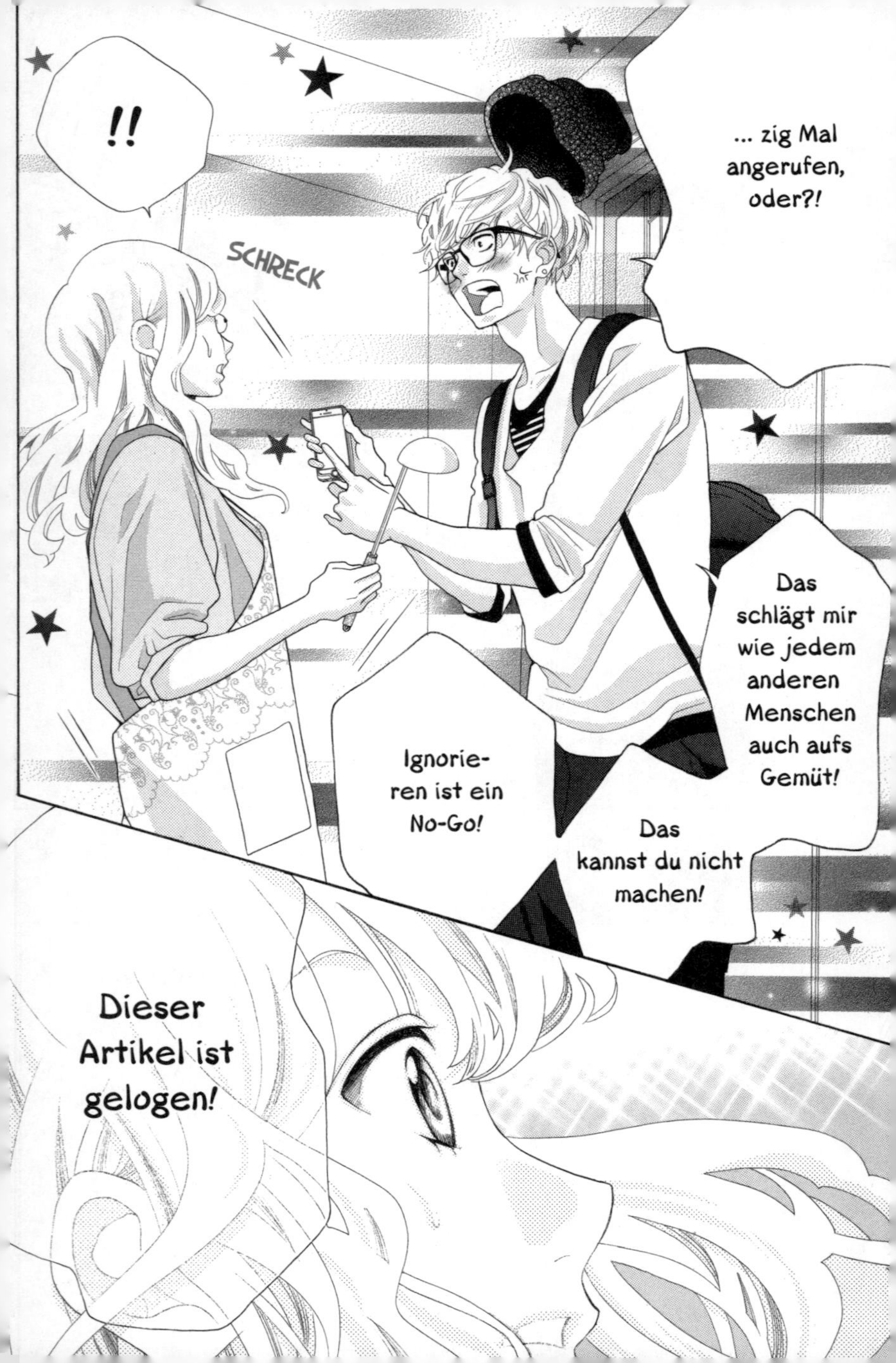

... zig Mal angerufen, oder?!
!!
SCHRECK
Das schlägt mir wie jedem anderen Menschen auch aufs Gemüt!
Das kannst du nicht machen!
Ignorieren ist ein No-Go!
Dieser Artikel ist gelogen!

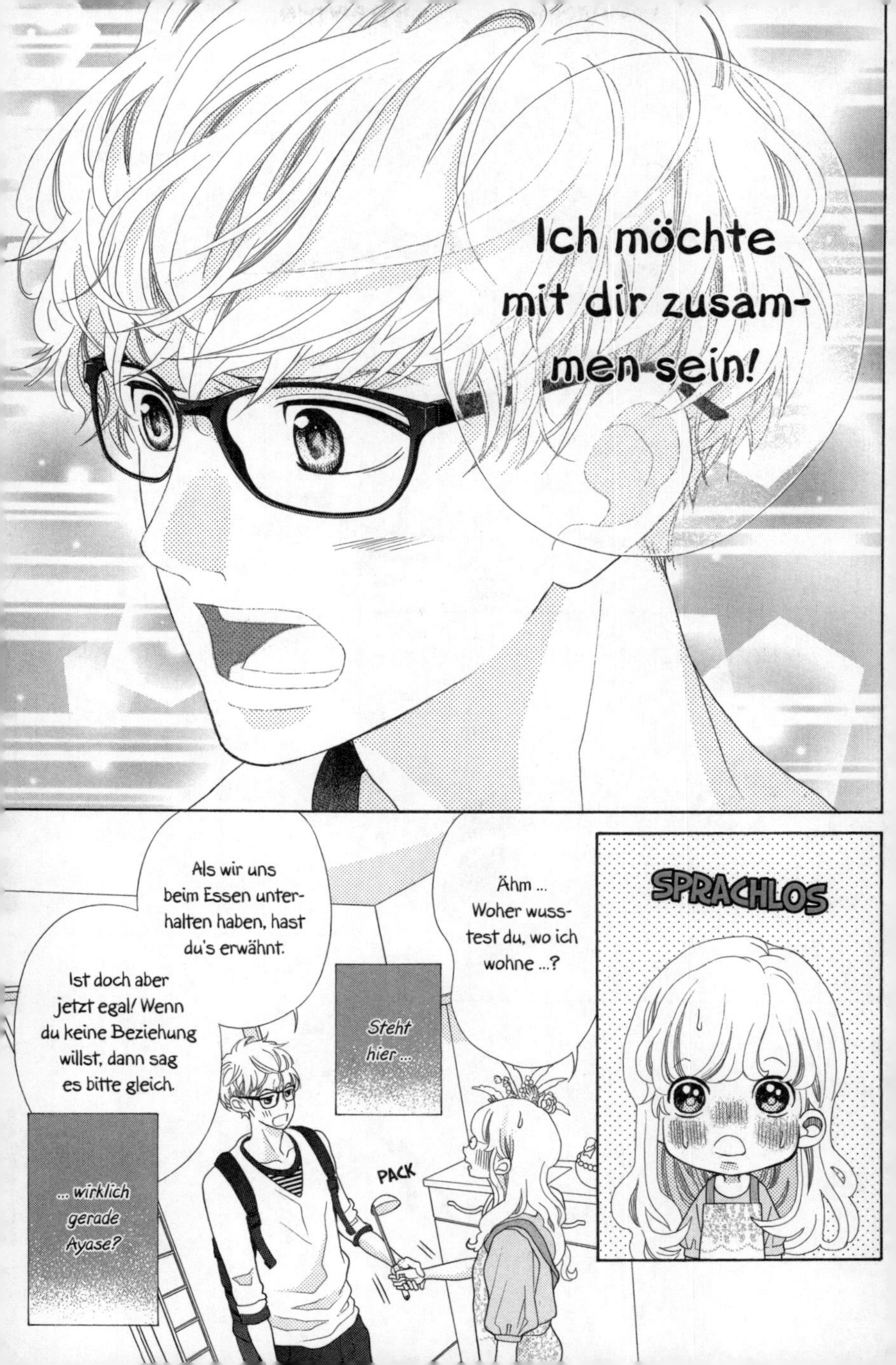
Ich möchte mit dir zusammen sein!
SPRACHLOS
Ähm ... Woher wusstest du, wo ich wohne ...?
Als wir uns beim Essen unterhalten haben, hast du's erwähnt.
Steht hier ...
Ist doch aber jetzt egal! Wenn du keine Beziehung willst, dann sag es bitte gleich.
PACK
... wirklich gerade Ayase?

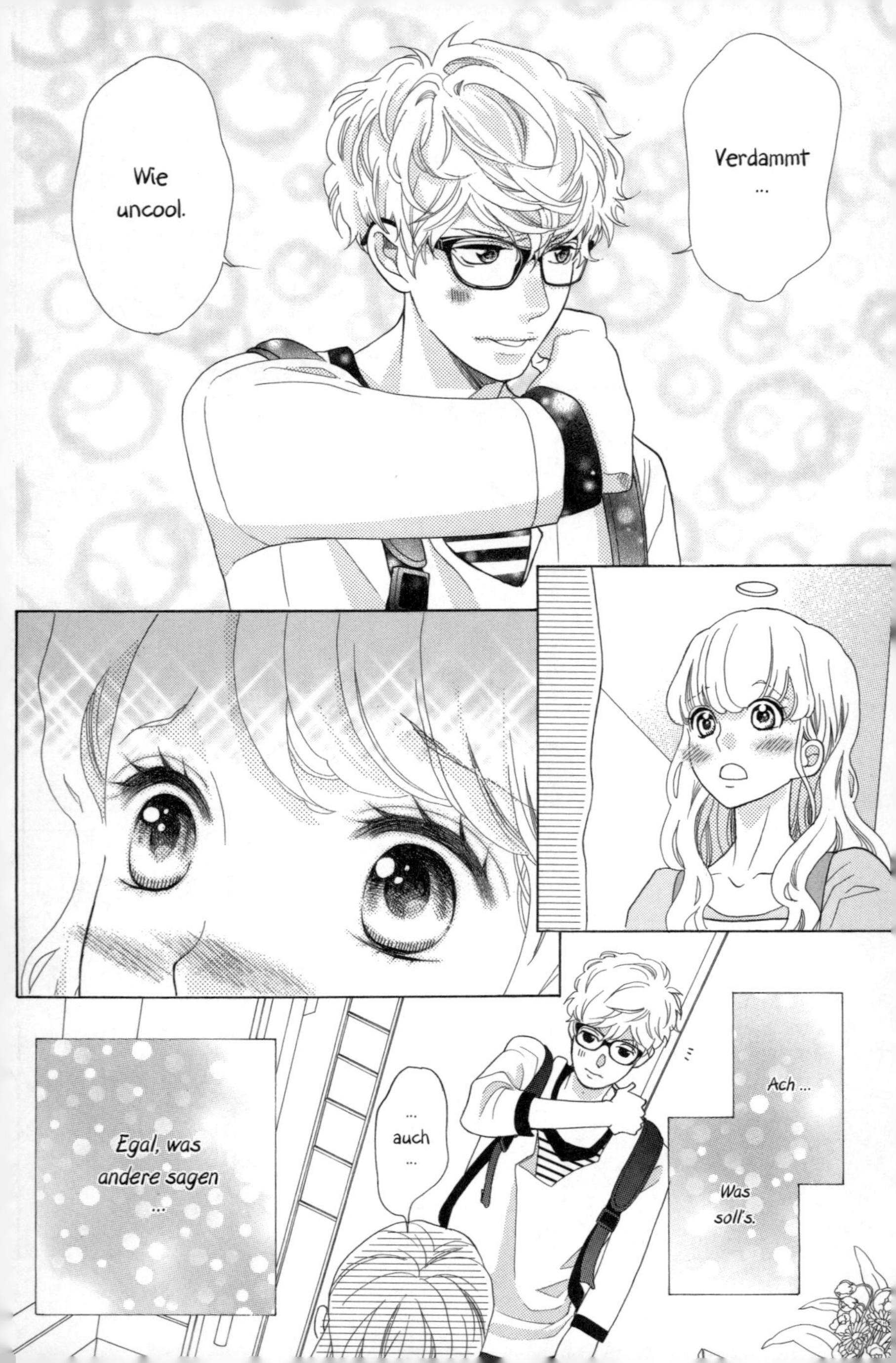
Verdammt ...
Wie uncool.
Ach ...
Was soll's.
... auch ...
Egal, was andere sagen ...

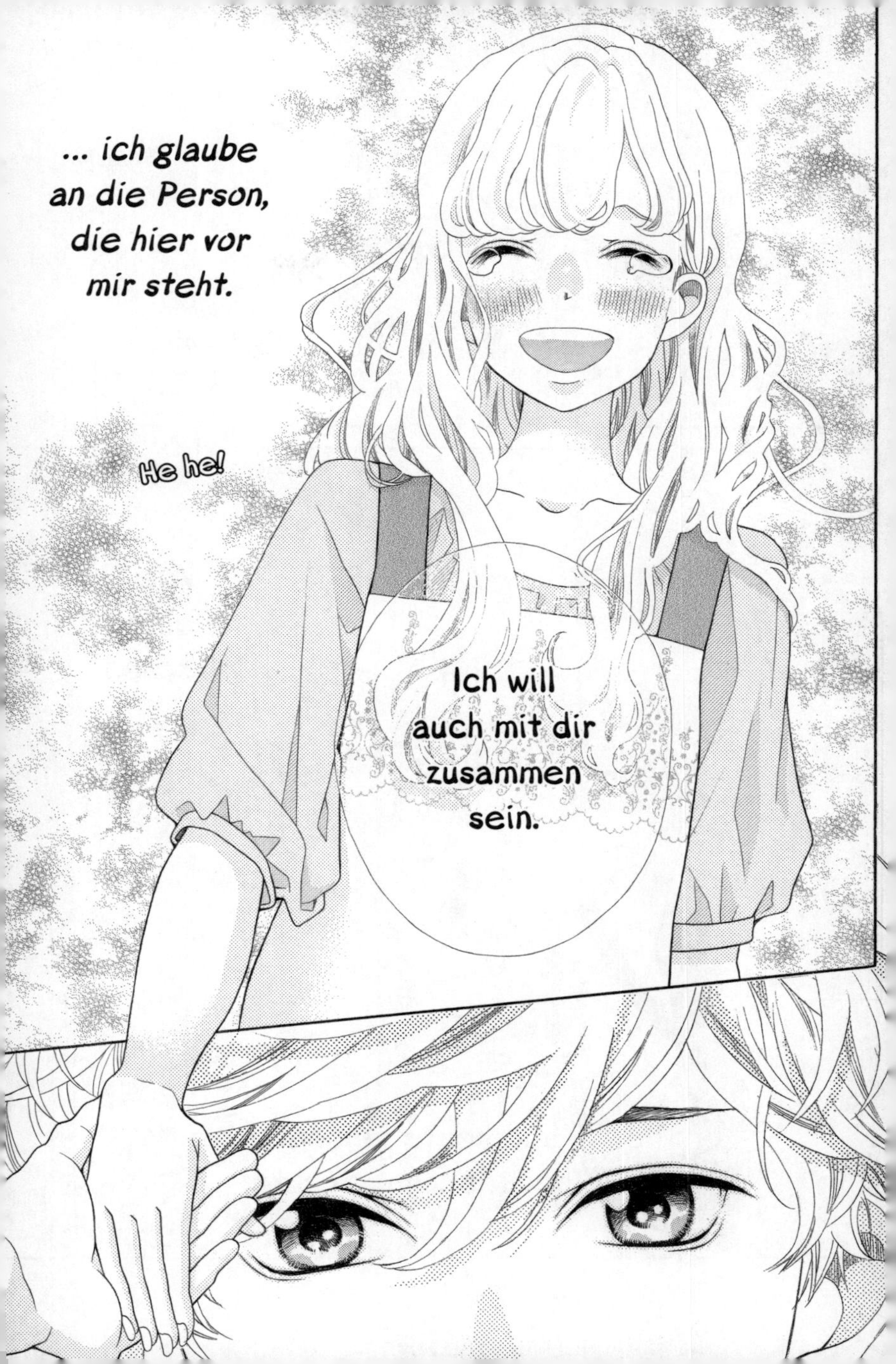
... ich glaube an die Person, die hier vor mir steht.
He he!
Ich will auch mit dir zusammen sein.

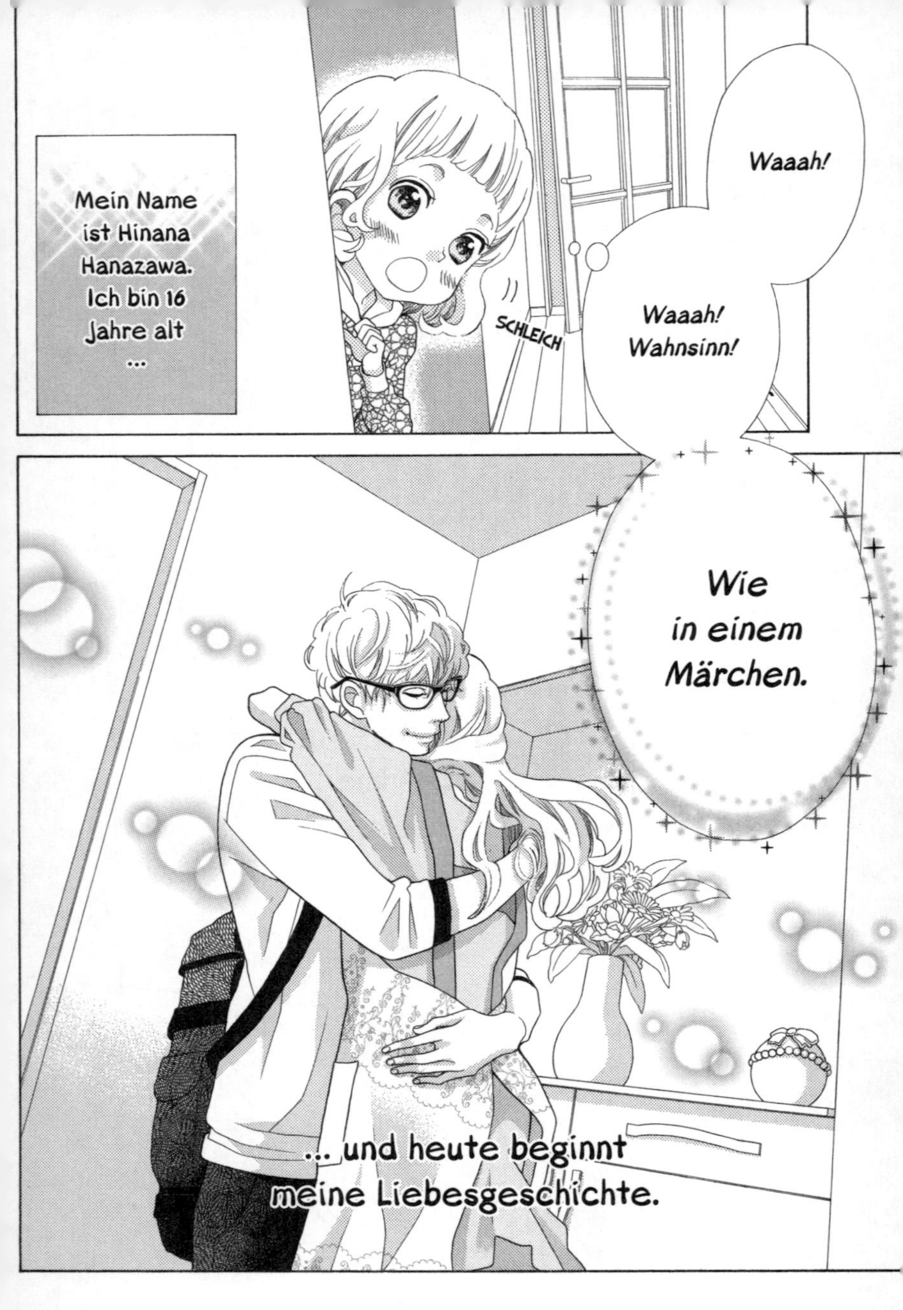
Waaah!
Waaah! Wahnsinn!
SCHLEICH
Mein Name ist Hinana Hanazawa. Ich bin 16 Jahre alt ...
Wie in einem Märchen.
... und heute beginnt meine Liebesgeschichte.

Kuss um Mitternacht

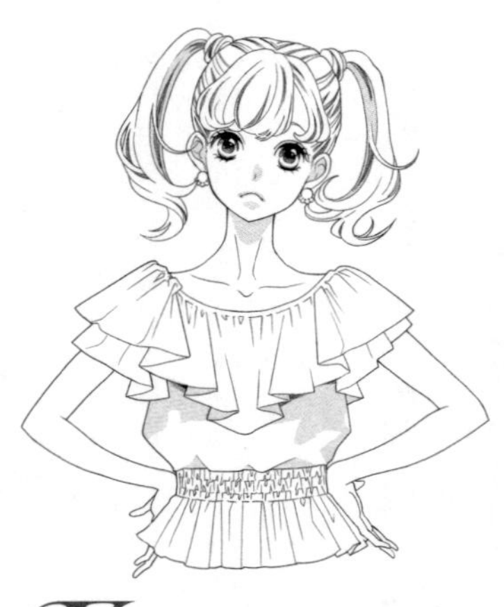

Kuss um Mitternacht

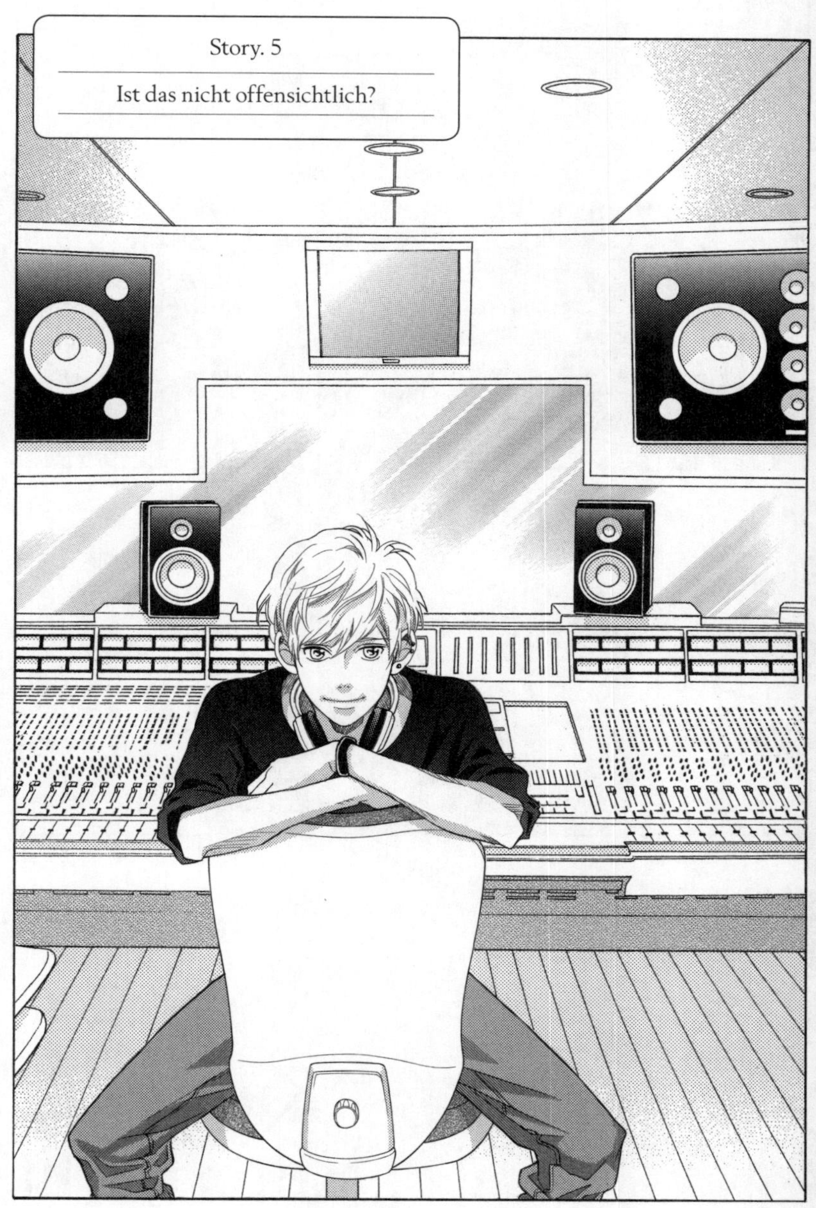
Story. 5
Ist das nicht offensichtlich?

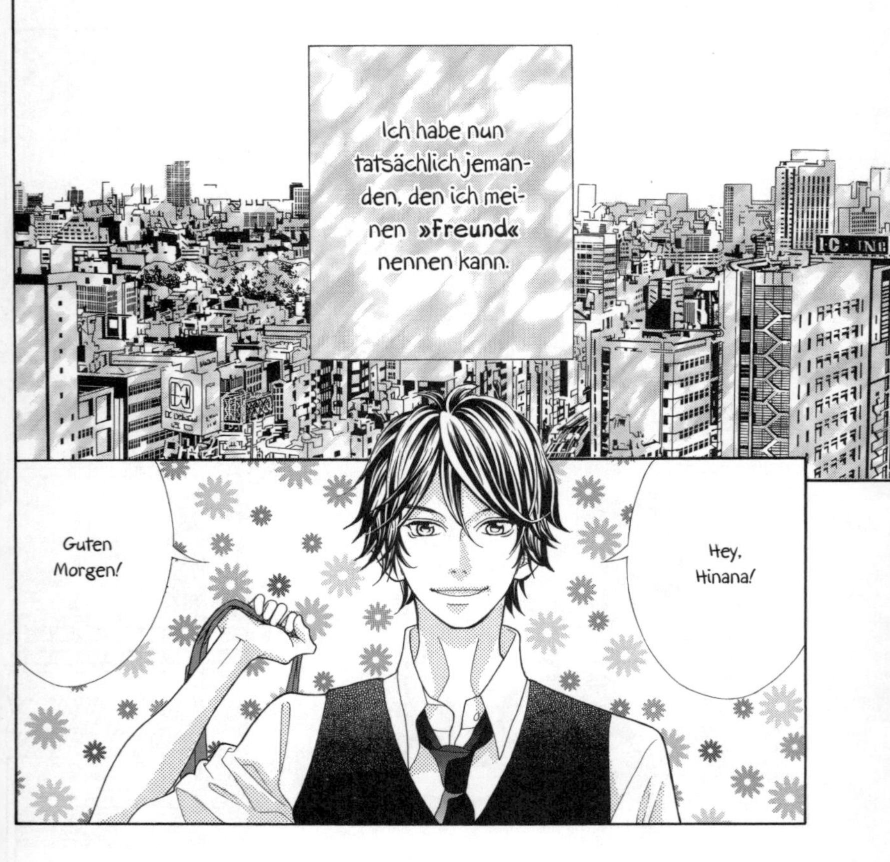

Kuss um Mitternacht

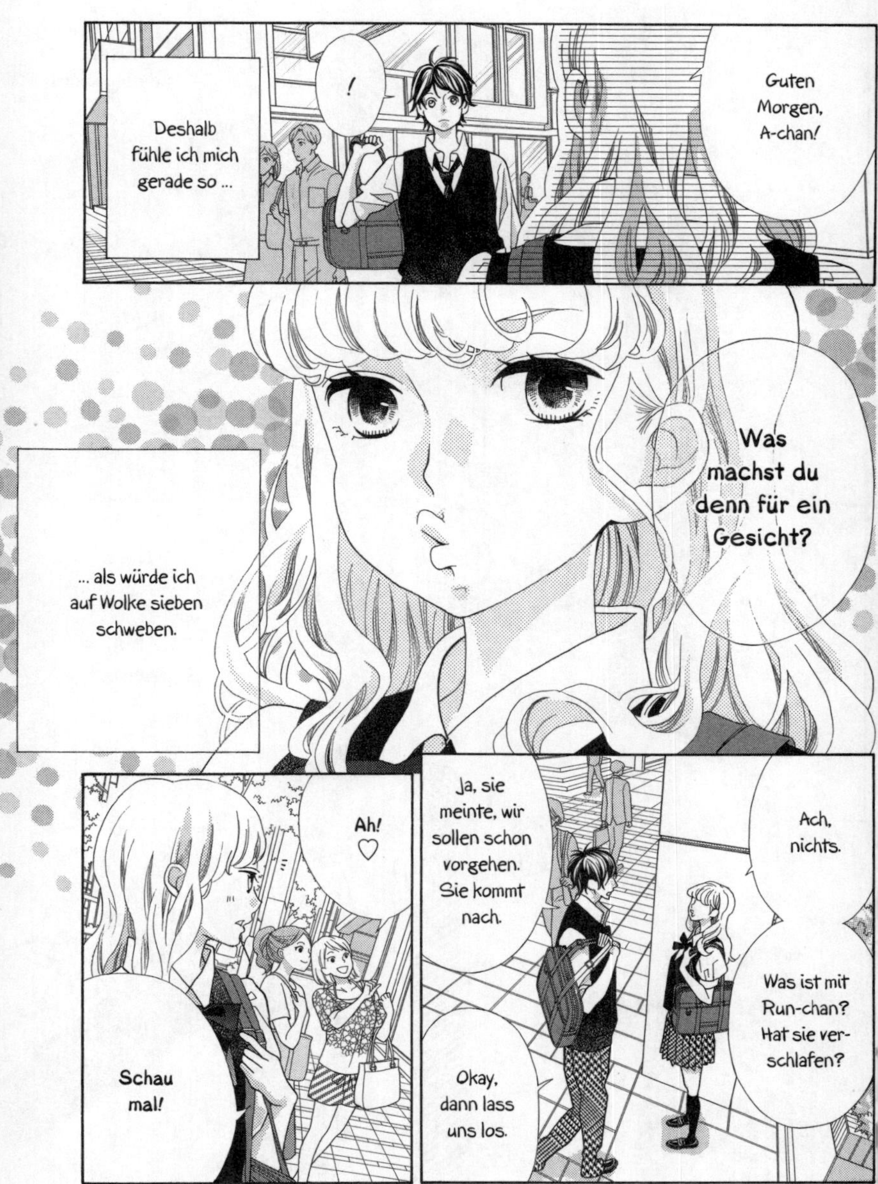
Guten Morgen, A-chan!
!
Deshalb fühle ich mich gerade so ...
Was machst du denn für ein Gesicht?
... als würde ich auf Wolke sieben schweben.
Ach, nichts.
Was ist mit Run-chan? Hat sie verschlafen?
Ja, sie meinte, wir sollen schon vorgehen. Sie kommt nach.
Okay, dann lass uns los.
Ah! ♡
Schau mal!

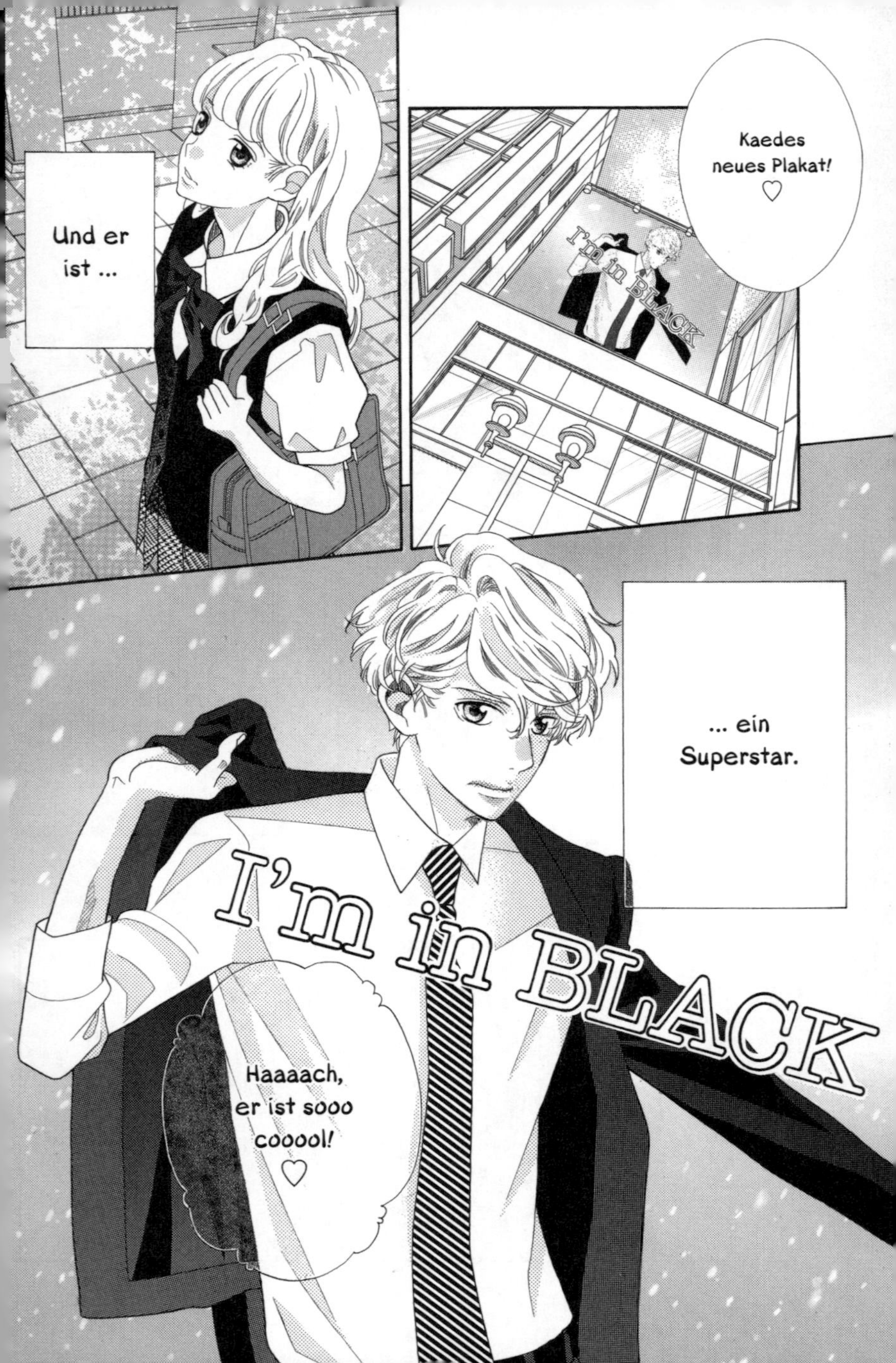
Kaedes neues Plakat! ♡
I'm in BLACK
Und er ist ...
... ein Superstar.
I'm in BLACK
Haaaach, er ist sooo cooool! ♡

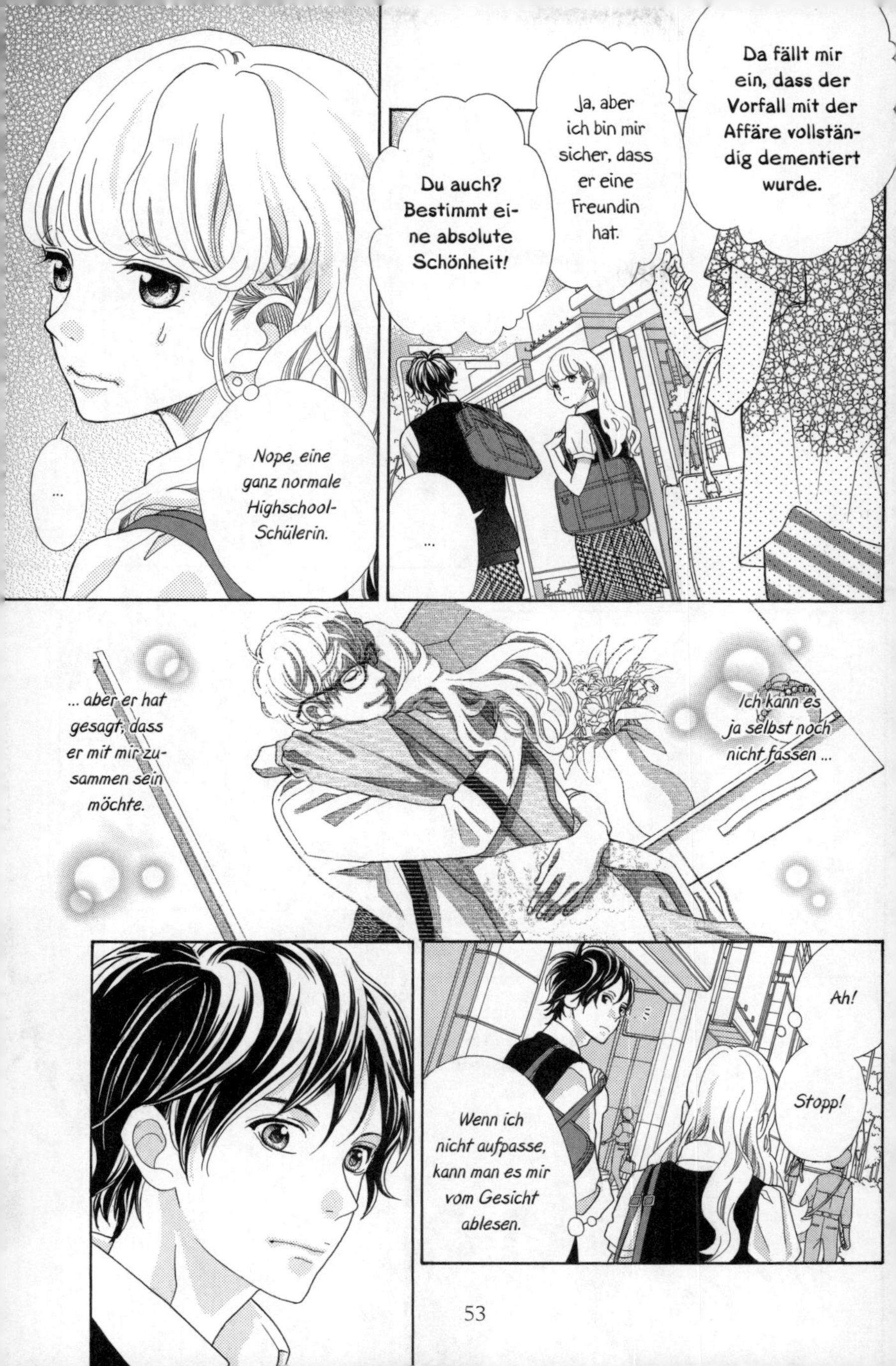
Da fällt mir ein, dass der Vorfall mit der Affäre vollständig dementiert wurde.
Ja, aber ich bin mir sicher, dass er eine Freundin hat.
Du auch? Bestimmt eine absolute Schönheit!
...
Nope, eine ganz normale Highschool-Schülerin.
...
Ich kann es ja selbst noch nicht fassen ...
... aber er hat gesagt, dass er mit mir zusammen sein möchte.
Ah!
Stopp!
Wenn ich nicht aufpasse, kann man es mir vom Gesicht ablesen.

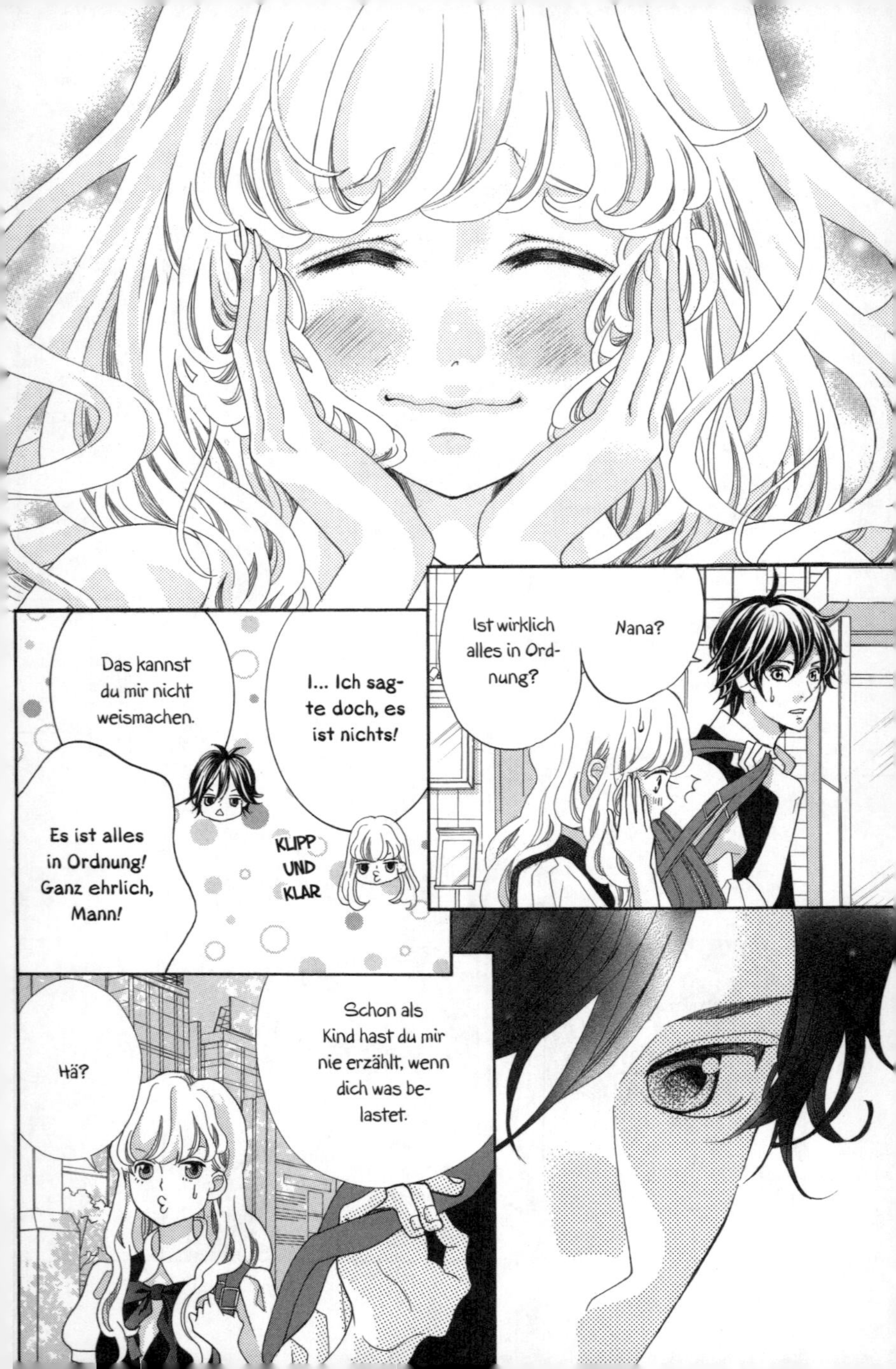
Nana?
Ist wirklich alles in Ordnung?
I... Ich sagte doch, es ist nichts!
Das kannst du mir nicht weismachen.
KLIPP UND KLAR
Es ist alles in Ordnung! Ganz ehrlich, Mann!
Schon als Kind hast du mir nie erzählt, wenn dich was belastet.
Hä?

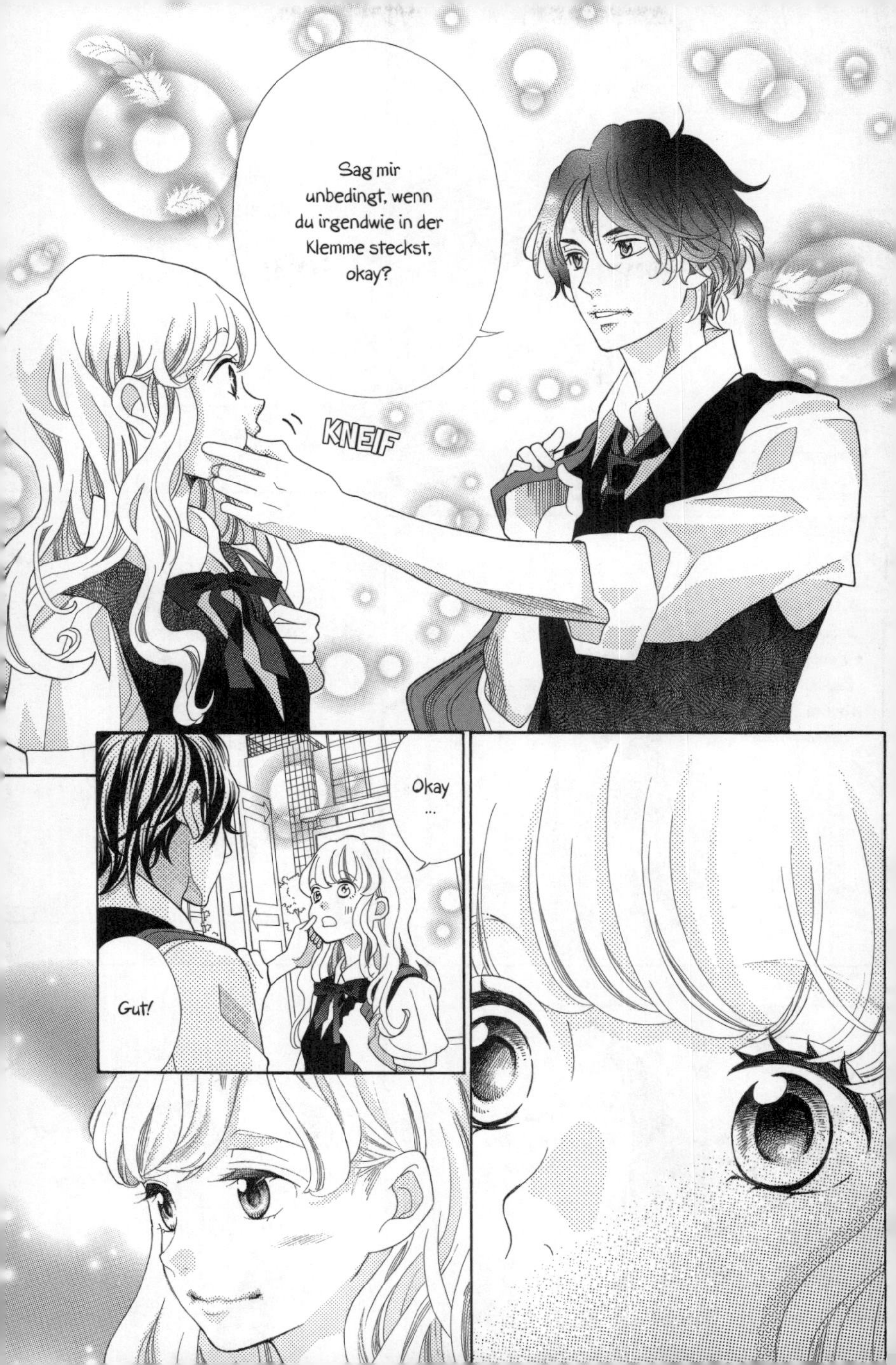
Sag mir unbedingt, wenn du irgendwie in der Klemme steckst, okay?
KNEIF
Okay ...
Gut!

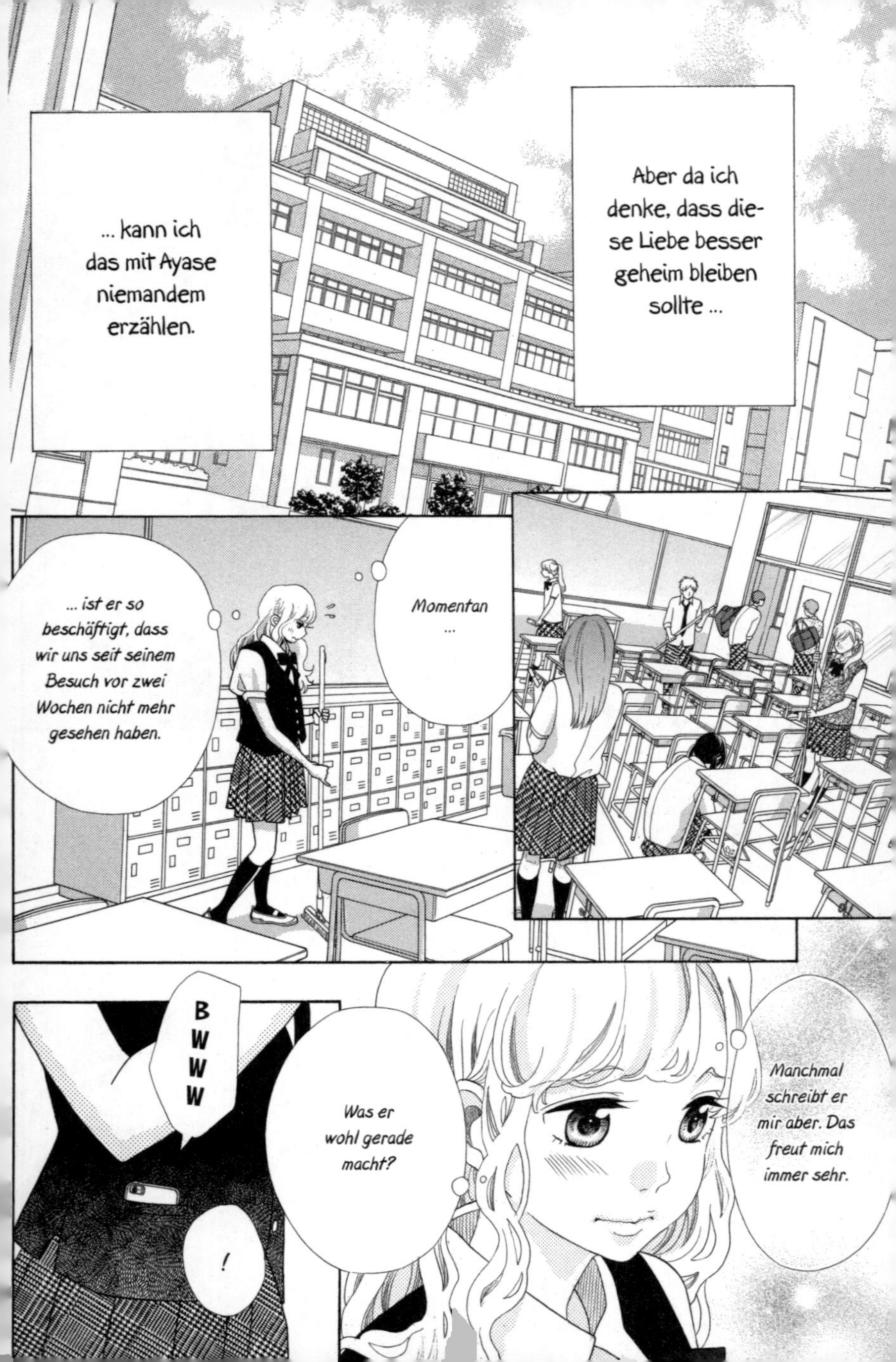
Aber da ich denke, dass diese Liebe besser geheim bleiben sollte …
… kann ich das mit Ayase niemandem erzählen.
Momentan …
… ist er so beschäftigt, dass wir uns seit seinem Besuch vor zwei Wochen nicht mehr gesehen haben.
Manchmal schreibt er mir aber. Das freut mich immer sehr.
Was er wohl gerade macht?
BWWW
!

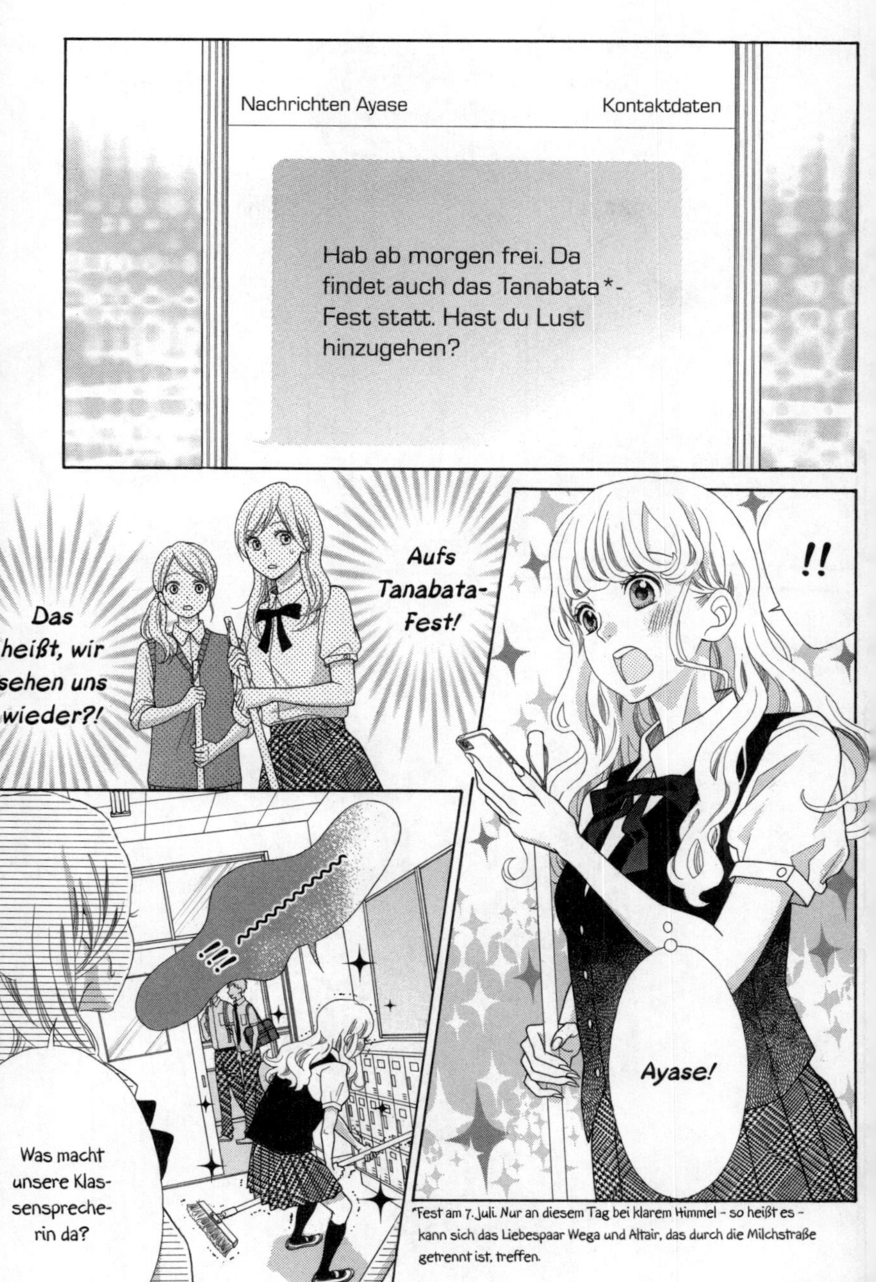

*Fest am 7. Juli. Nur an diesem Tag bei klarem Himmel – so heißt es – kann sich das Liebespaar Wega und Altair, das durch die Milchstraße getrennt ist, treffen.

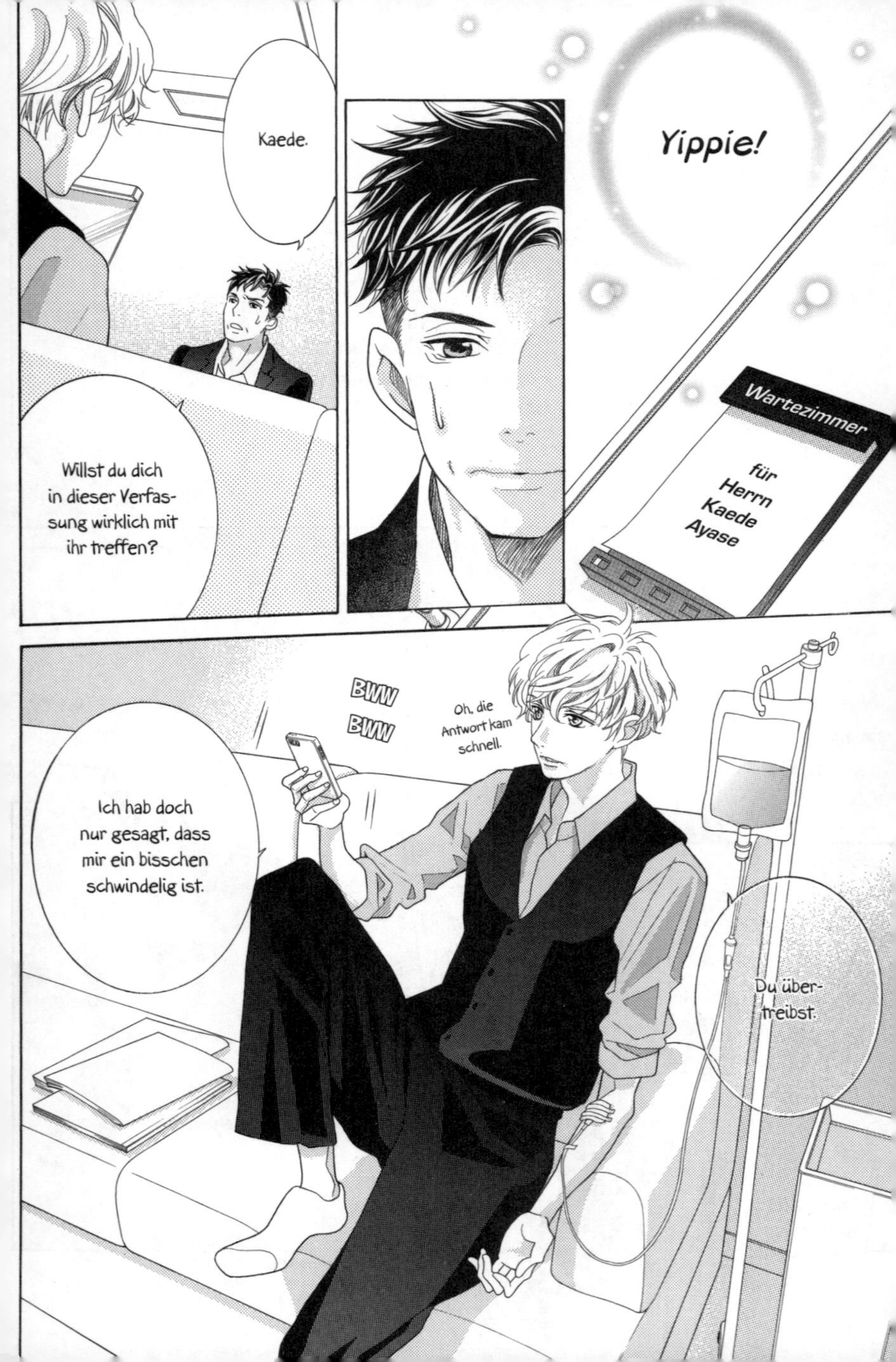

Yippie!
Wartezimmer
für Herrn Kaede Ayase
Kaede.
Willst du dich in dieser Verfassung wirklich mit ihr treffen?
BWW BWW
Oh, die Antwort kam schnell.
Du übertreibst.
Ich hab doch nur gesagt, dass mir ein bisschen schwindelig ist.

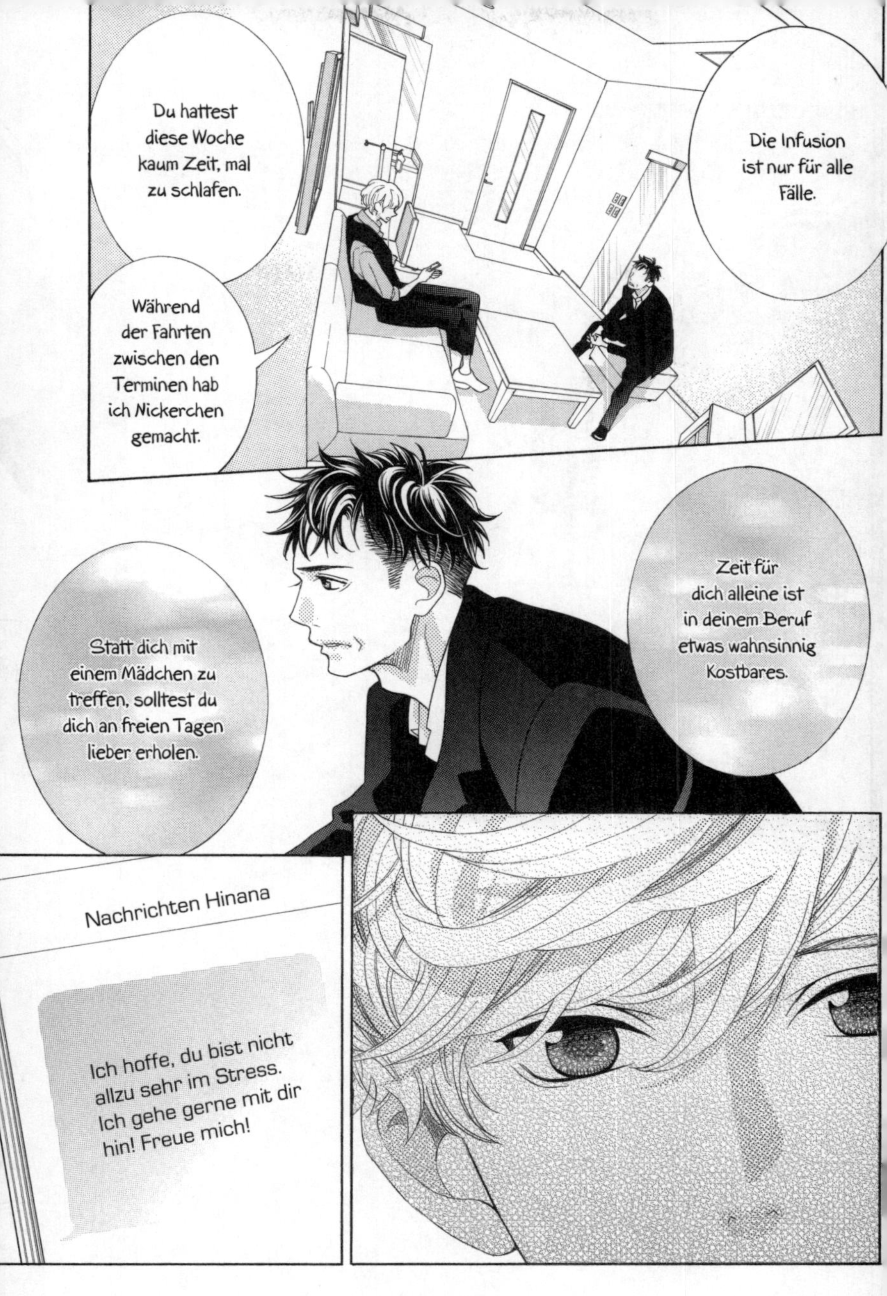
Die Infusion ist nur für alle Fälle.
Du hattest diese Woche kaum Zeit, mal zu schlafen.
Während der Fahrten zwischen den Terminen hab ich Nickerchen gemacht.
Zeit für dich alleine ist in deinem Beruf etwas wahnsinnig Kostbares.
Statt dich mit einem Mädchen zu treffen, solltest du dich an freien Tagen lieber erholen.
Nachrichten Hinana
Ich hoffe, du bist nicht allzu sehr im Stress. Ich gehe gerne mit dir hin! Freue mich!

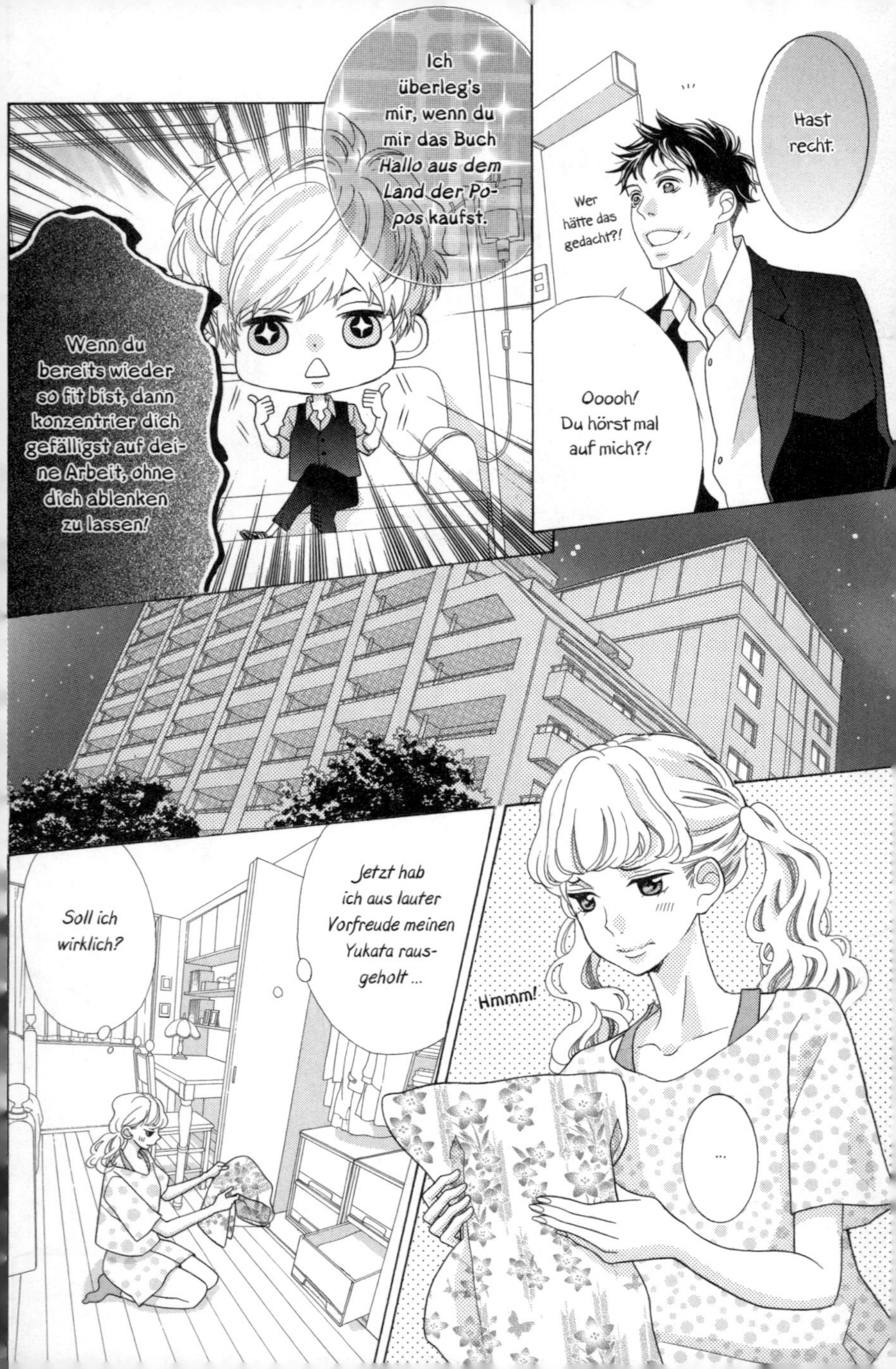
Hast recht.
Wer hätte das gedacht?!
Ooooh! Du hörst mal auf mich?!
Ich überleg's mir, wenn du mir das Buch Hallo aus dem Land der Popos kaufst.
Wenn du bereits wieder so fit bist, dann konzentrier dich gefälligst auf deine Arbeit, ohne dich ablenken zu lassen!
Jetzt hab ich aus lauter Vorfreude meinen Yukata rausgeholt ...
Soll ich wirklich?
Hmmm!
...

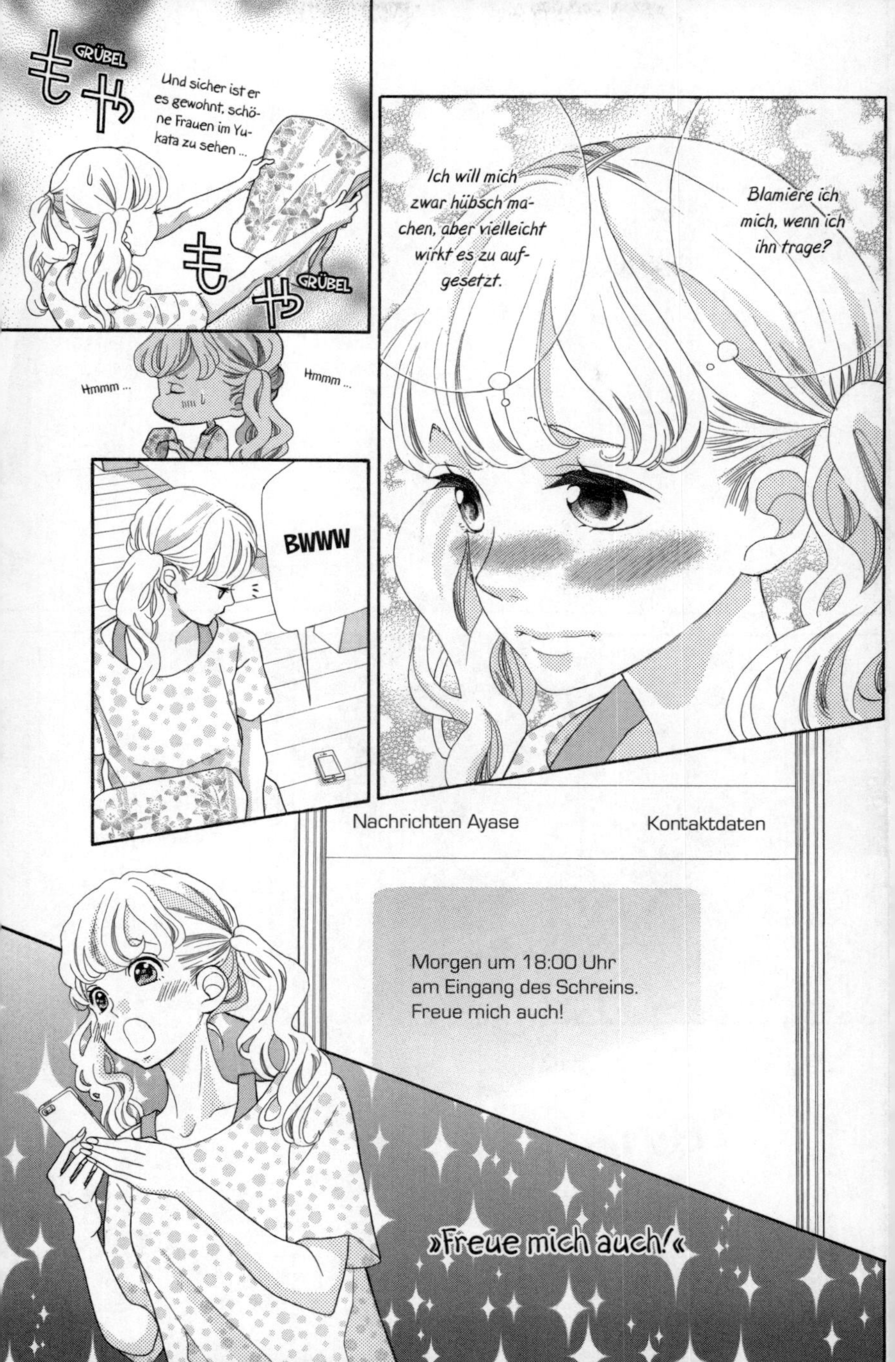
GRÜBEL
Und sicher ist er es gewohnt, schöne Frauen im Yukata zu sehen ...
GRÜBEL
Hmmm ...
Hmmm ...
Ich will mich zwar hübsch machen, aber vielleicht wirkt es zu aufgesetzt.
Blamiere ich mich, wenn ich ihn trage?
BWWW
Nachrichten Ayase
Kontaktdaten
Morgen um 18:00 Uhr am Eingang des Schreins. Freue mich auch!
»Freue mich auch!«

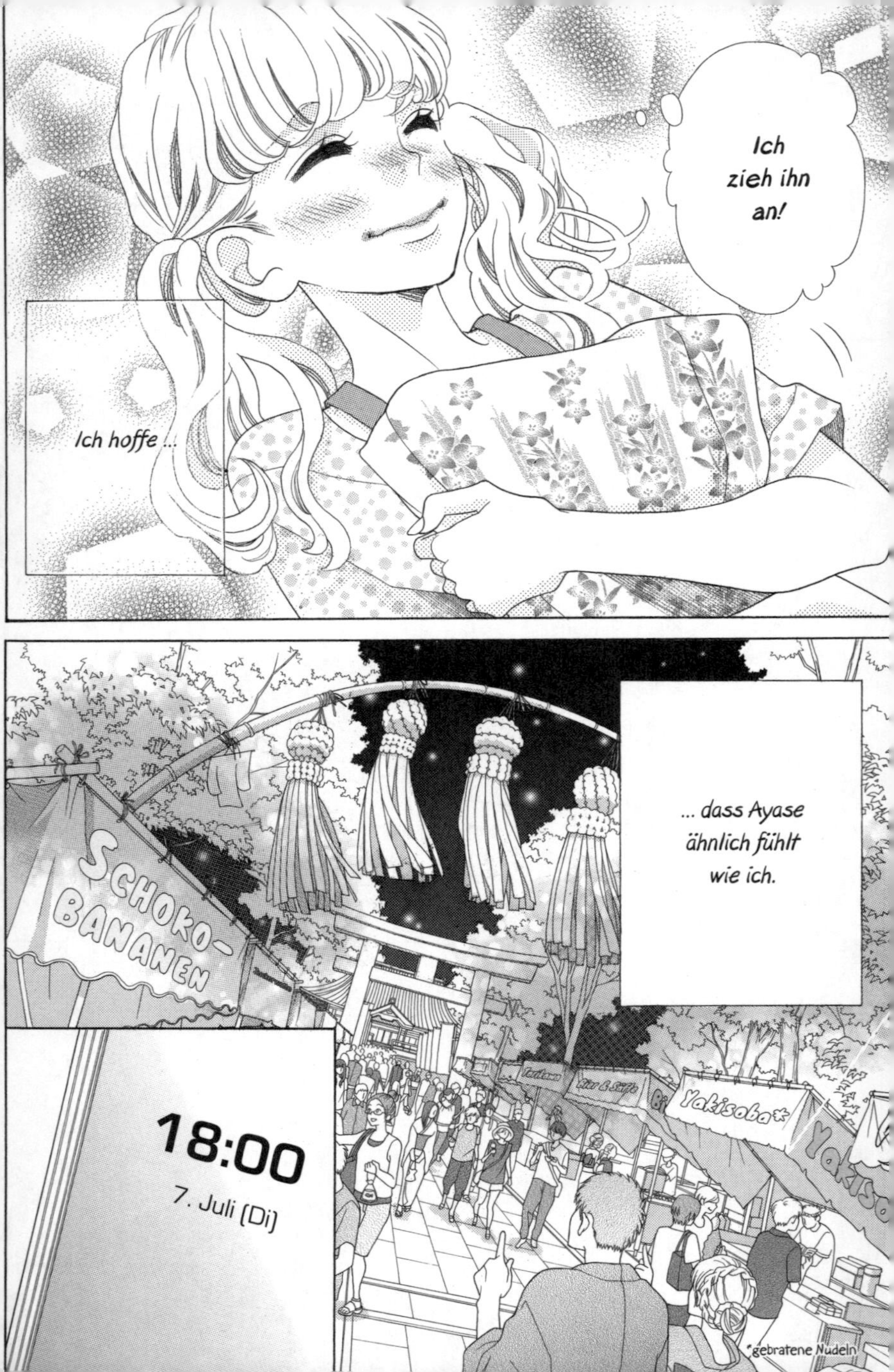

Ich zieh ihn an!

Ich hoffe ...

... dass Ayase ähnlich fühlt wie ich.

SCHOKO-BANANEN

Yakisoba*

18:00
7. Juli (Di)

*gebratene Nudeln

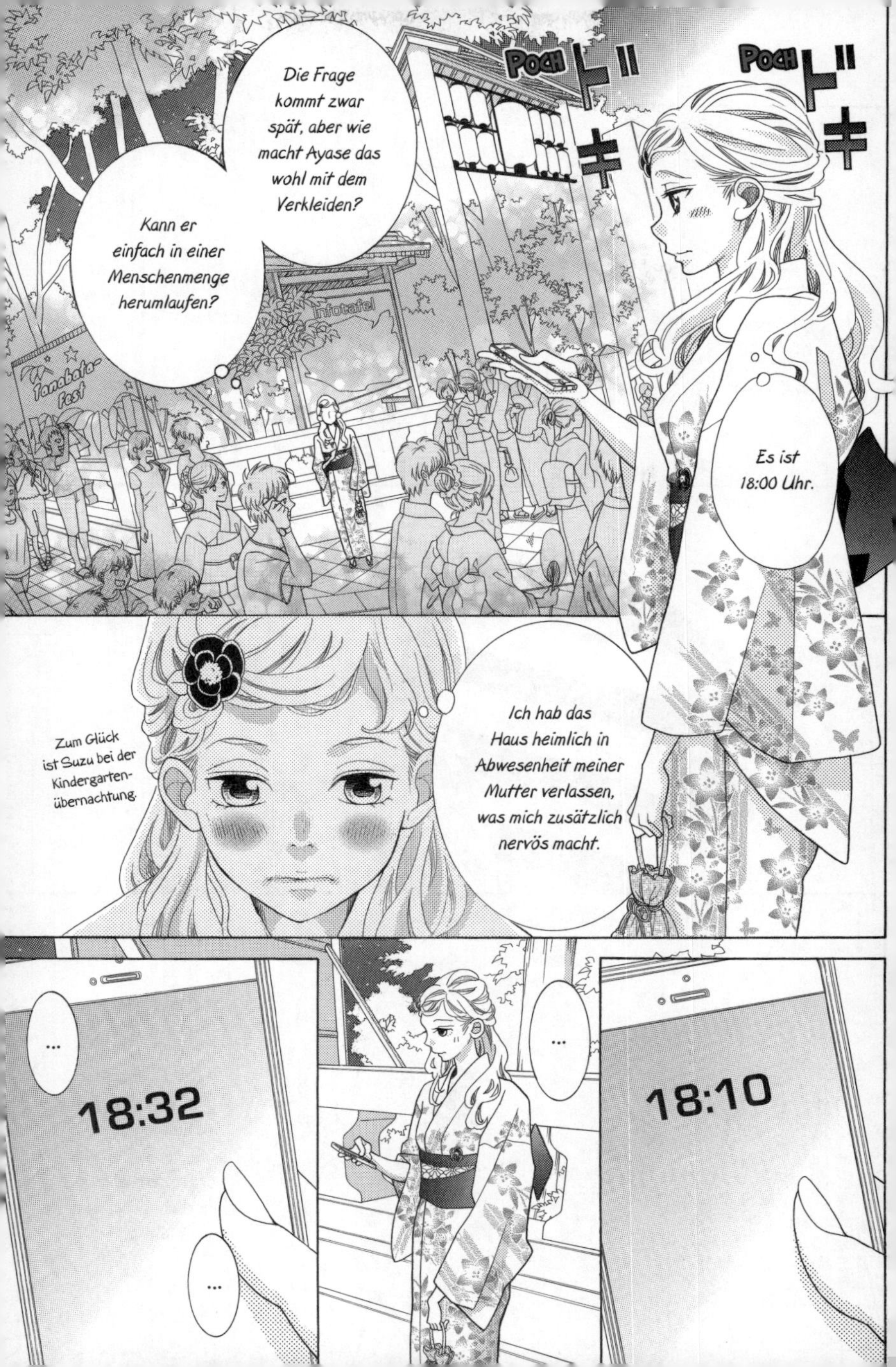
Poch
Poch
Die Frage kommt zwar spät, aber wie macht Ayase das wohl mit dem Verkleiden?
Kann er einfach in einer Menschenmenge herumlaufen?
Infotafel
Tanabata-Fest
Es ist 18:00 Uhr.
Ich hab das Haus heimlich in Abwesenheit meiner Mutter verlassen, was mich zusätzlich nervös macht.
Zum Glück ist Suzu bei der Kindergarten-übernachtung.
...
18:10
...
18:32
...

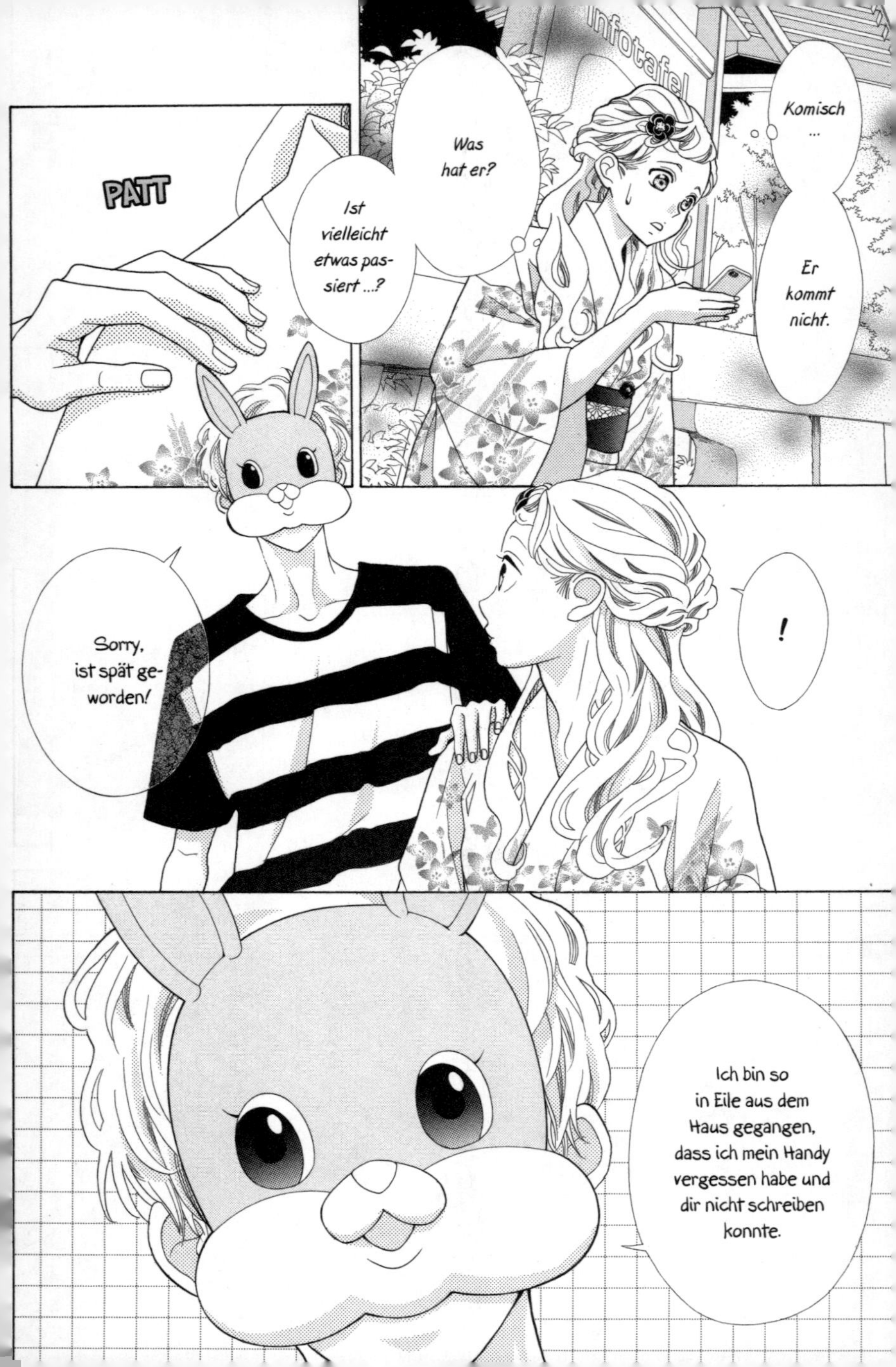
Infotafel
Komisch ...
Er kommt nicht.
Was hat er?
Ist vielleicht etwas passiert ...?
PATT
!
Sorry, ist spät geworden!
Ich bin so in Eile aus dem Haus gegangen, dass ich mein Handy vergessen habe und dir nicht schreiben konnte.

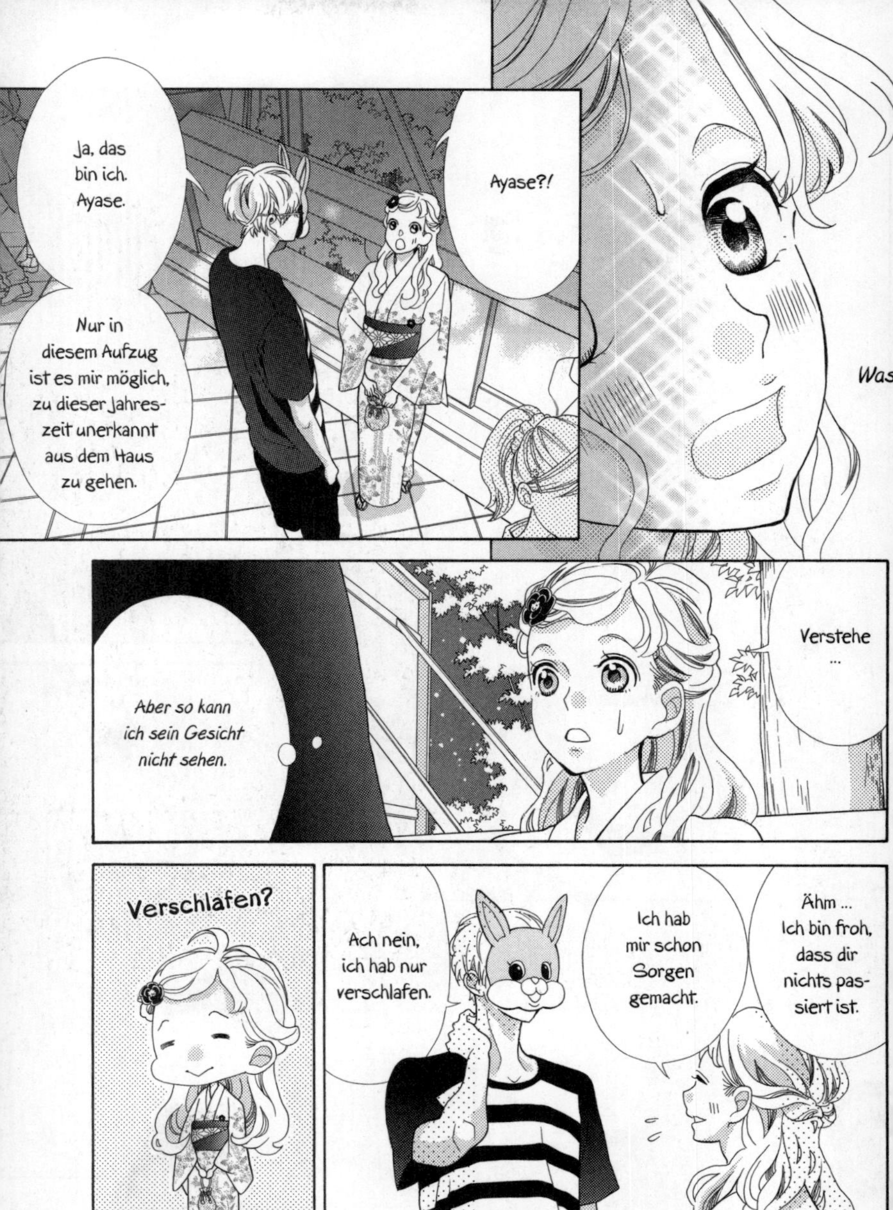
Was
Ayase?!
Ja, das bin ich. Ayase.
Nur in diesem Aufzug ist es mir möglich, zu dieser Jahreszeit unerkannt aus dem Haus zu gehen.
Verstehe …
Aber so kann ich sein Gesicht nicht sehen.
Ähm … Ich bin froh, dass dir nichts passiert ist.
Ich hab mir schon Sorgen gemacht.
Ach nein, ich hab nur verschlafen.
Verschlafen?

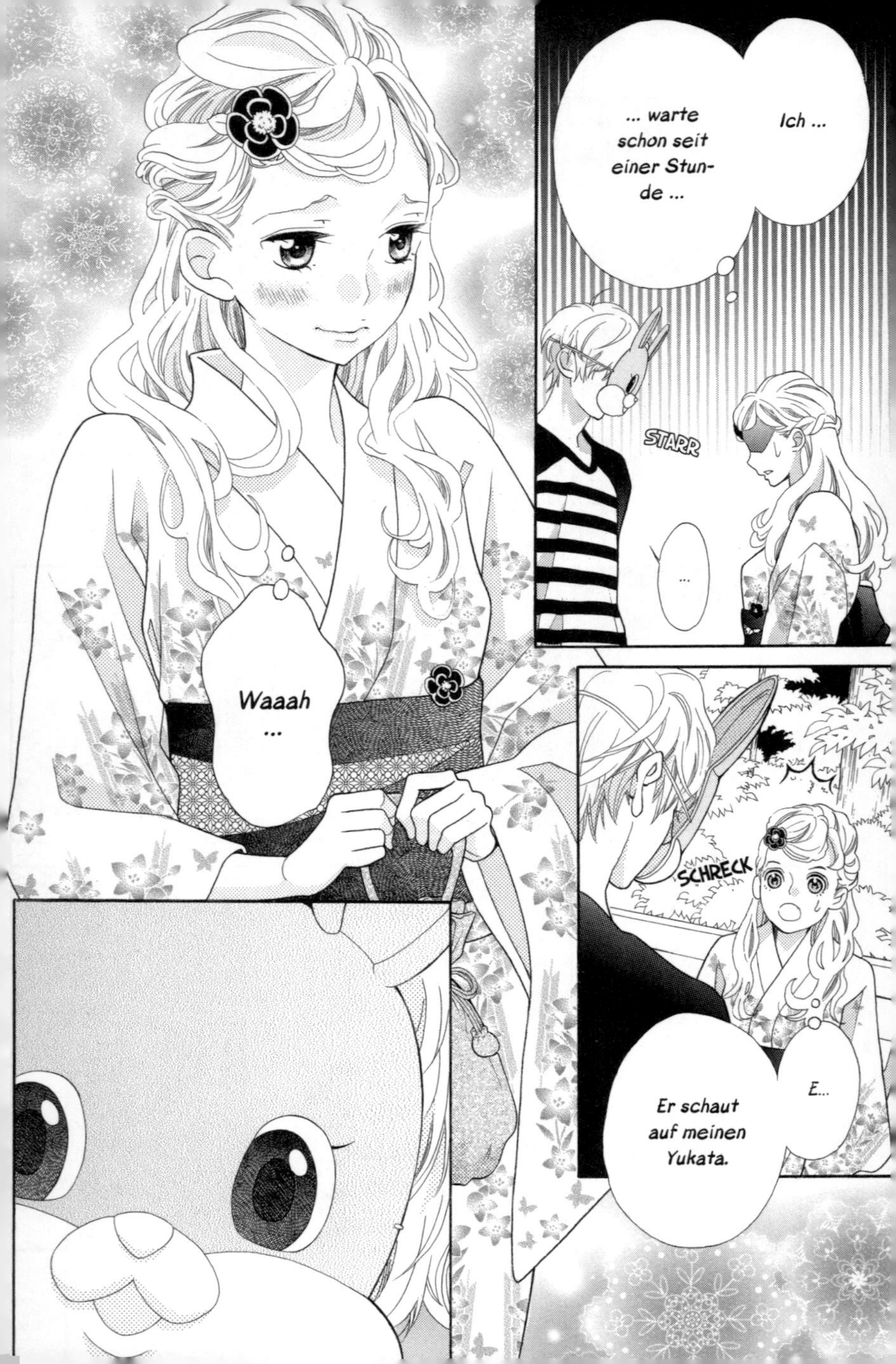
Ich ...
... warte schon seit einer Stunde ...
STARR
...
SCHRECK
E...
Er schaut auf meinen Yukata.
Waaah ...

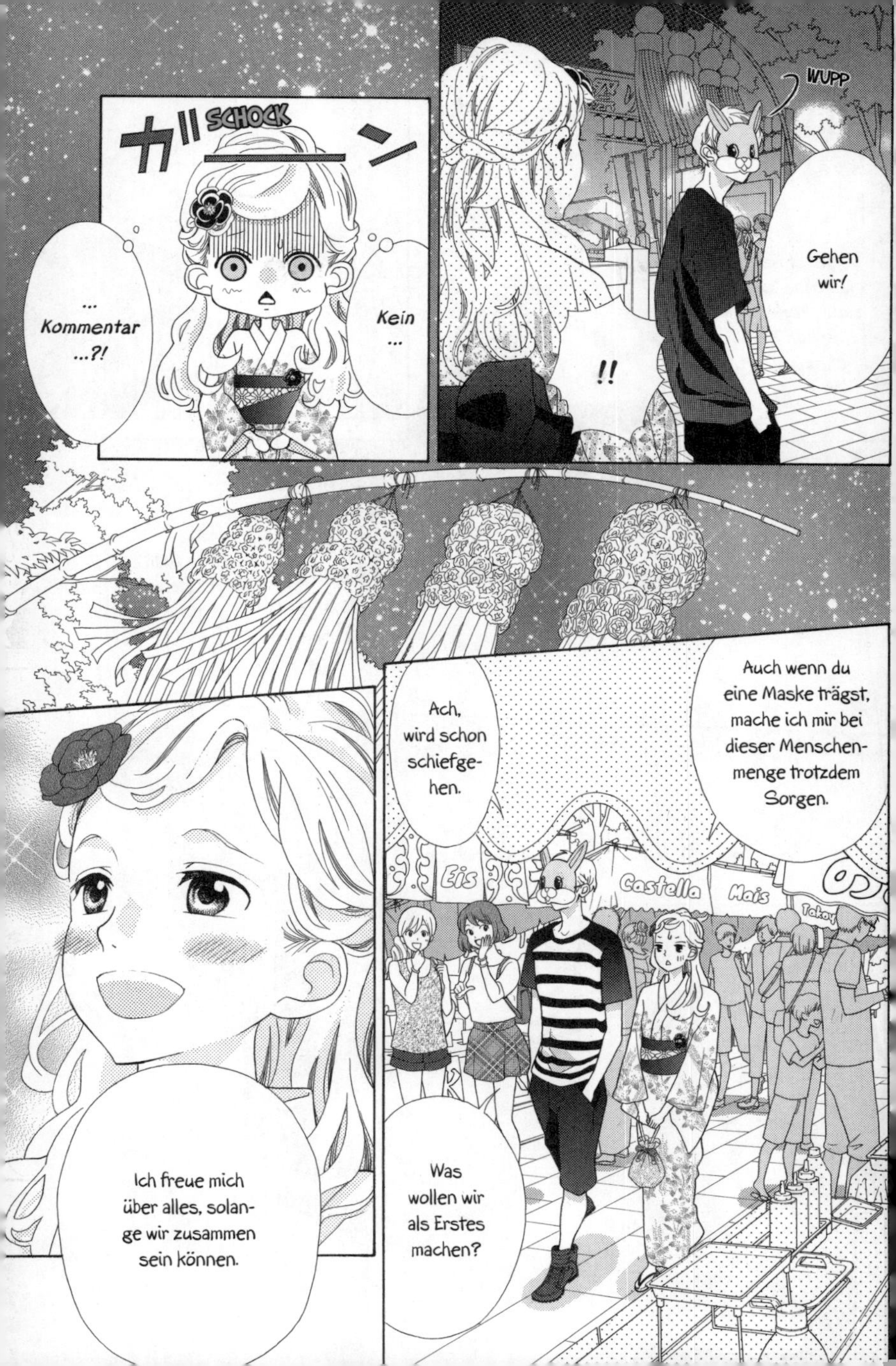
WUPP
Gehen wir!
!!
SCHOCK
Kein ...
... Kommentar ...?!
Auch wenn du eine Maske trägst, mache ich mir bei dieser Menschenmenge trotzdem Sorgen.
Ach, wird schon schiefgehen.
Eis
Castella
Mais
Was wollen wir als Erstes machen?
Ich freue mich über alles, solange wir zusammen sein können.

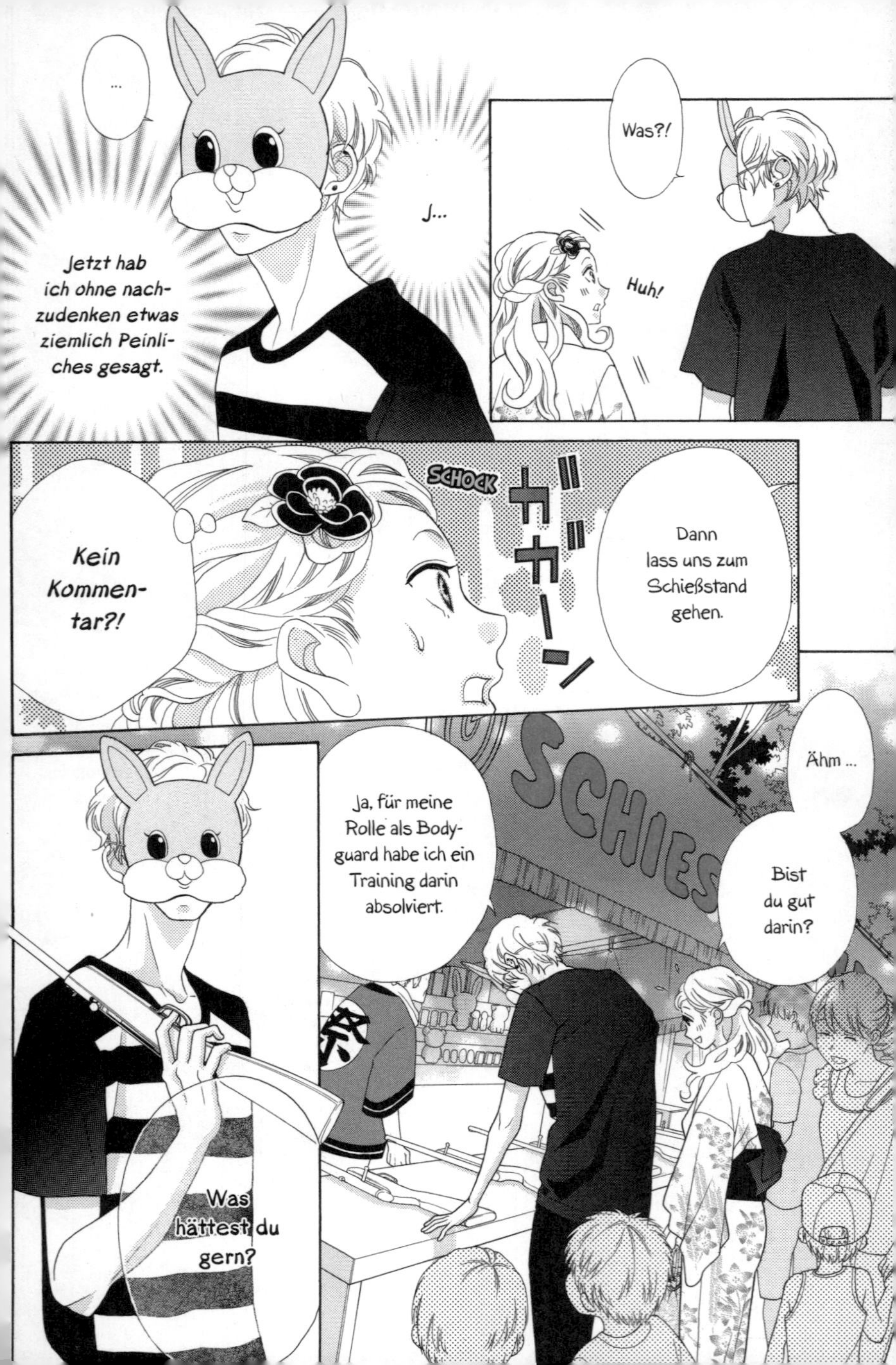

...
Was?!
Huh!
J...
Jetzt hab ich ohne nachzudenken etwas ziemlich Peinliches gesagt.
SCHOCK
Dann lass uns zum Schießstand gehen.
Kein Kommentar?!
Ähm ...
Bist du gut darin?
SCHIES
Ja, für meine Rolle als Bodyguard habe ich ein Training darin absolviert.
Was hättest du gern?

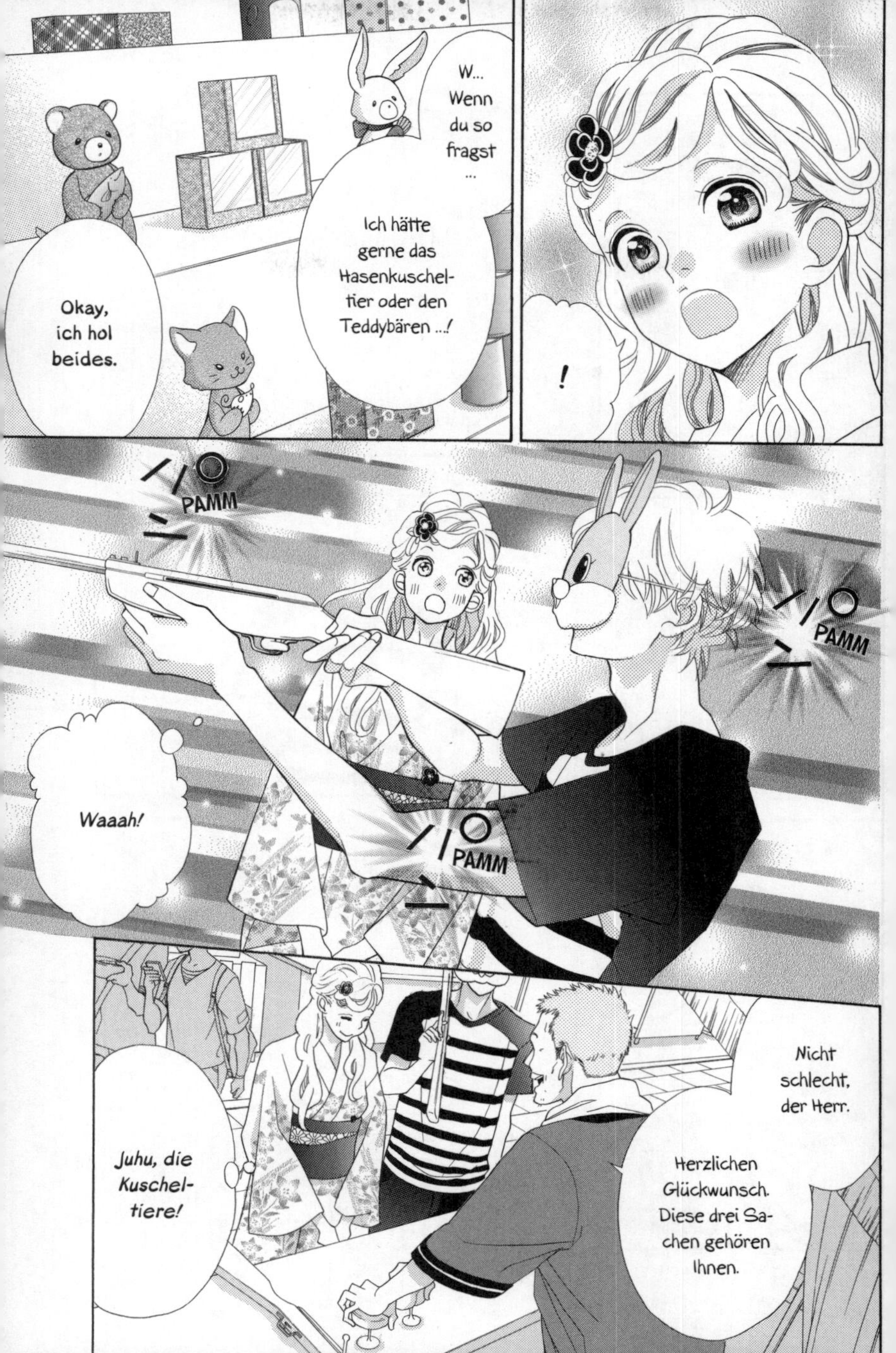
!
W... Wenn du so fragst ...
Ich hätte gerne das Hasenkuscheltier oder den Teddybären ...!
Okay, ich hol beides.
PAMM
PAMM
PAMM
Waaah!
Nicht schlecht, der Herr.
Herzlichen Glückwunsch. Diese drei Sachen gehören Ihnen.
Juhu, die Kuscheltiere!

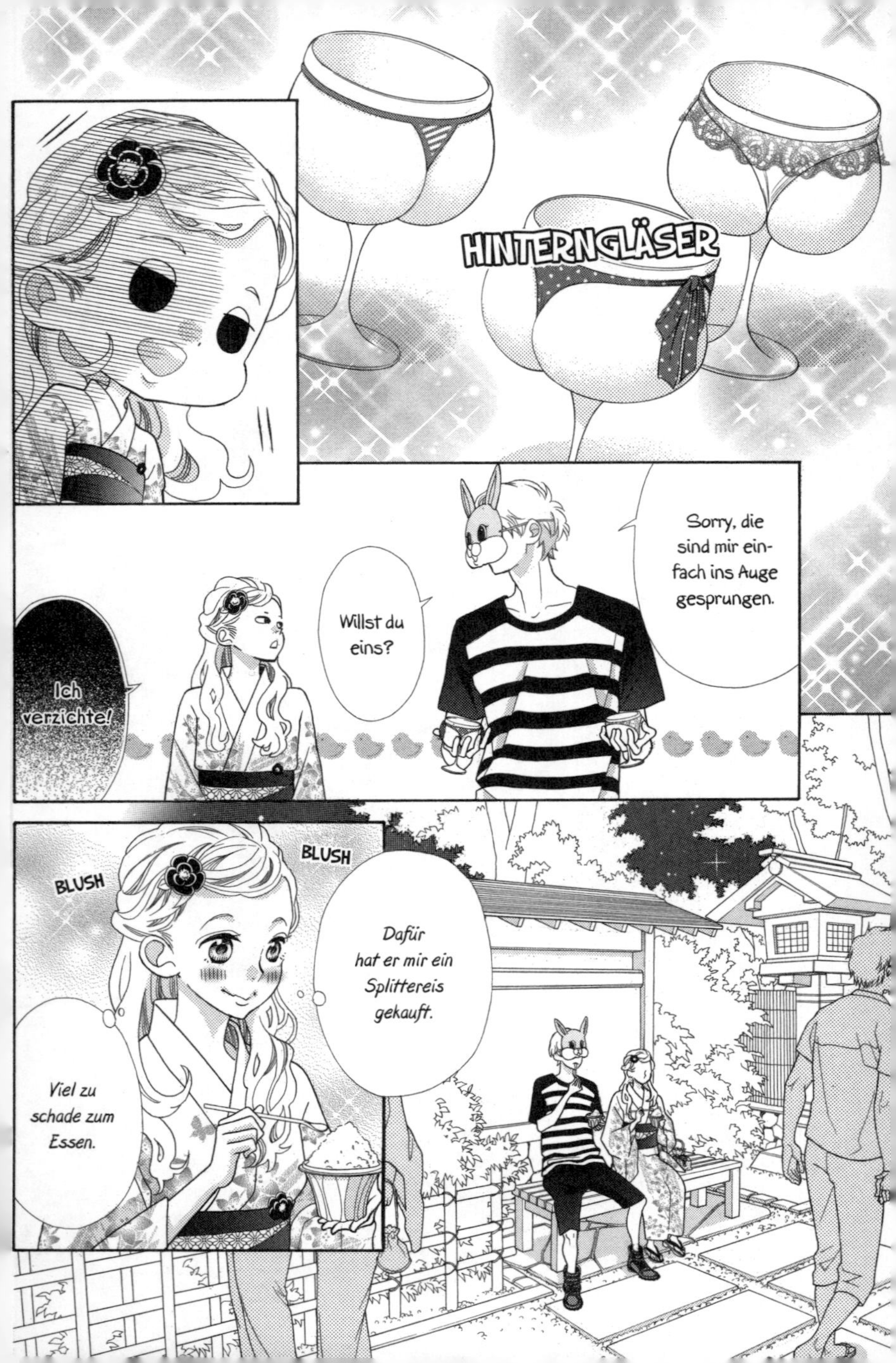
HINTERNGLÄSER
Sorry, die sind mir ein-fach ins Auge gesprungen.
Willst du eins?
Ich verzichte!
BLUSH
BLUSH
Dafür hat er mir ein Splittereis gekauft.
Viel zu schade zum Essen.

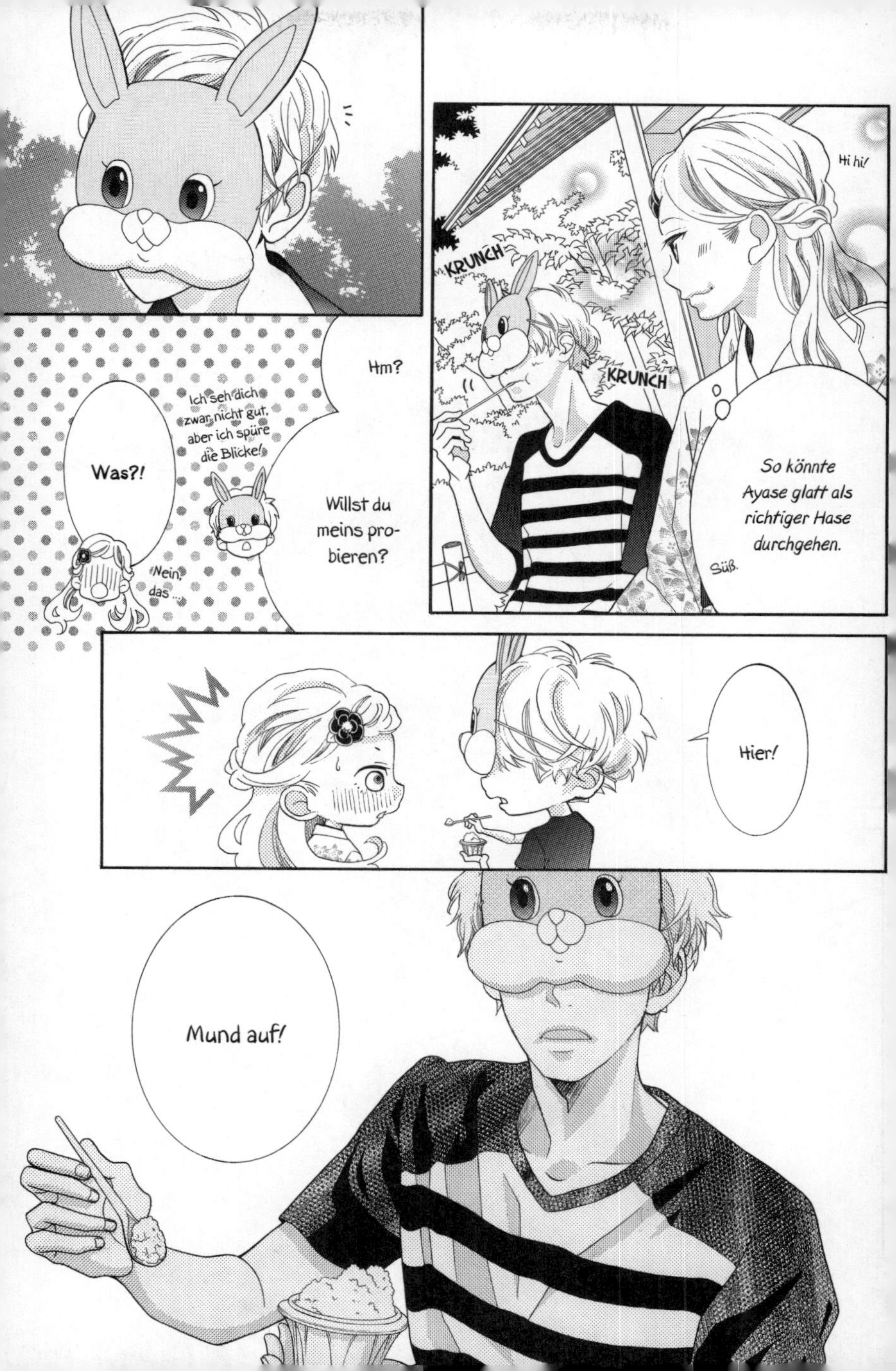

Hi hi!
KRUNCH
KRUNCH
So könnte Ayase glatt als richtiger Hase durchgehen.
Süß.
Hm?
Willst du meins probieren?
Ich seh dich zwar nicht gut, aber ich spüre die Blicke!
Was?!
Nein, das ...
Hier!
Mund auf!

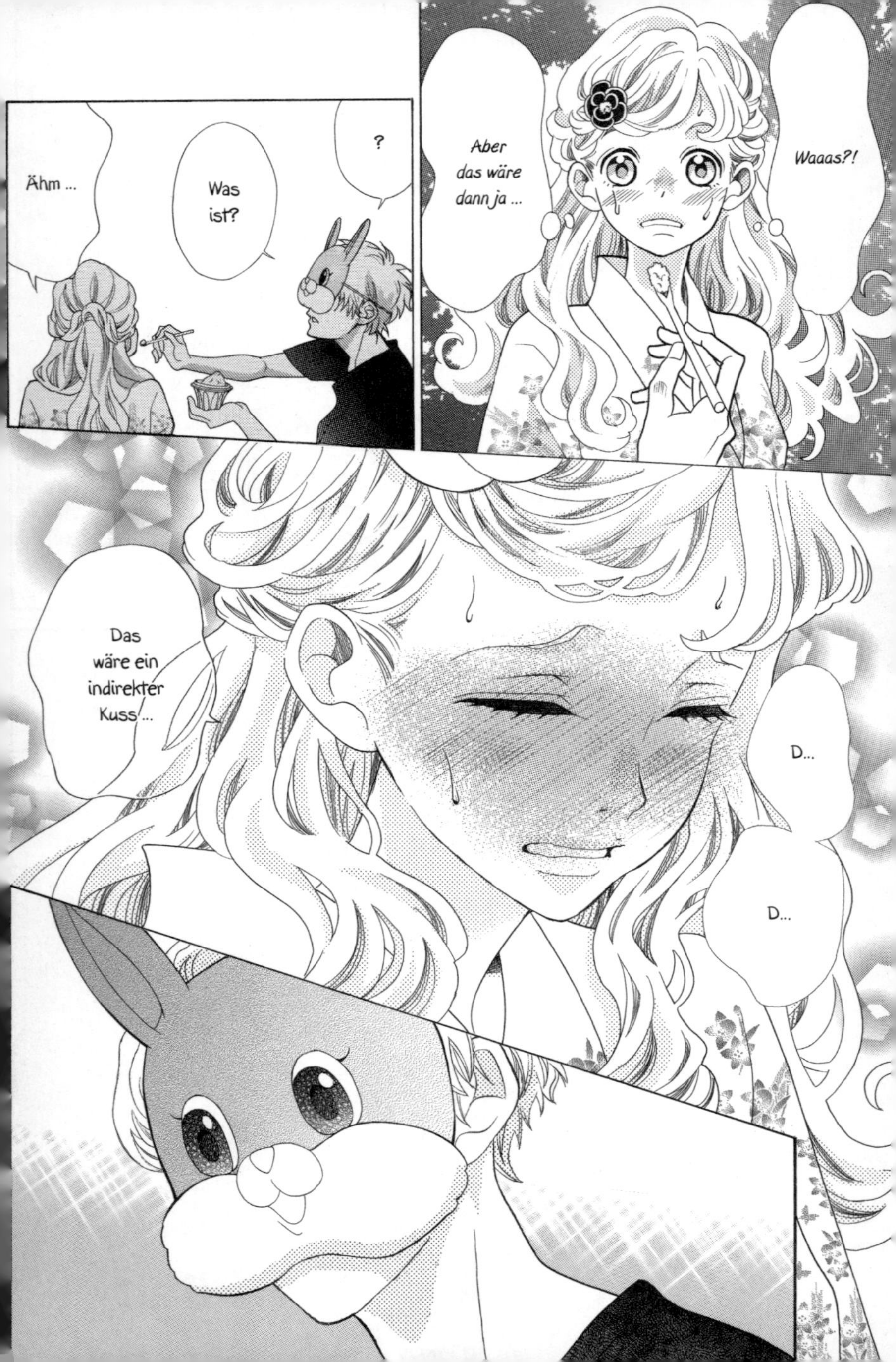
Waaas?!
Aber das wäre dann ja ...
?
Was ist?
Ähm ...
D...
D...
Das wäre ein indirekter Kuss ...

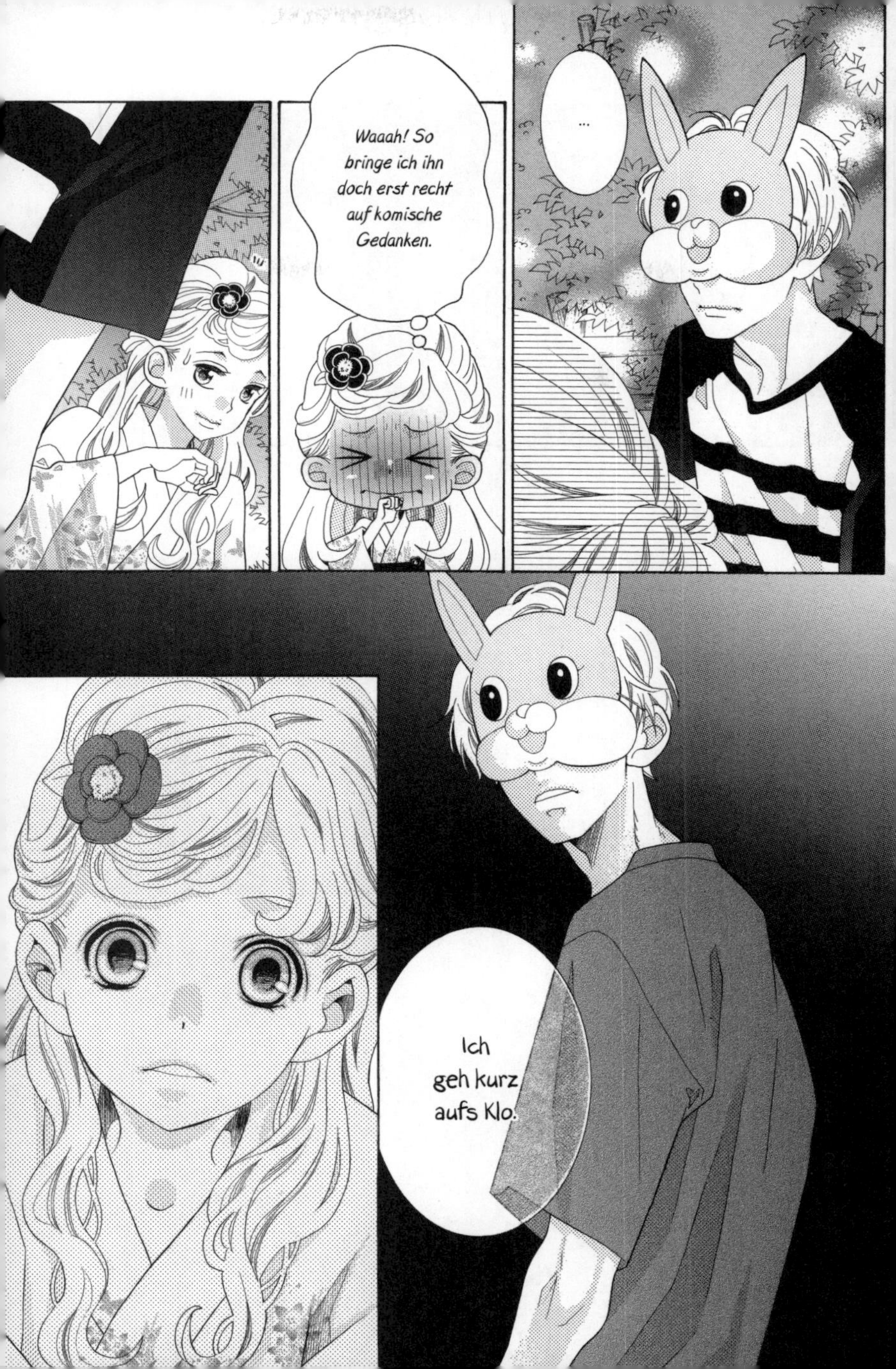
...
Waaah! So bringe ich ihn doch erst recht auf komische Gedanken.
Ich geh kurz aufs Klo.

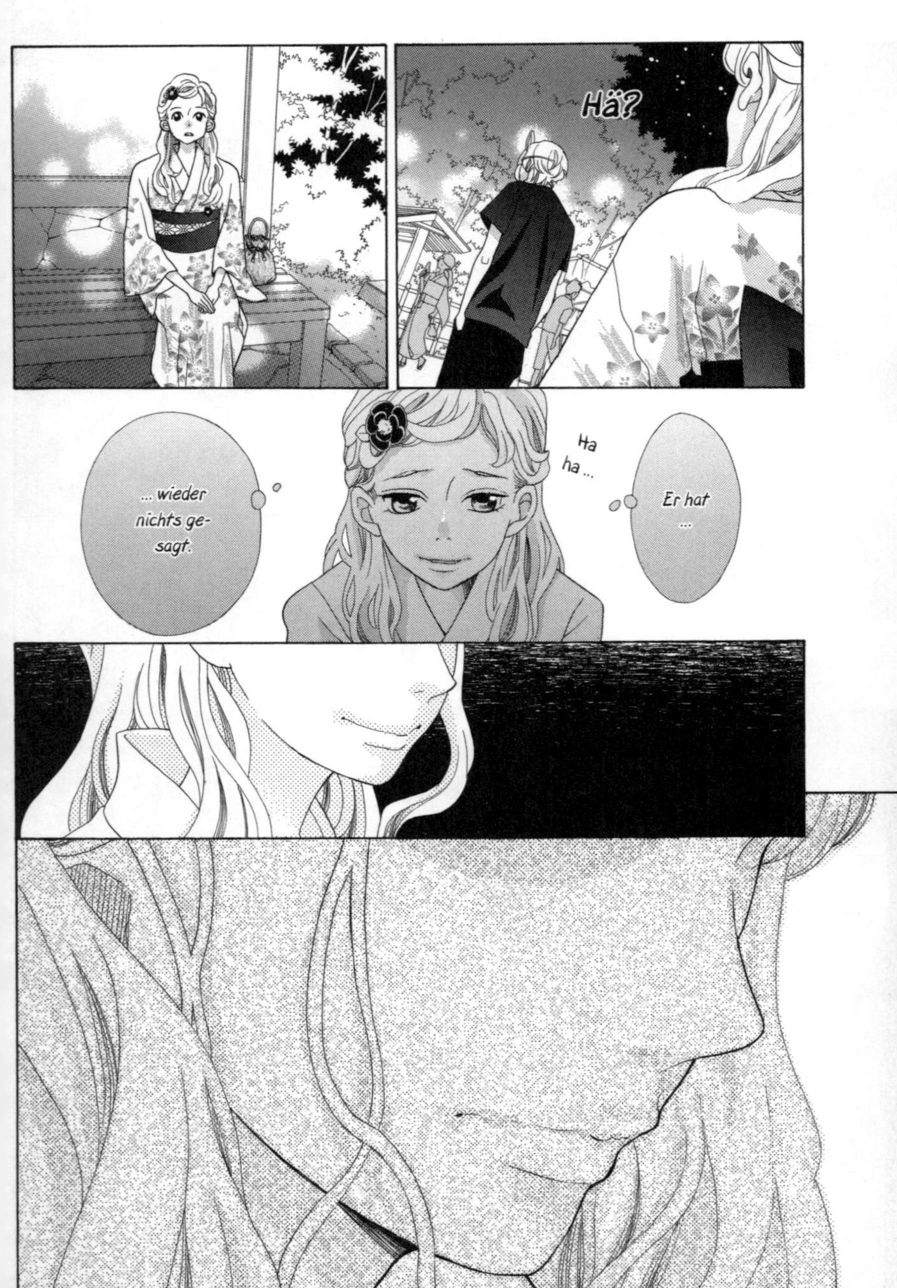
Hä?
Er hat ...
Ha ha ...
... wieder nichts gesagt.

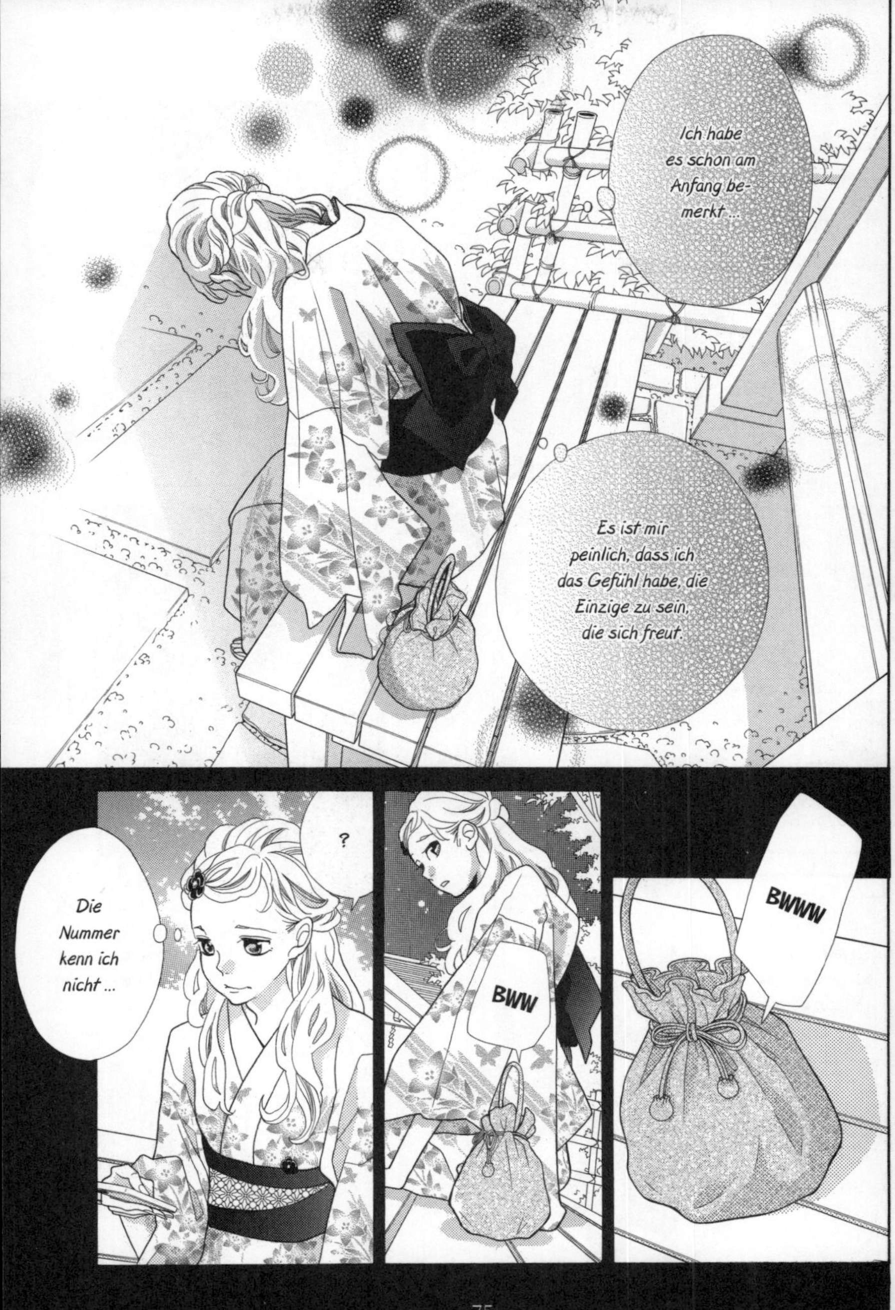
Ich habe es schon am Anfang bemerkt ...
Es ist mir peinlich, dass ich das Gefühl habe, die Einzige zu sein, die sich freut.
?
Die Nummer kenn ich nicht ...
BWW
BWWW

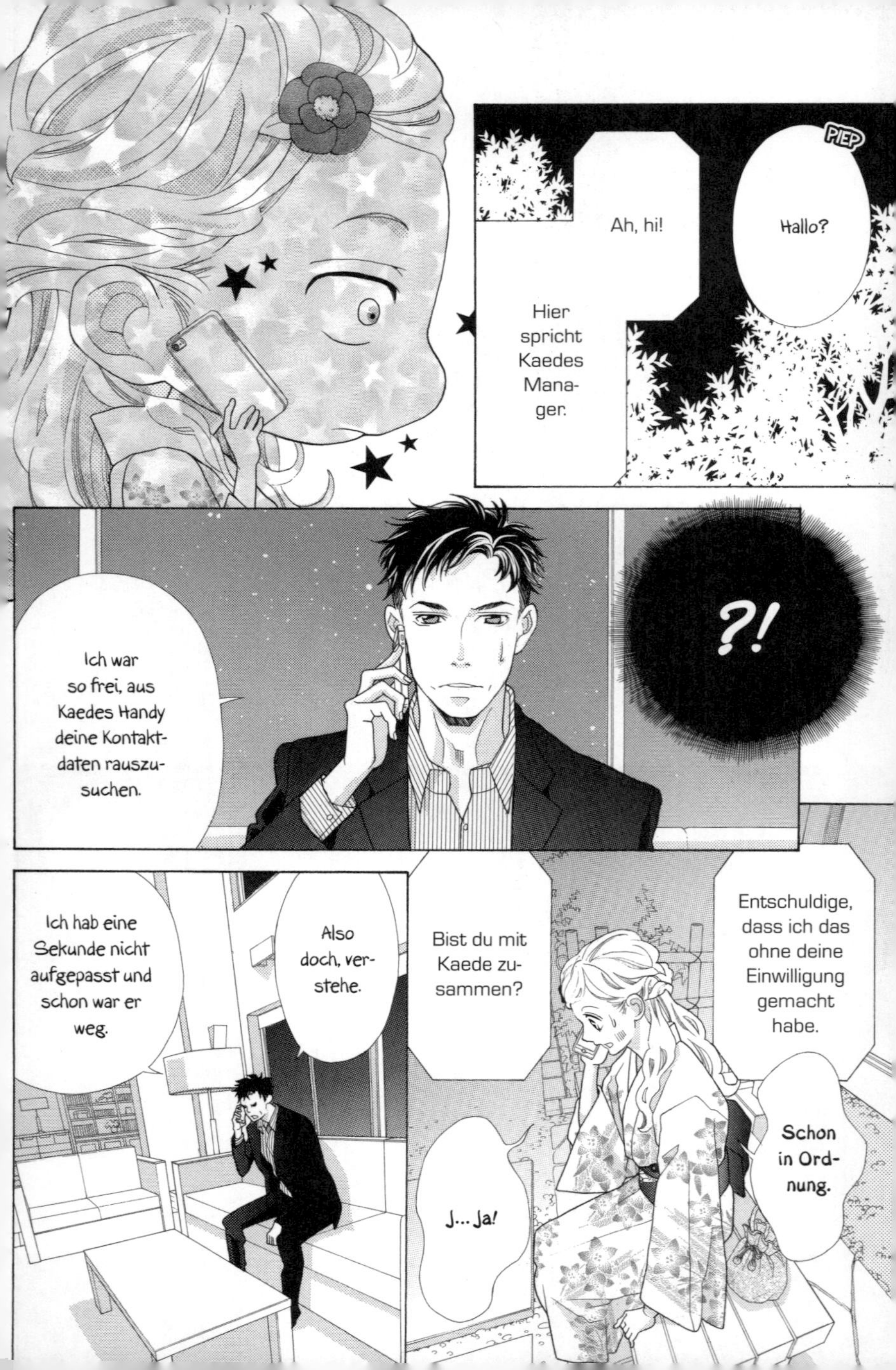

PIEP
Hallo?
Ah, hi!
Hier spricht Kaedes Manager.
?!
Ich war so frei, aus Kaedes Handy deine Kontaktdaten rauszusuchen.
Entschuldige, dass ich das ohne deine Einwilligung gemacht habe.
Schon in Ordnung.
Bist du mit Kaede zusammen?
J... Ja!
Also doch, verstehe.
Ich hab eine Sekunde nicht aufgepasst und schon war er weg.

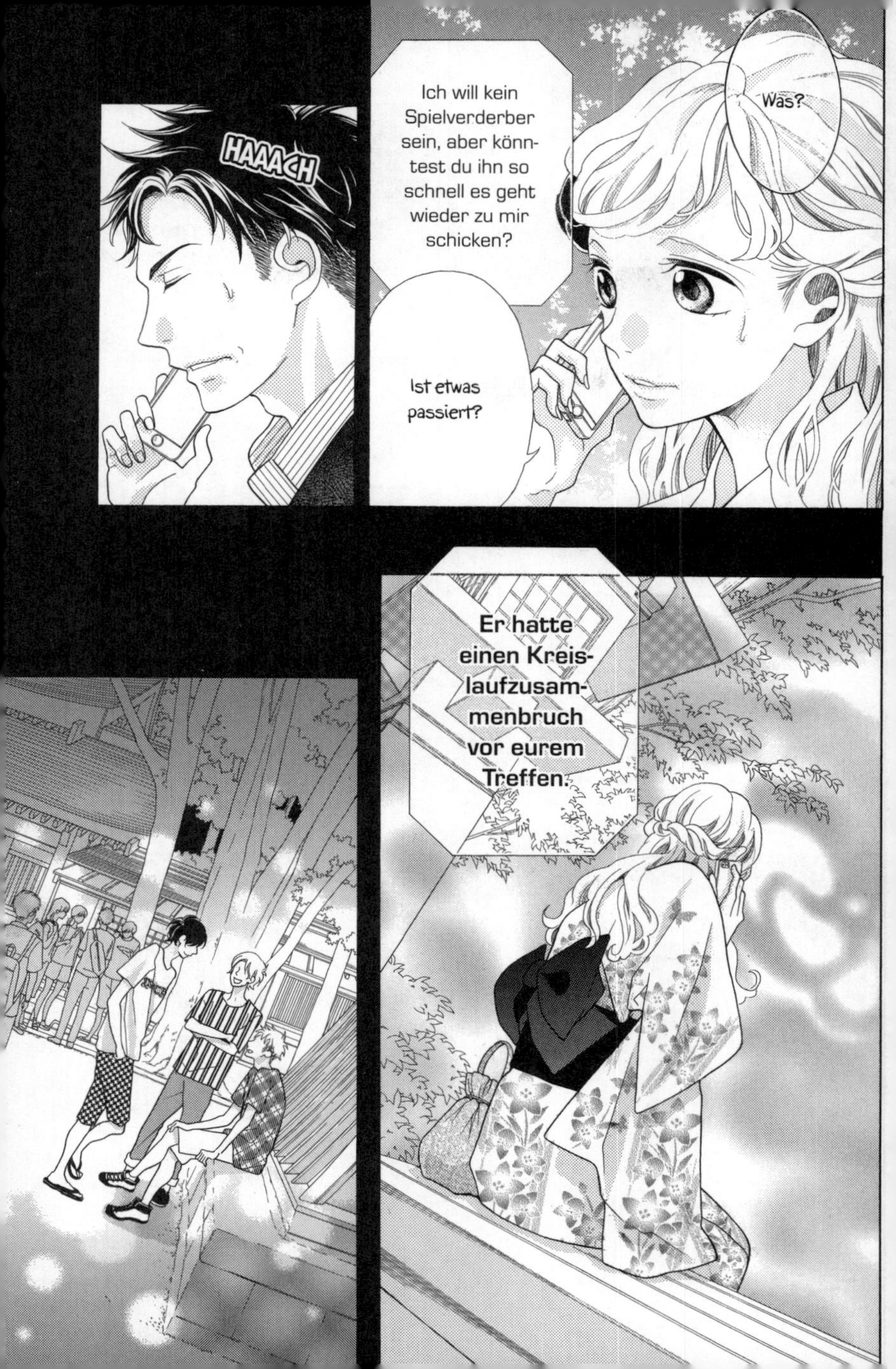
Was?
Ich will kein Spielverderber sein, aber könntest du ihn so schnell es geht wieder zu mir schicken?
HAAACH
Ist etwas passiert?
Er hatte einen Kreislaufzusammenbruch vor eurem Treffen.

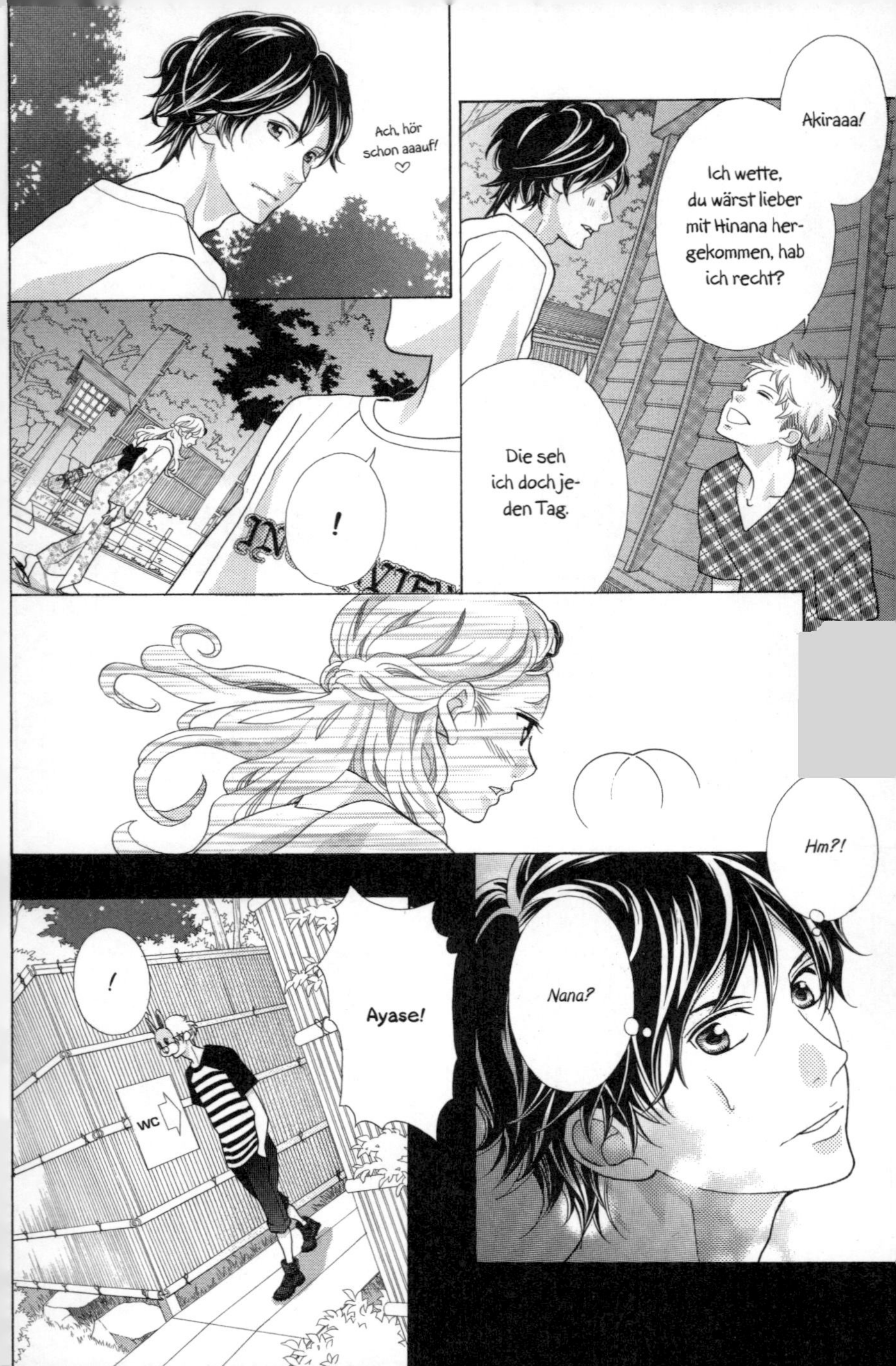
Akiraaa!
Ich wette, du wärst lieber mit Hinana hergekommen, hab ich recht?
Ach, hör schon aaauf! ♡
Die seh ich doch jeden Tag.
!
Hm?!
Nana?
Ayase!
!
WC

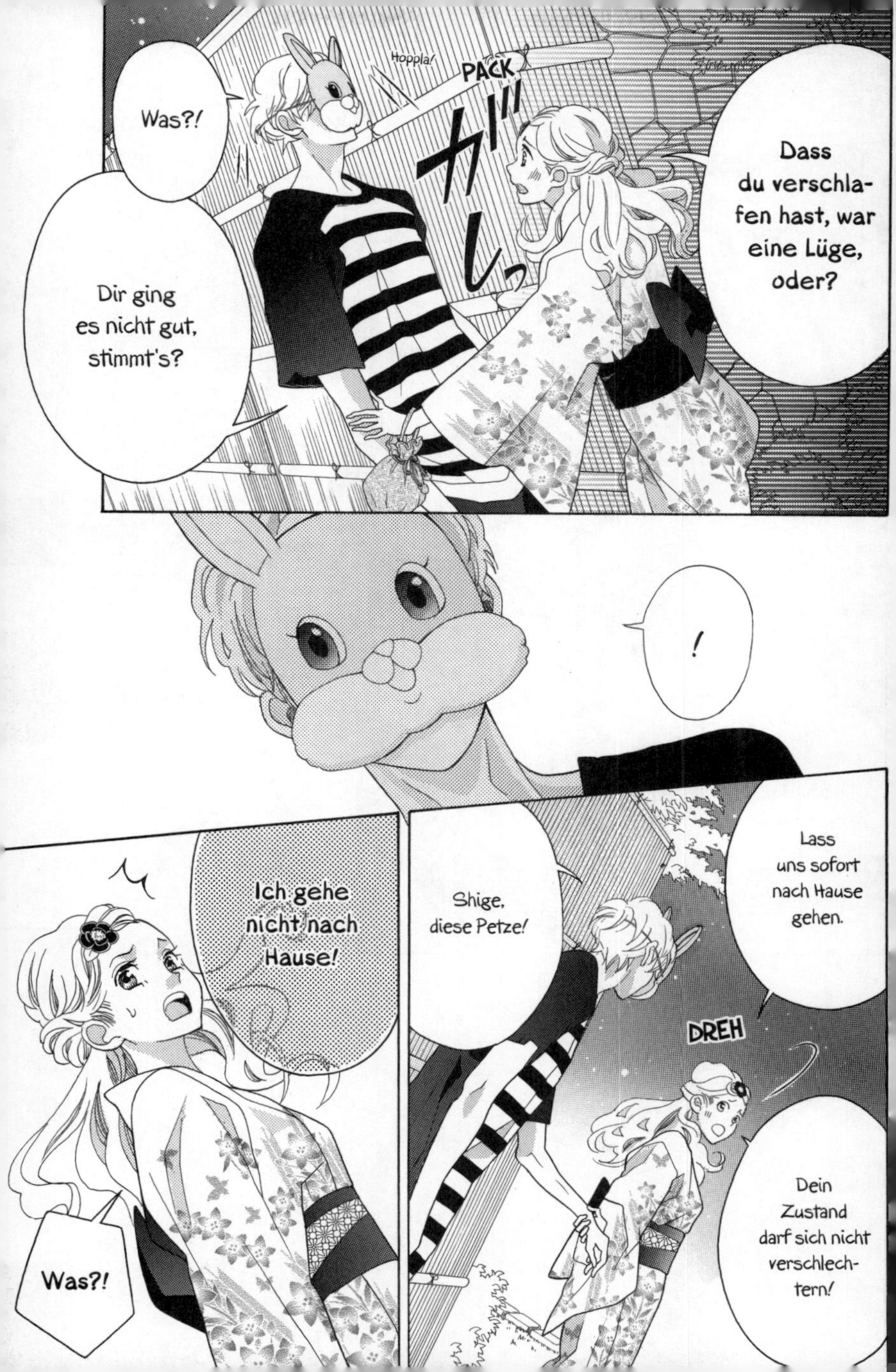
Dass du verschlafen hast, war eine Lüge, oder?
PACK
Hoppla!
Was?!
Dir ging es nicht gut, stimmt's?
!
Lass uns sofort nach Hause gehen.
DREH
Dein Zustand darf sich nicht verschlechtern!
Shige, diese Petze!
Ich gehe nicht nach Hause!
Was?!

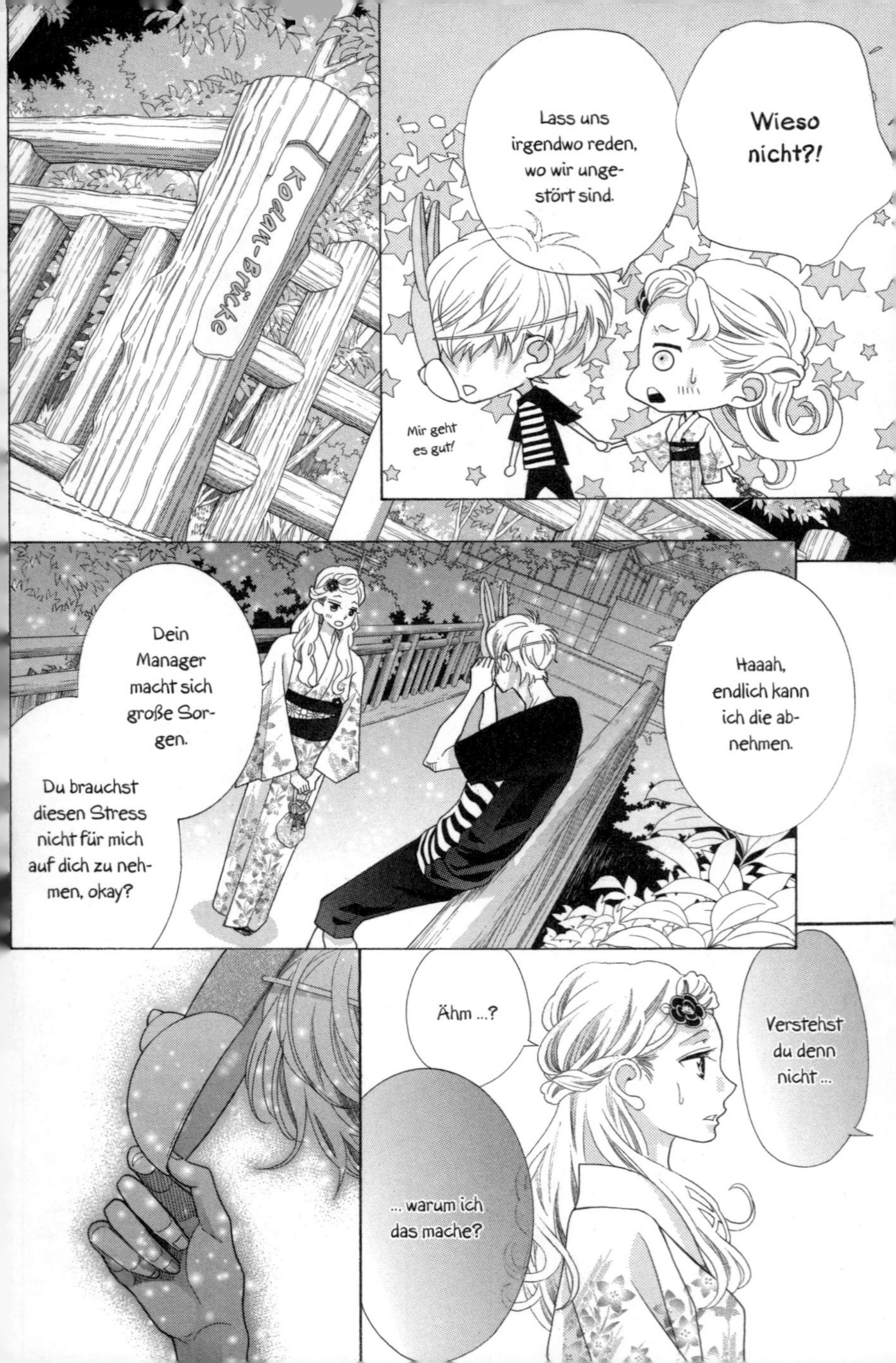

Kodak-Brücke
Wieso nicht?!
Lass uns irgendwo reden, wo wir ungestört sind.
Mir geht es gut!
Haaah, endlich kann ich die abnehmen.
Dein Manager macht sich große Sorgen.
Du brauchst diesen Stress nicht für mich auf dich zu nehmen, okay?
Verstehst du denn nicht ...
Ähm ...?
... warum ich das mache?

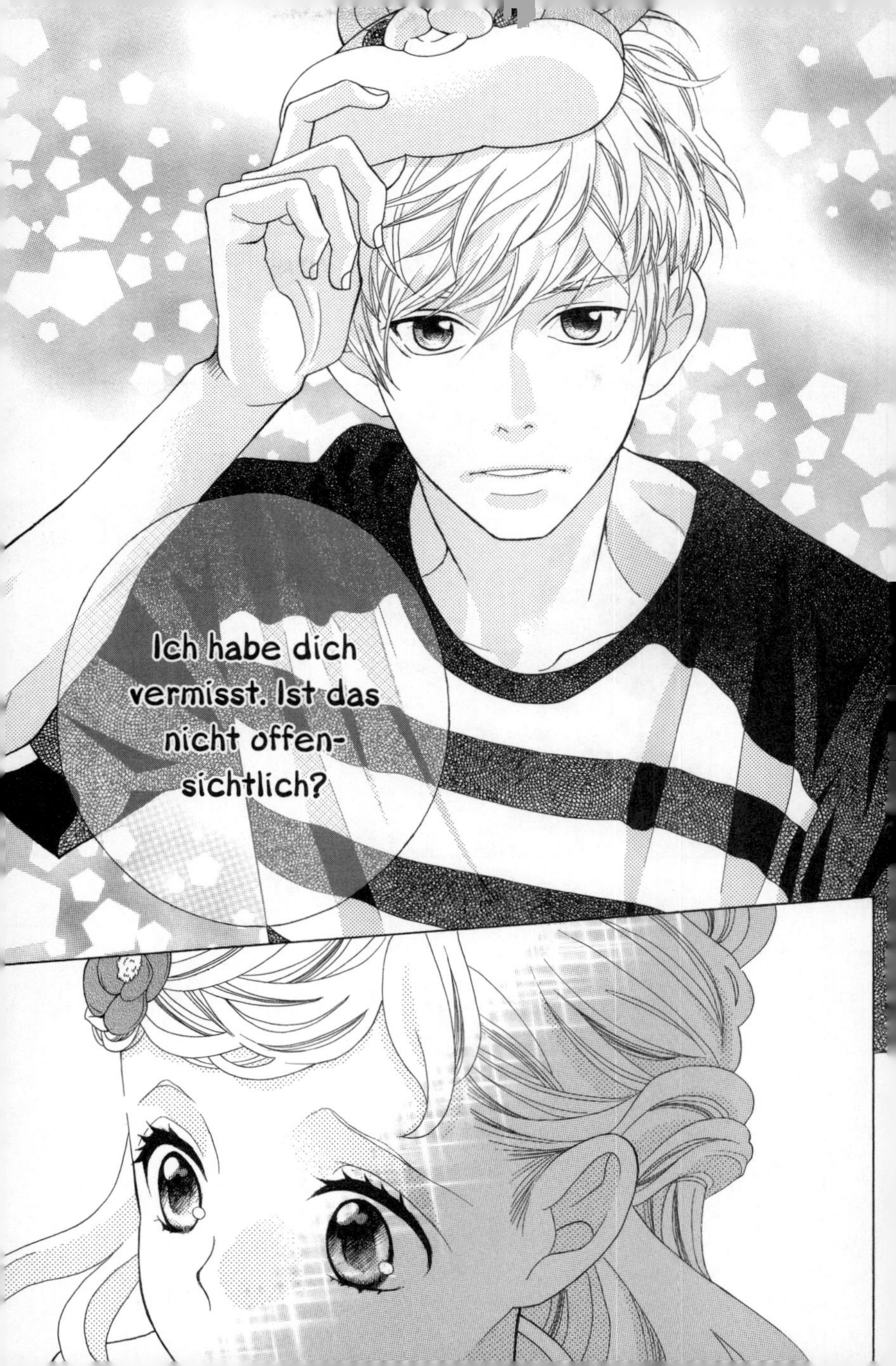

Ich habe dich vermisst. Ist das nicht offen-sichtlich?

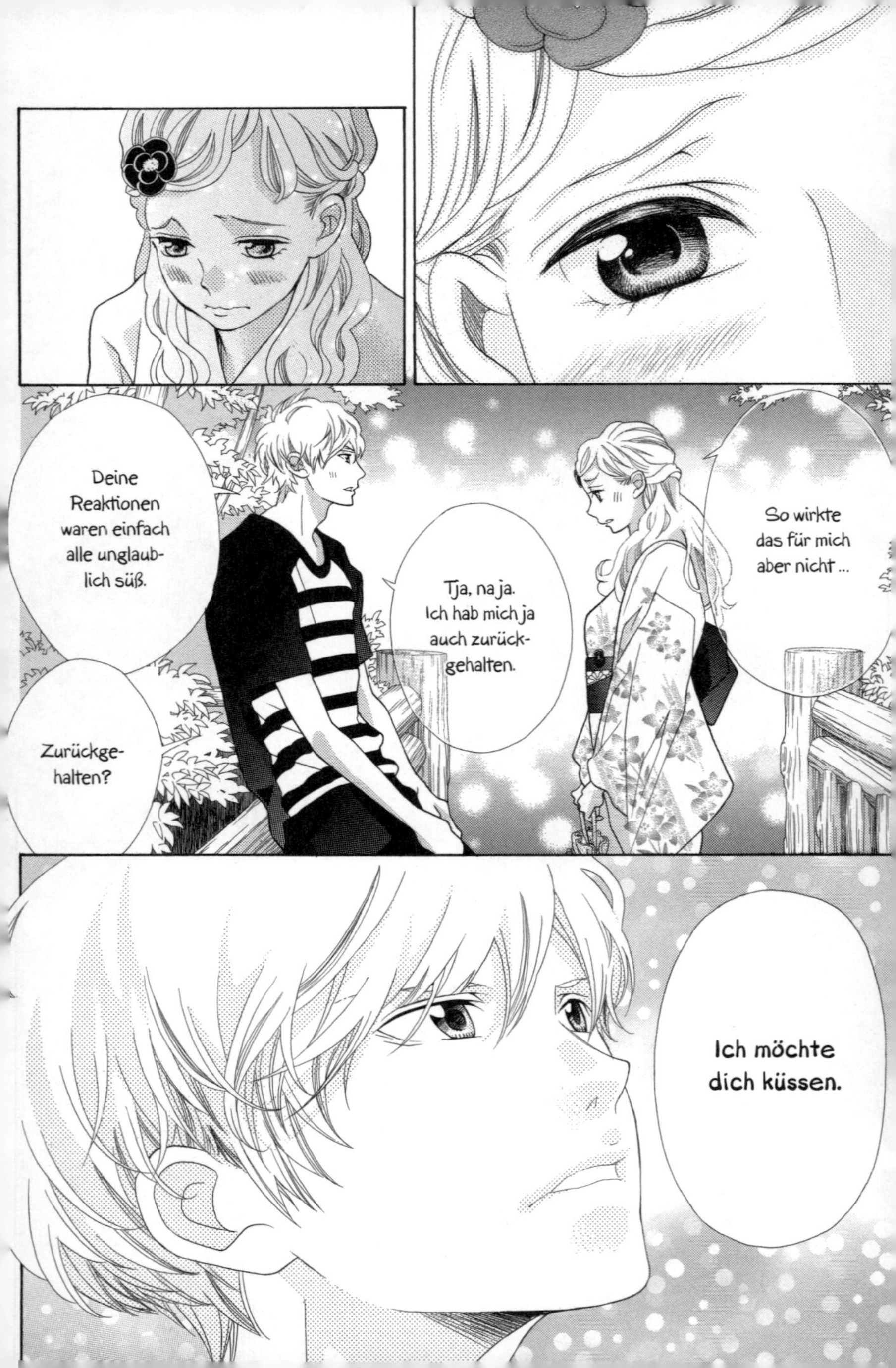
So wirkte das für mich aber nicht ...
Tja, na ja. Ich hab mich ja auch zurück-gehalten.
Deine Reaktionen waren einfach alle unglaub-lich süß.
Zurückge-halten?
Ich möchte dich küssen.

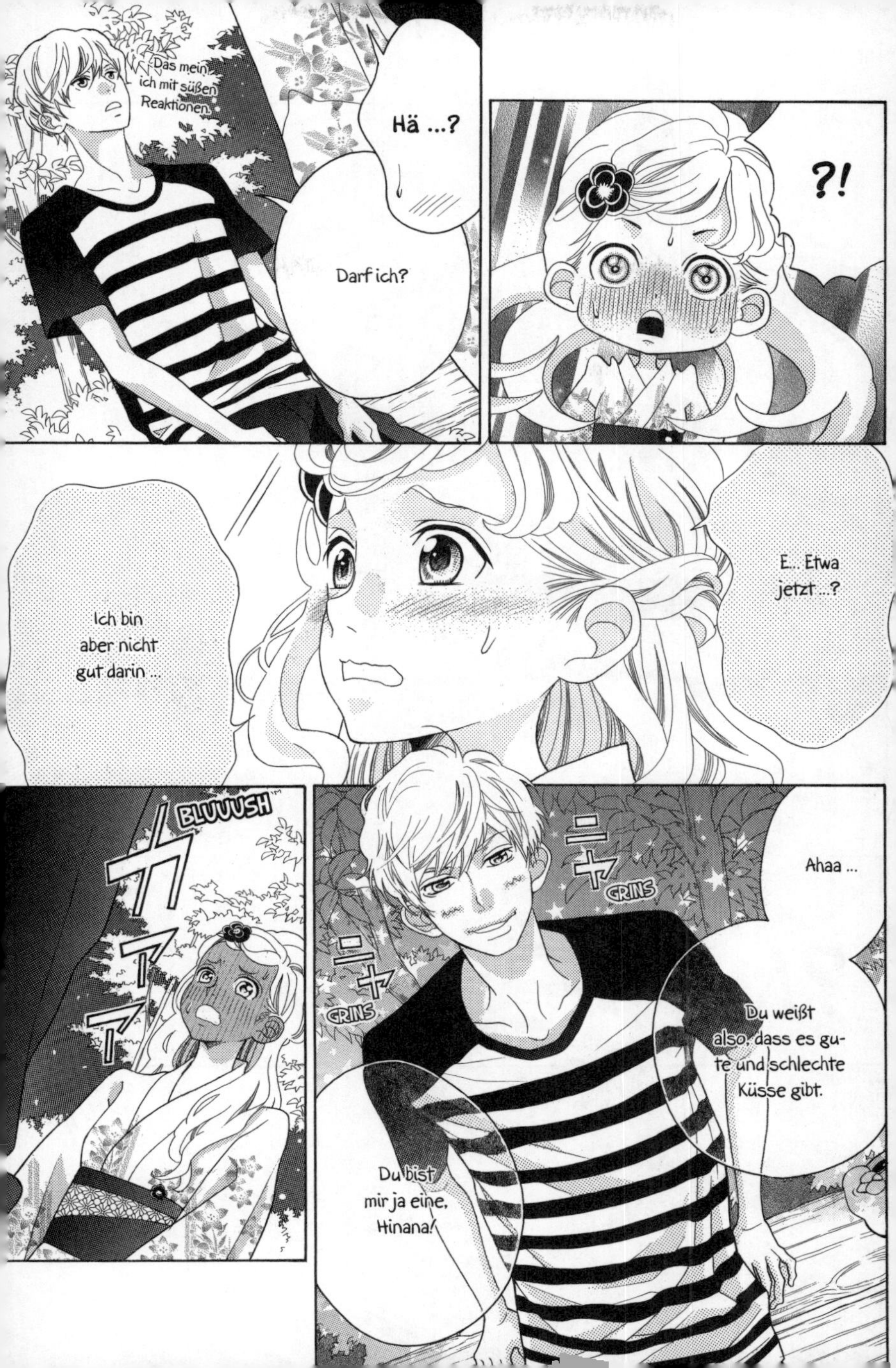
?!
Hä ...?
Darf ich?
Das mein ich mit süßen Reaktionen.
E... Etwa jetzt ...?
Ich bin aber nicht gut darin ...
Ahaa ...
Du weißt also, dass es gu-te und schlechte Küsse gibt.
GRINS
GRINS
Du bist mir ja eine, Hinana!
BLUUUSH

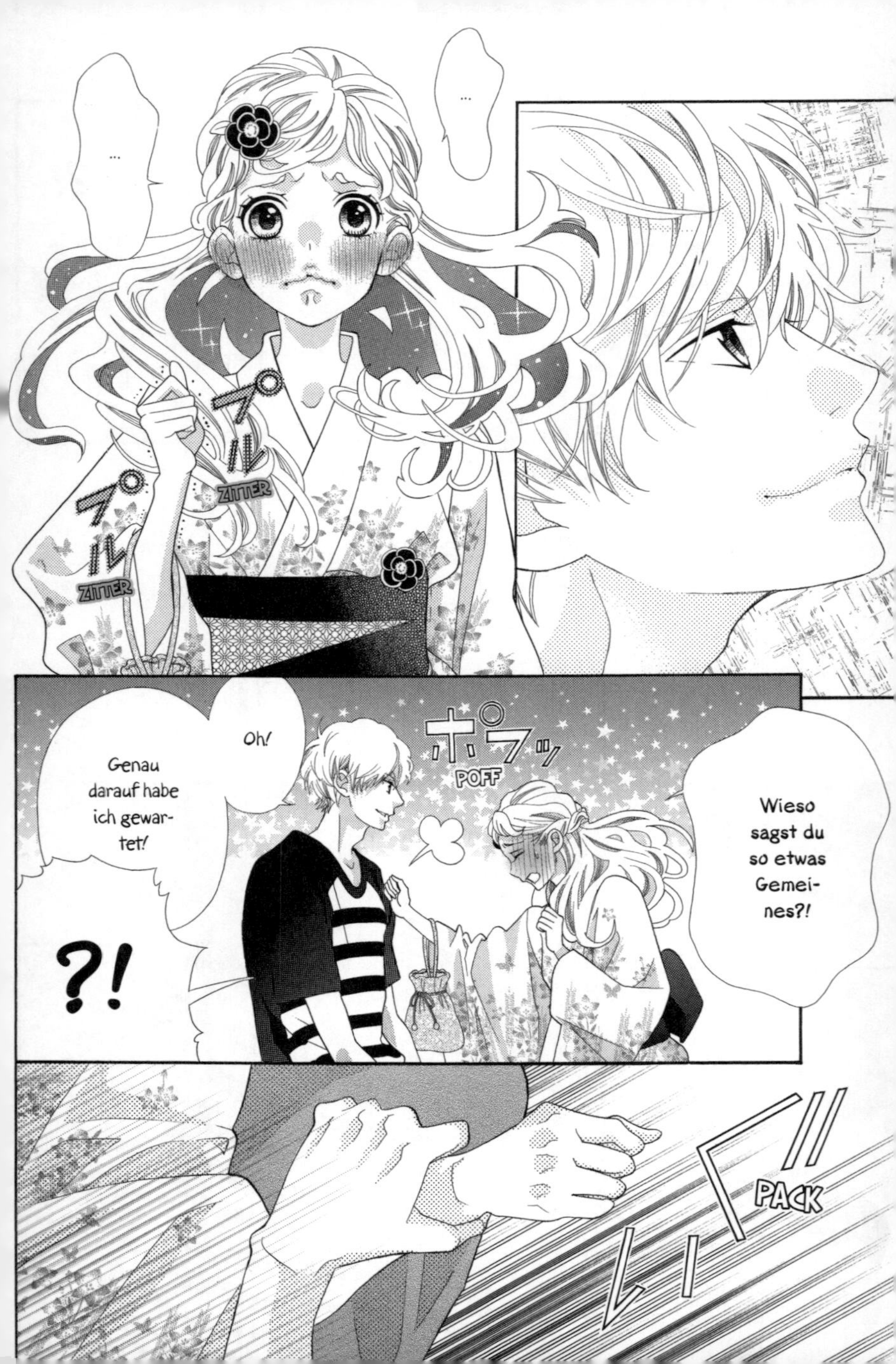

...
...
ZITTER
ZITTER
Wieso sagst du so etwas Gemeines?!
ポフッ
POFF
Oh!
Genau darauf habe ich gewartet!
?!
PACK

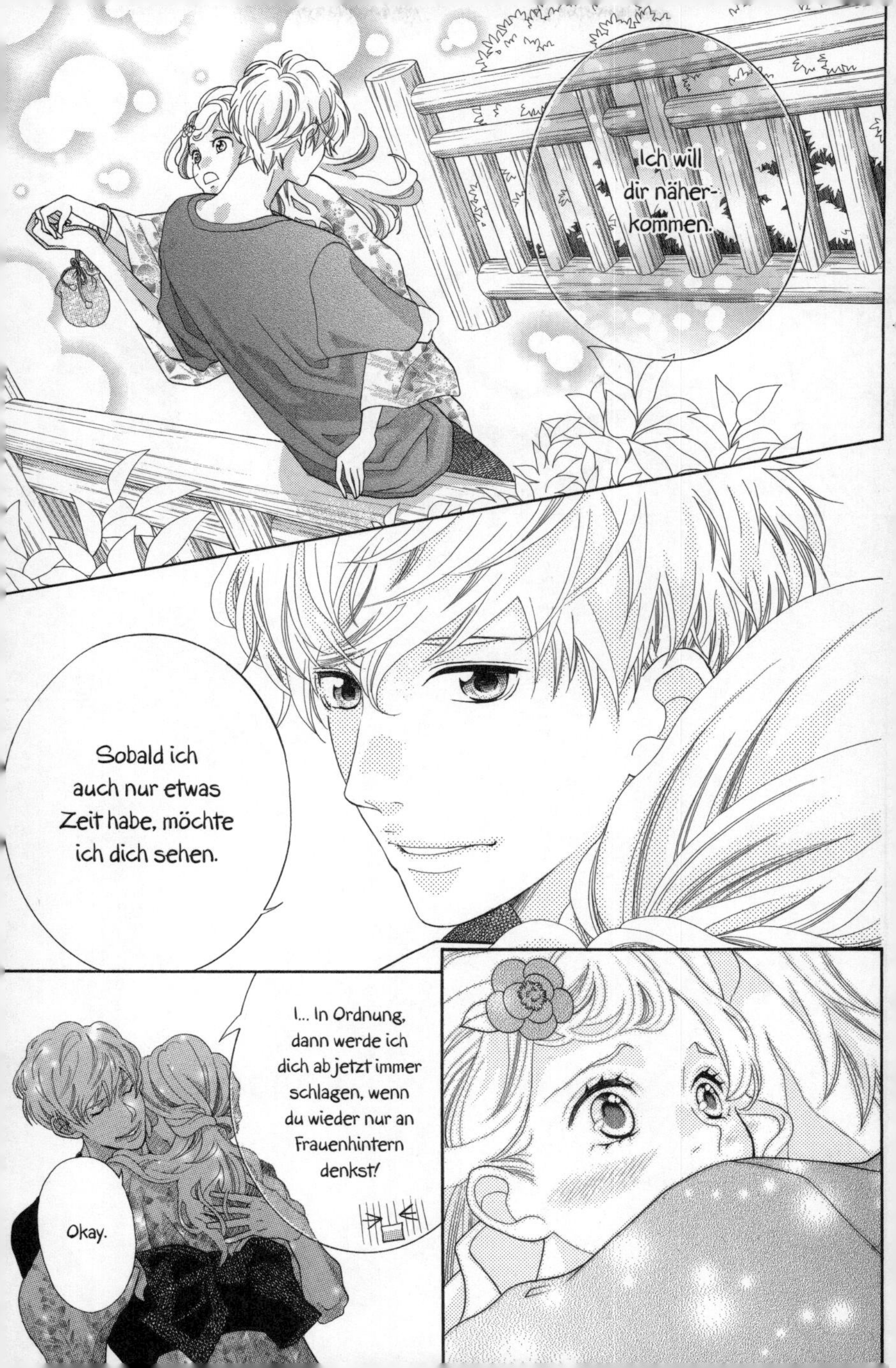
Ich will dir näher-kommen.
Sobald ich auch nur etwas Zeit habe, möchte ich dich sehen.
I… In Ordnung, dann werde ich dich ab jetzt immer schlagen, wenn du wieder nur an Frauenhintern denkst!
Okay.

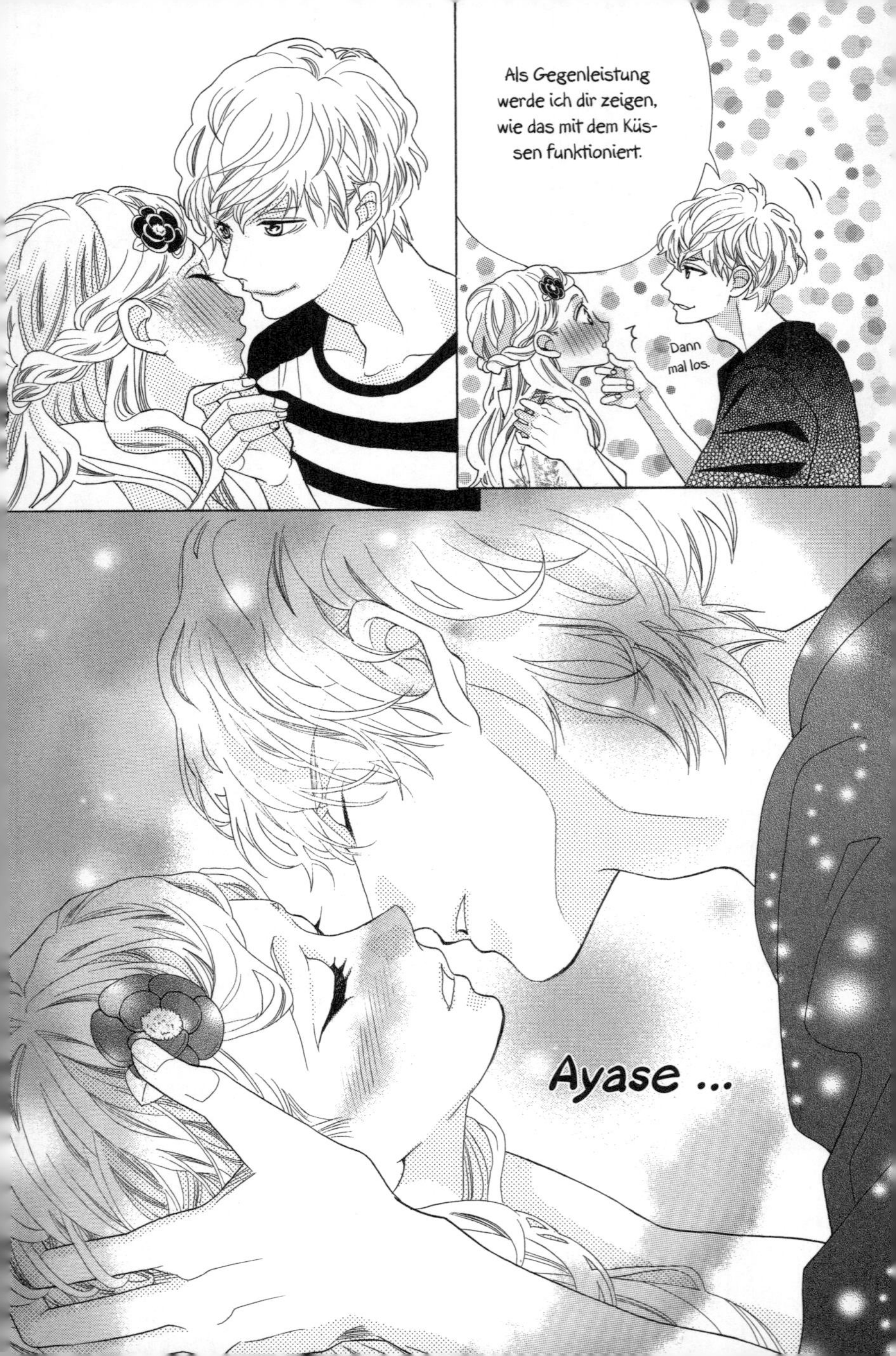
Als Gegenleistung werde ich dir zeigen, wie das mit dem Küs-sen funktioniert.
Dann mal los.
Ayase ...

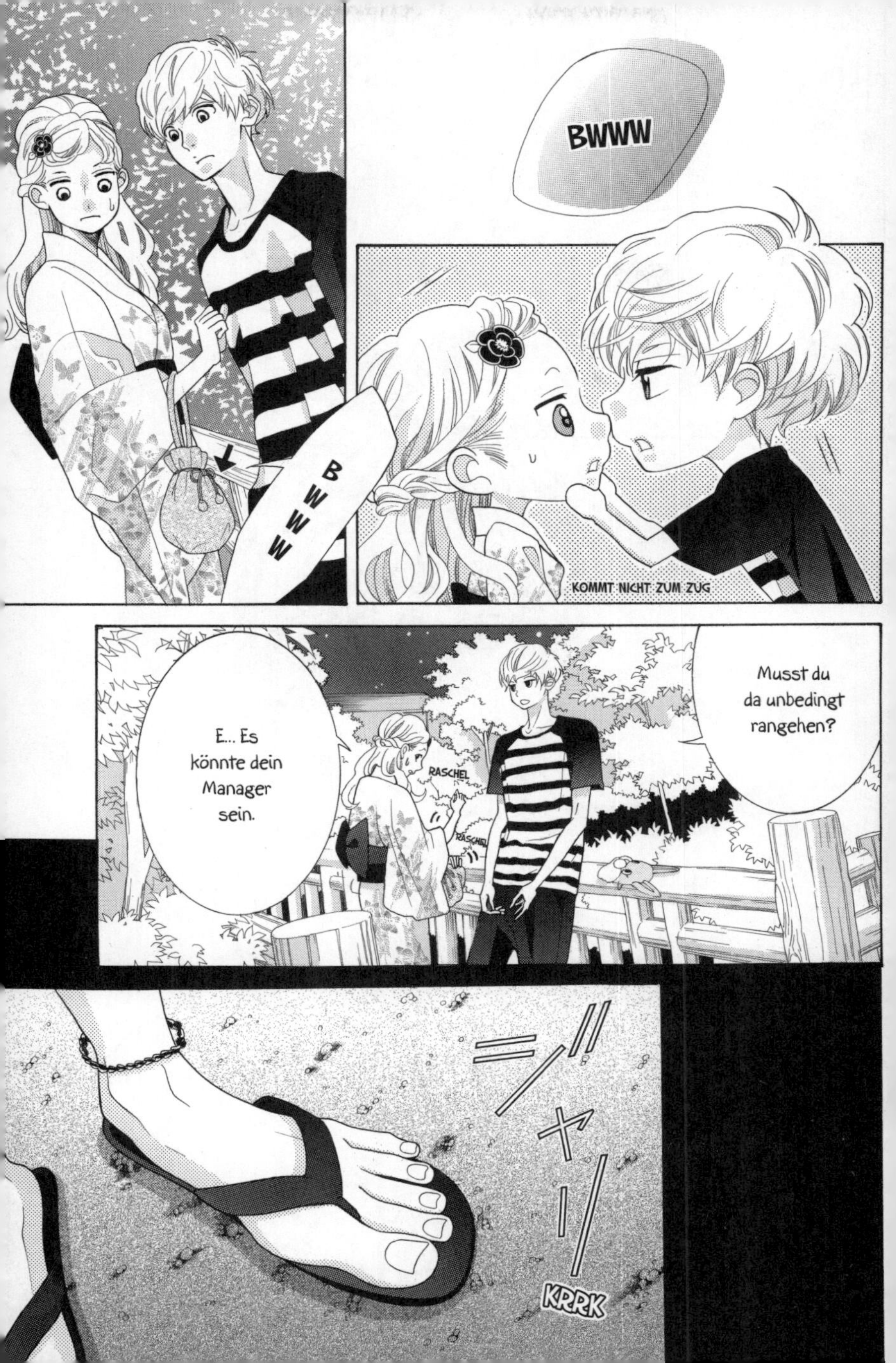
BWWW
BWWW
KOMMT NICHT ZUM ZUG
Musst du da unbedingt rangehen?
E... Es könnte dein Manager sein.
RASCHEL
RASCHEL
KRRK

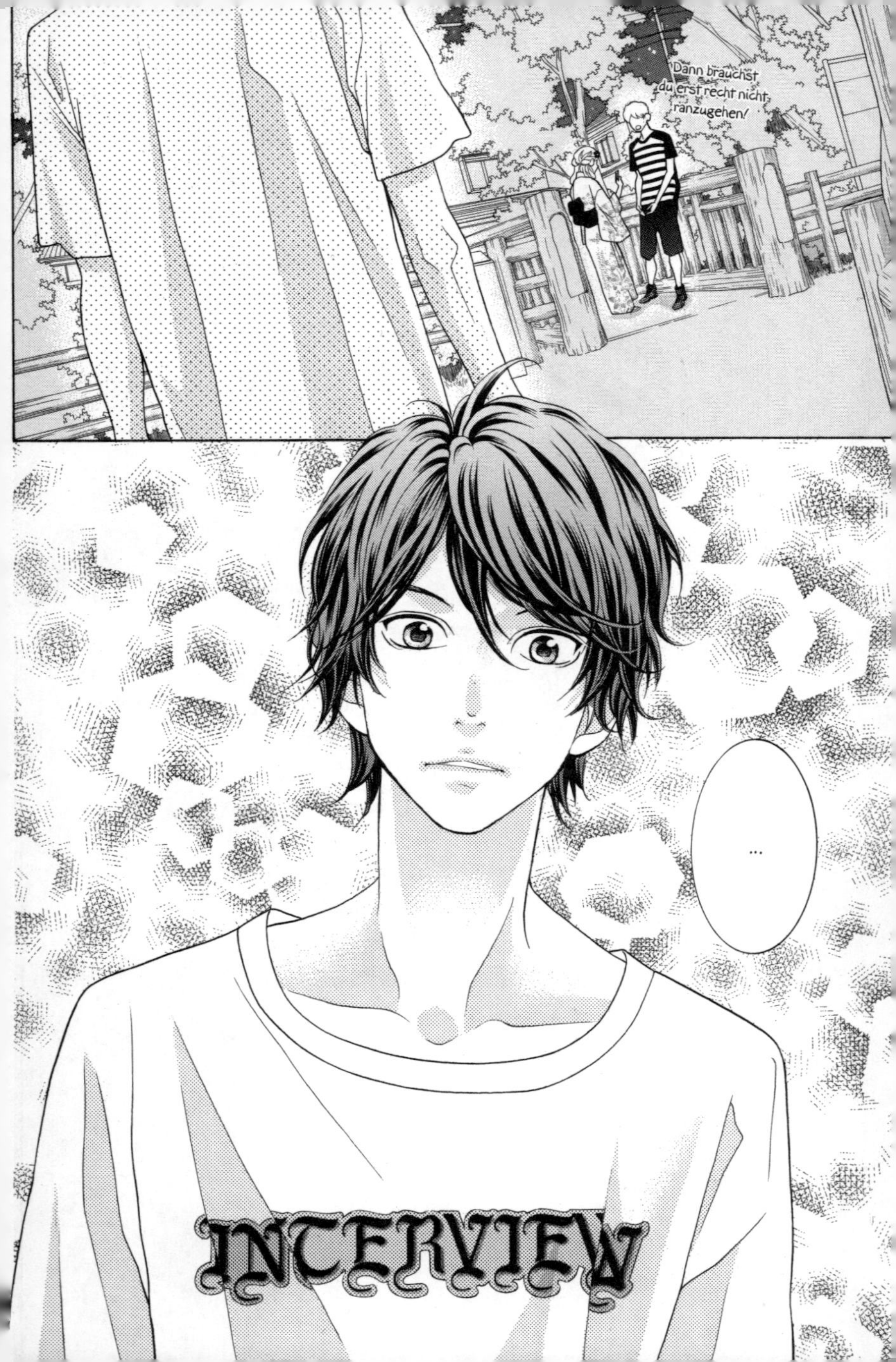
Dann brauchst du erst recht nicht ranzugehen!
...
INTERVIEW

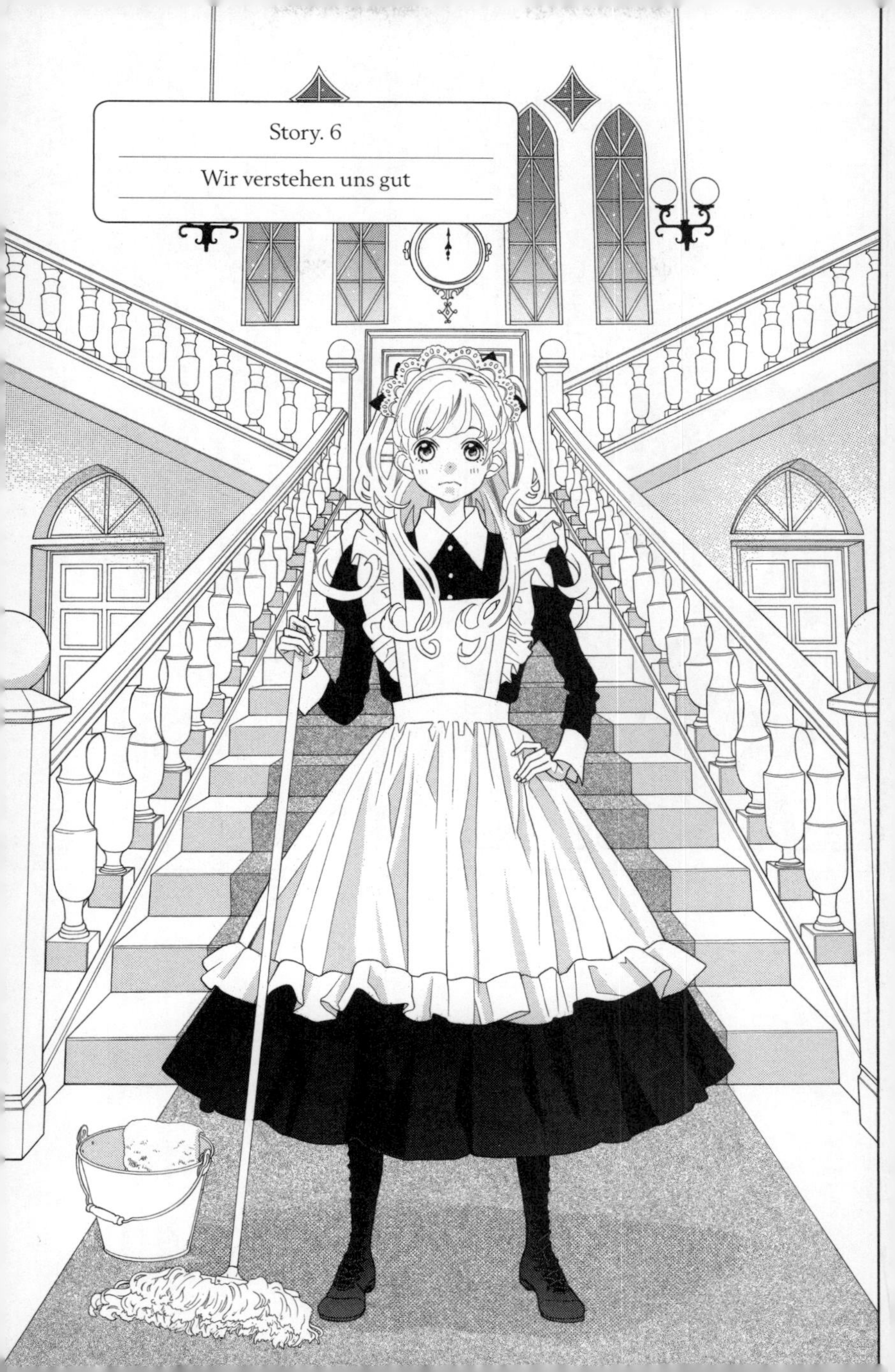
Story. 6
Wir verstehen uns gut

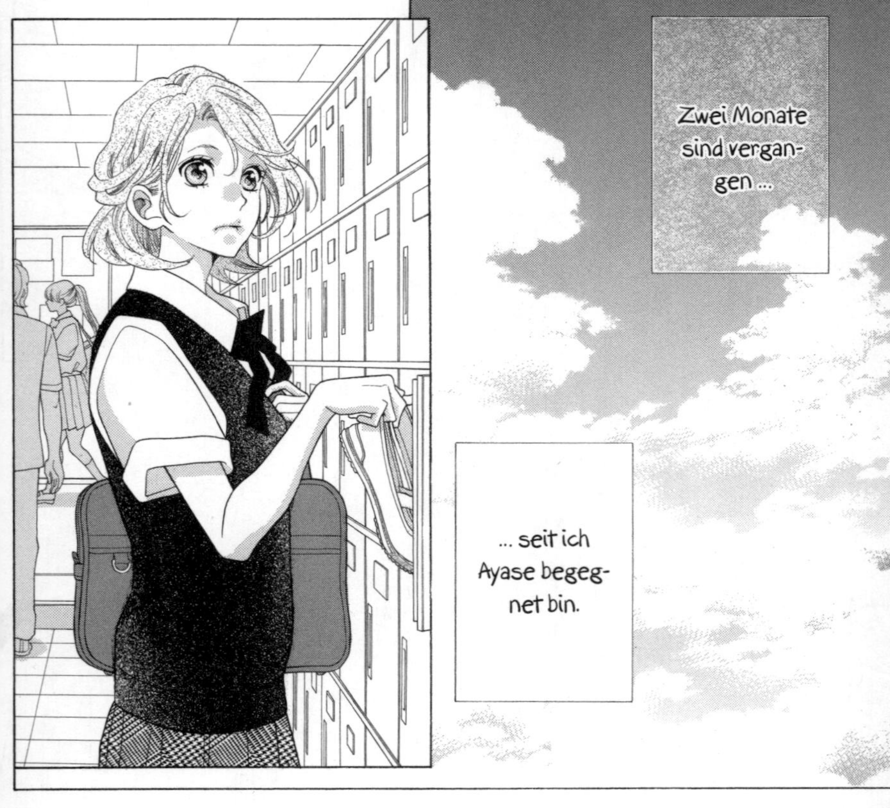

Kuss um Mitternacht

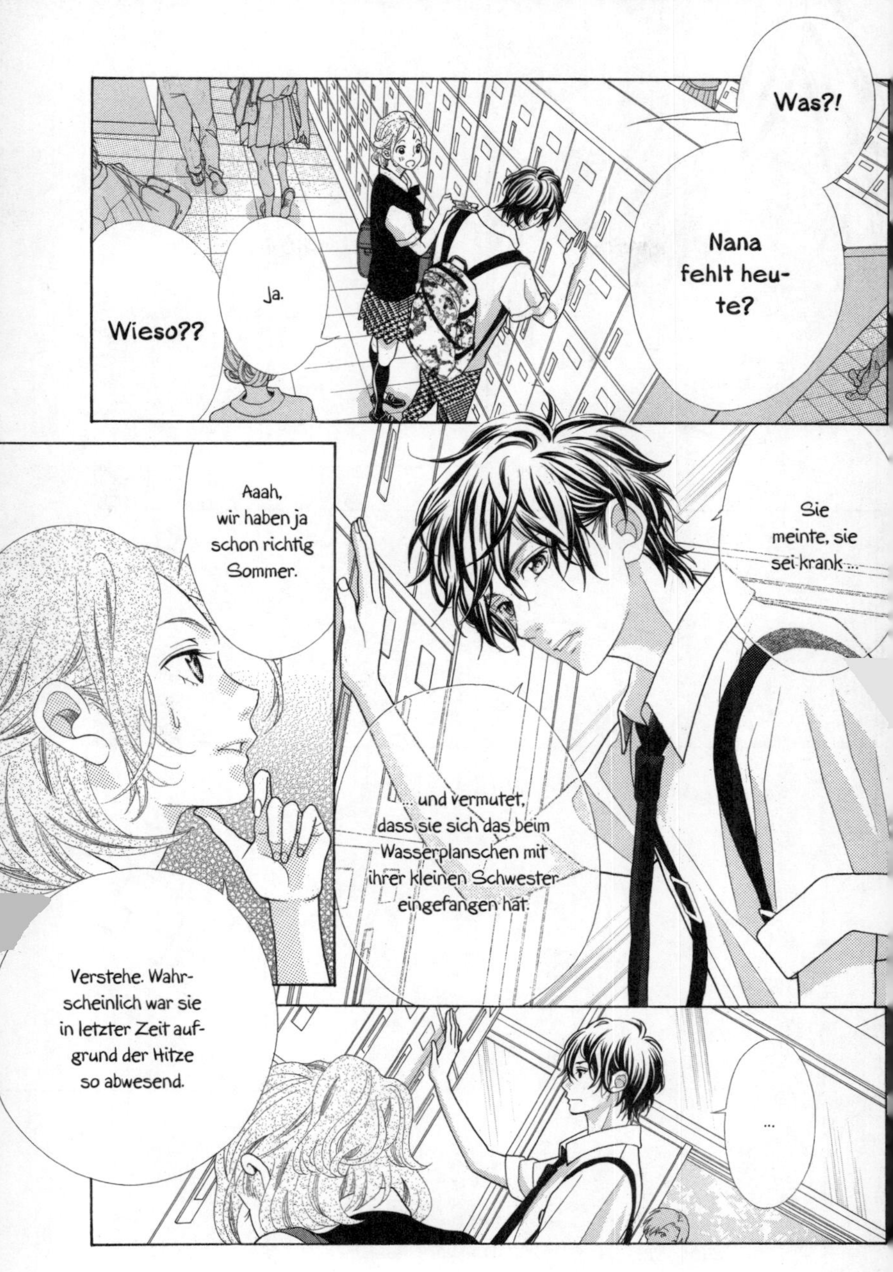
Was?!
Nana fehlt heute?
Ja.
Wieso??
Sie meinte, sie sei krank ...
... und vermutet, dass sie sich das beim Wasserplanschen mit ihrer kleinen Schwester eingefangen hat.
Aaah, wir haben ja schon richtig Sommer.
...
Verstehe. Wahrscheinlich war sie in letzter Zeit aufgrund der Hitze so abwesend.

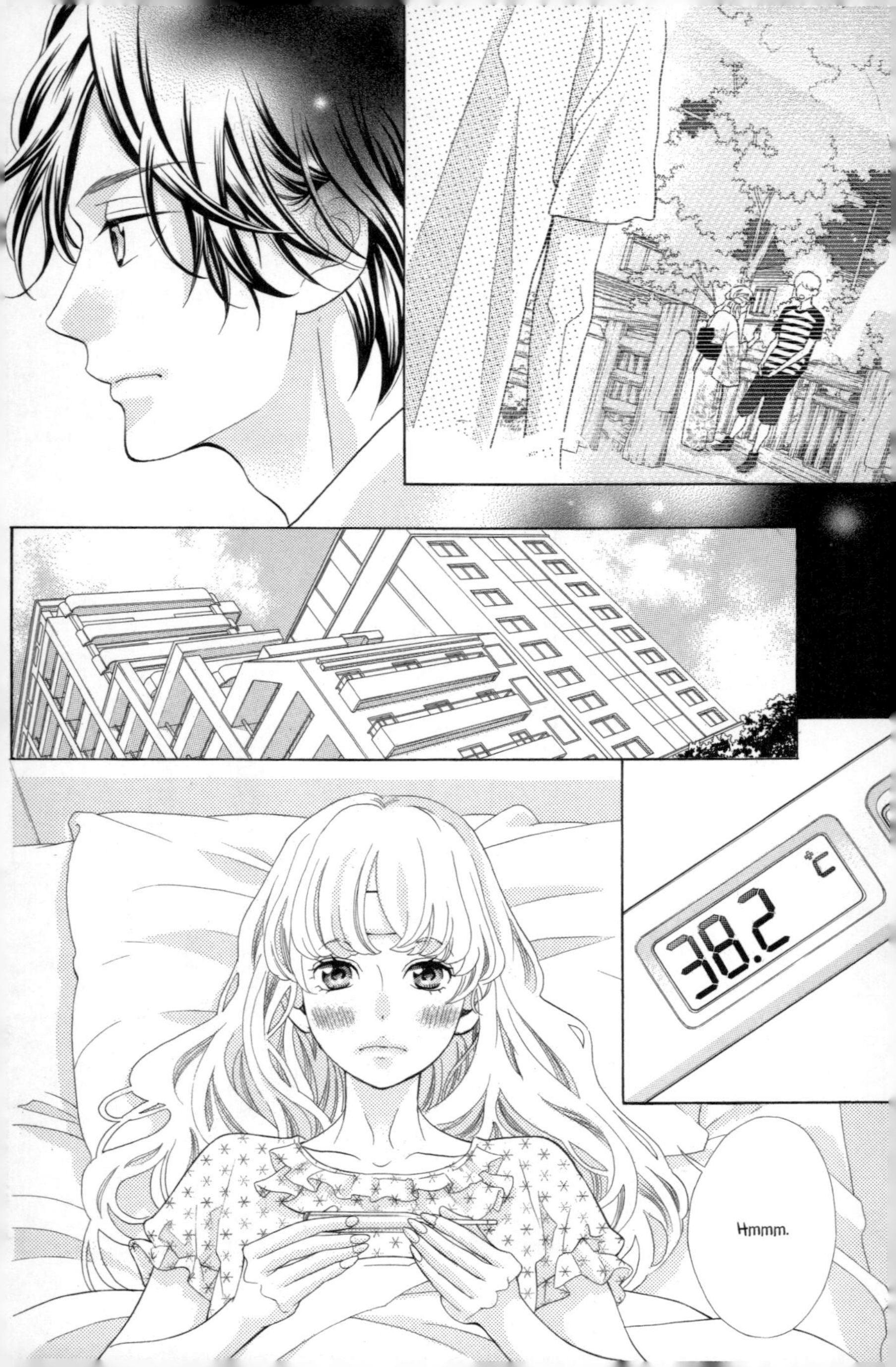
38.2 °C
Hmmm.

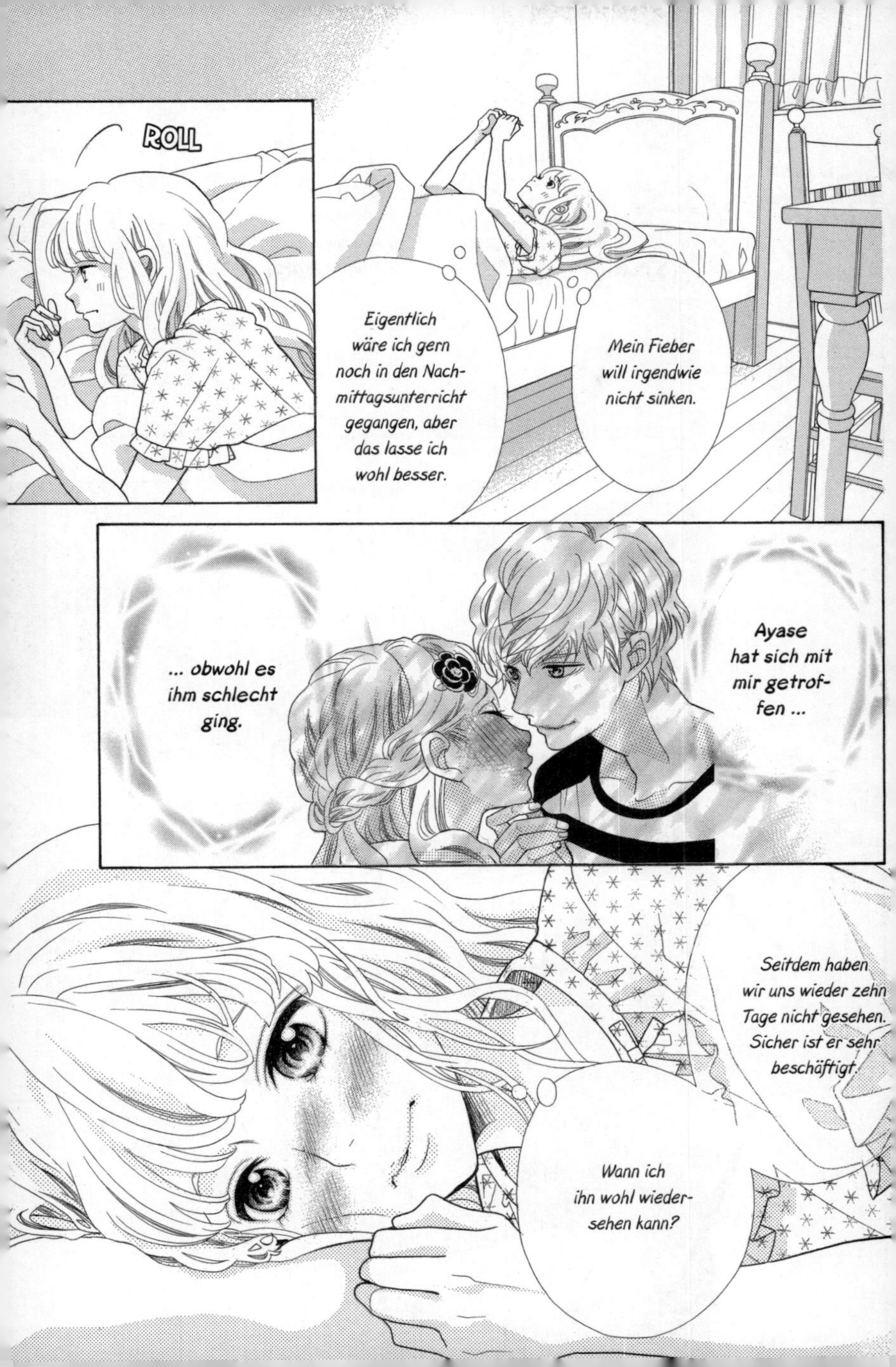
Mein Fieber will irgendwie nicht sinken.
Eigentlich wäre ich gern noch in den Nachmittagsunterricht gegangen, aber das lasse ich wohl besser.
ROLL
Ayase hat sich mit mir getroffen ...
... obwohl es ihm schlecht ging.
Seitdem haben wir uns wieder zehn Tage nicht gesehen. Sicher ist er sehr beschäftigt.
Wann ich ihn wohl wiedersehen kann?

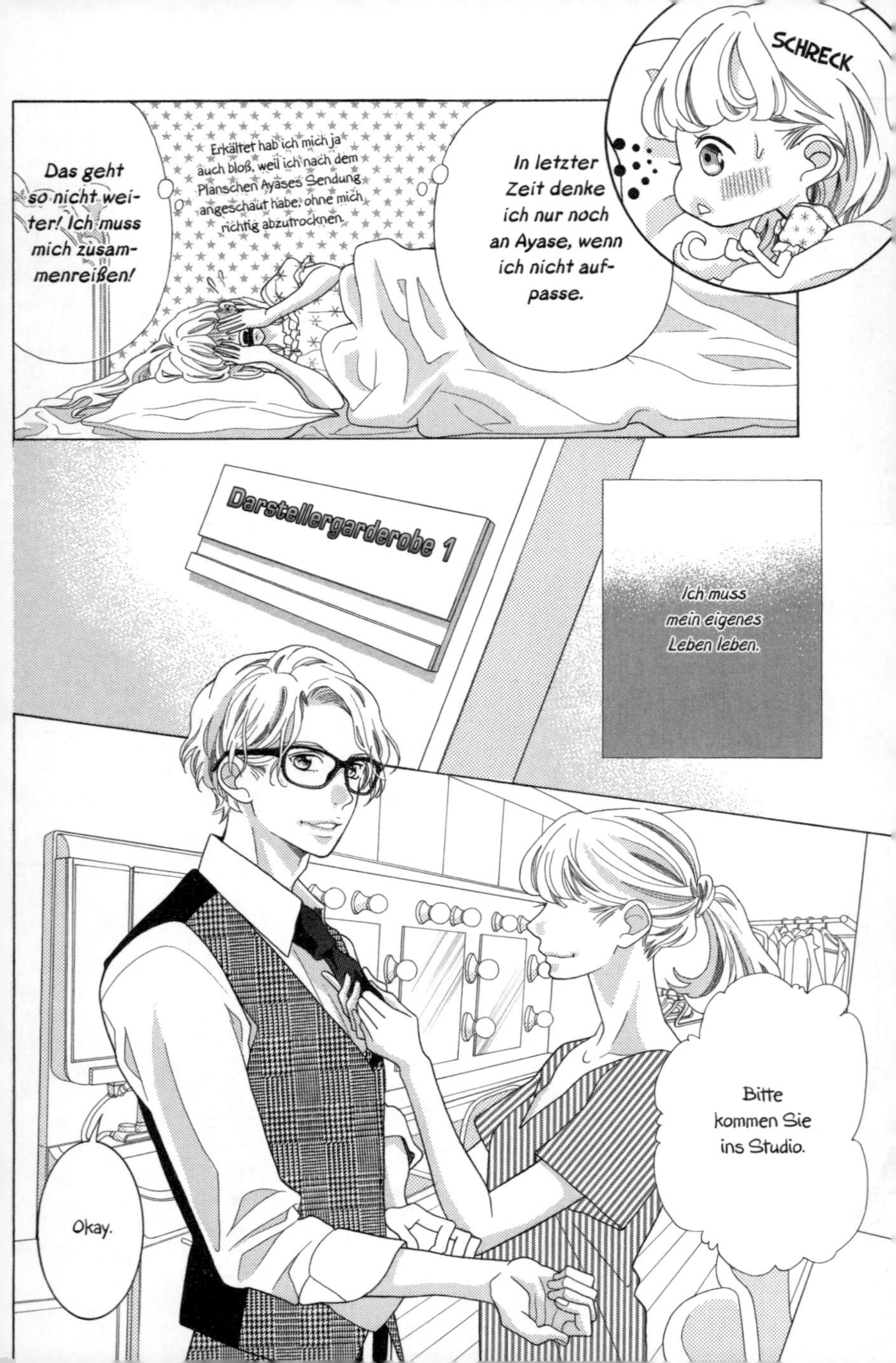

SCHRECK
In letzter Zeit denke ich nur noch an Ayase, wenn ich nicht aufpasse.
Erkältet hab ich mich ja auch bloß, weil ich nach dem Planschen Ayases Sendung angeschaut habe, ohne mich richtig abzutrocknen.
Das geht so nicht weiter! Ich muss mich zusammenreißen!
Ich muss mein eigenes Leben leben.
Darstellergarderobe 1
Bitte kommen Sie ins Studio.
Okay.

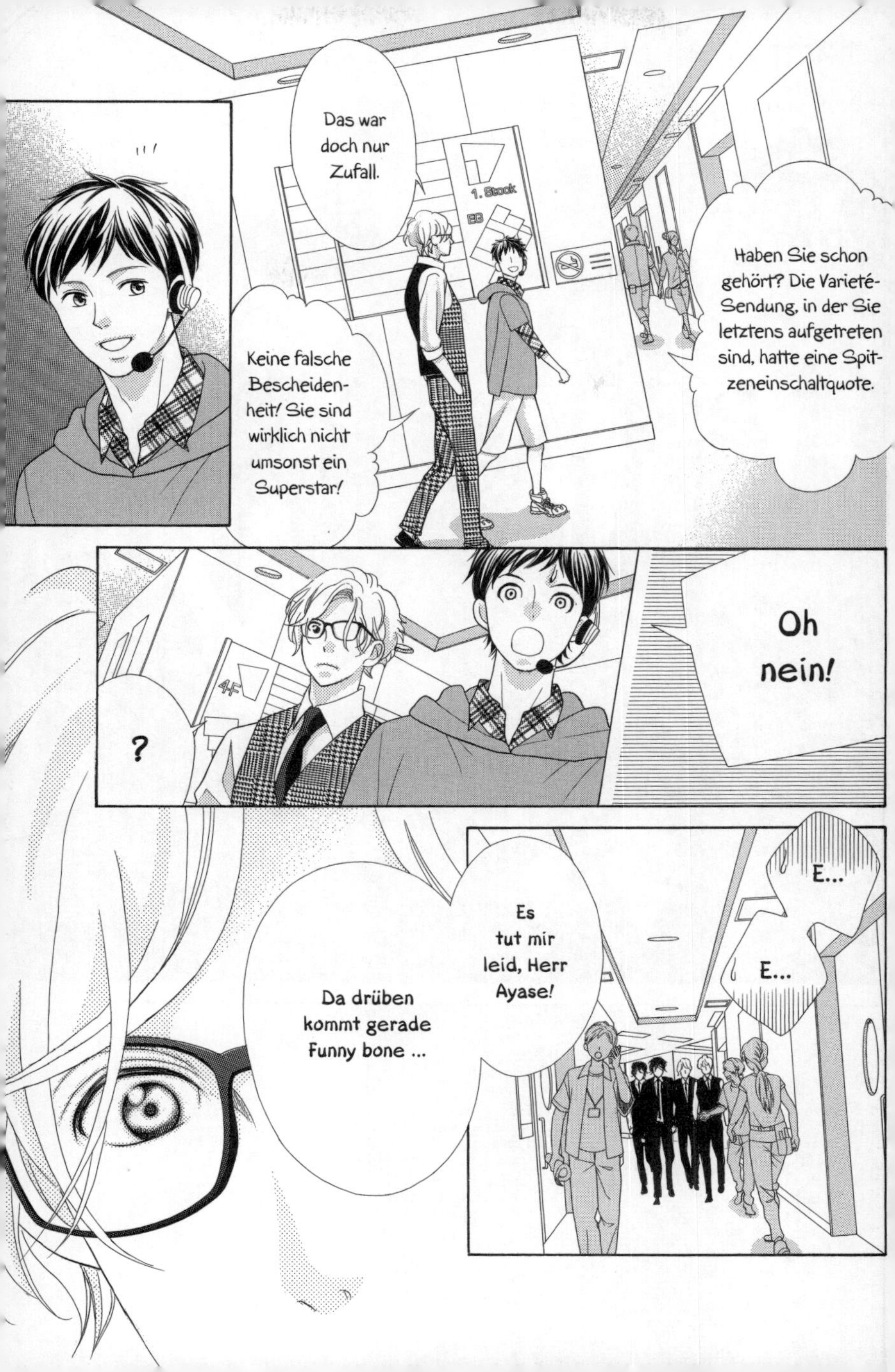
Haben Sie schon gehört? Die Varieté-Sendung, in der Sie letztens aufgetreten sind, hatte eine Spitzeneinschaltquote.
Das war doch nur Zufall.
1. Stock
EG
Keine falsche Bescheidenheit! Sie sind wirklich nicht umsonst ein Superstar!
Oh nein!
4F
?
E...
E...
Es tut mir leid, Herr Ayase!
Da drüben kommt gerade Funny bone ...

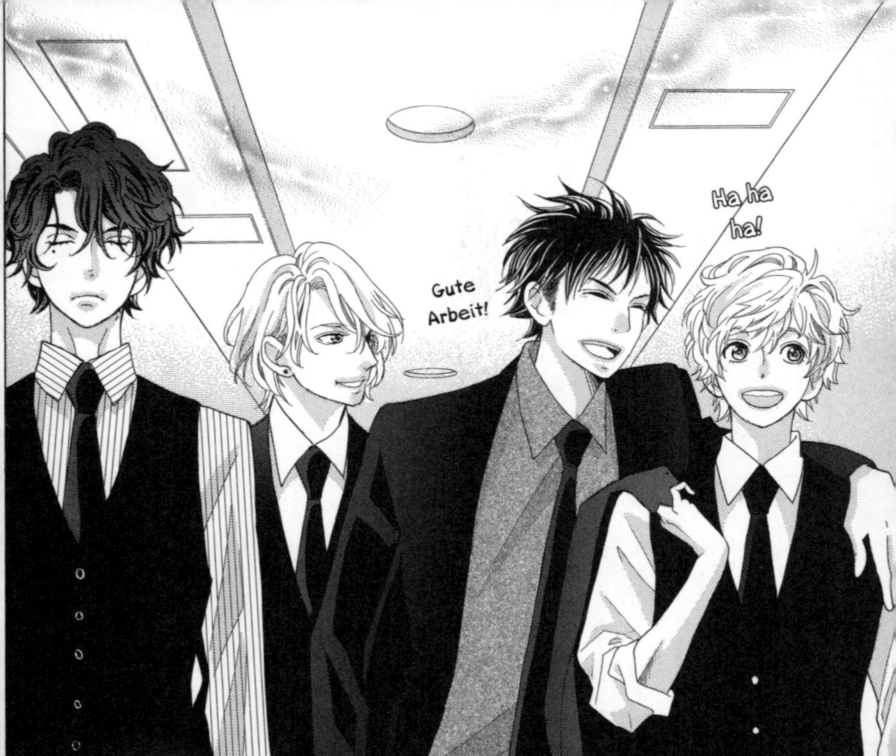

Ha ha ha!

Gute Arbeit!

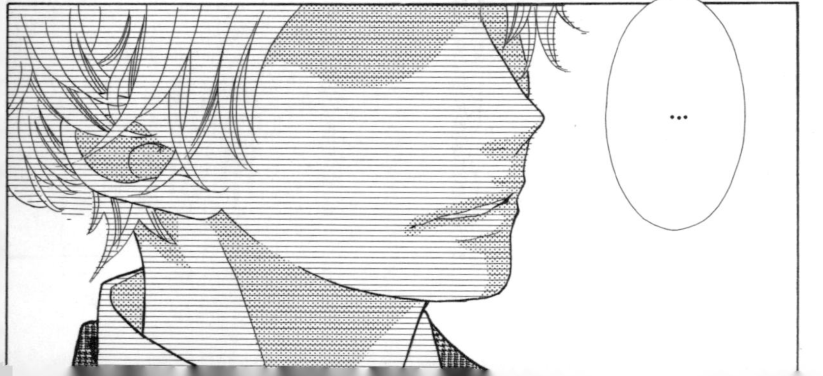

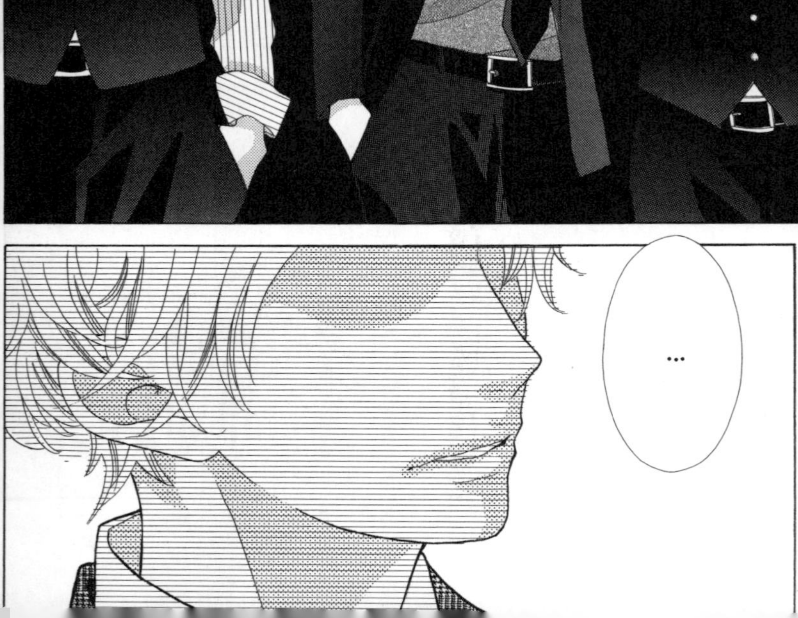

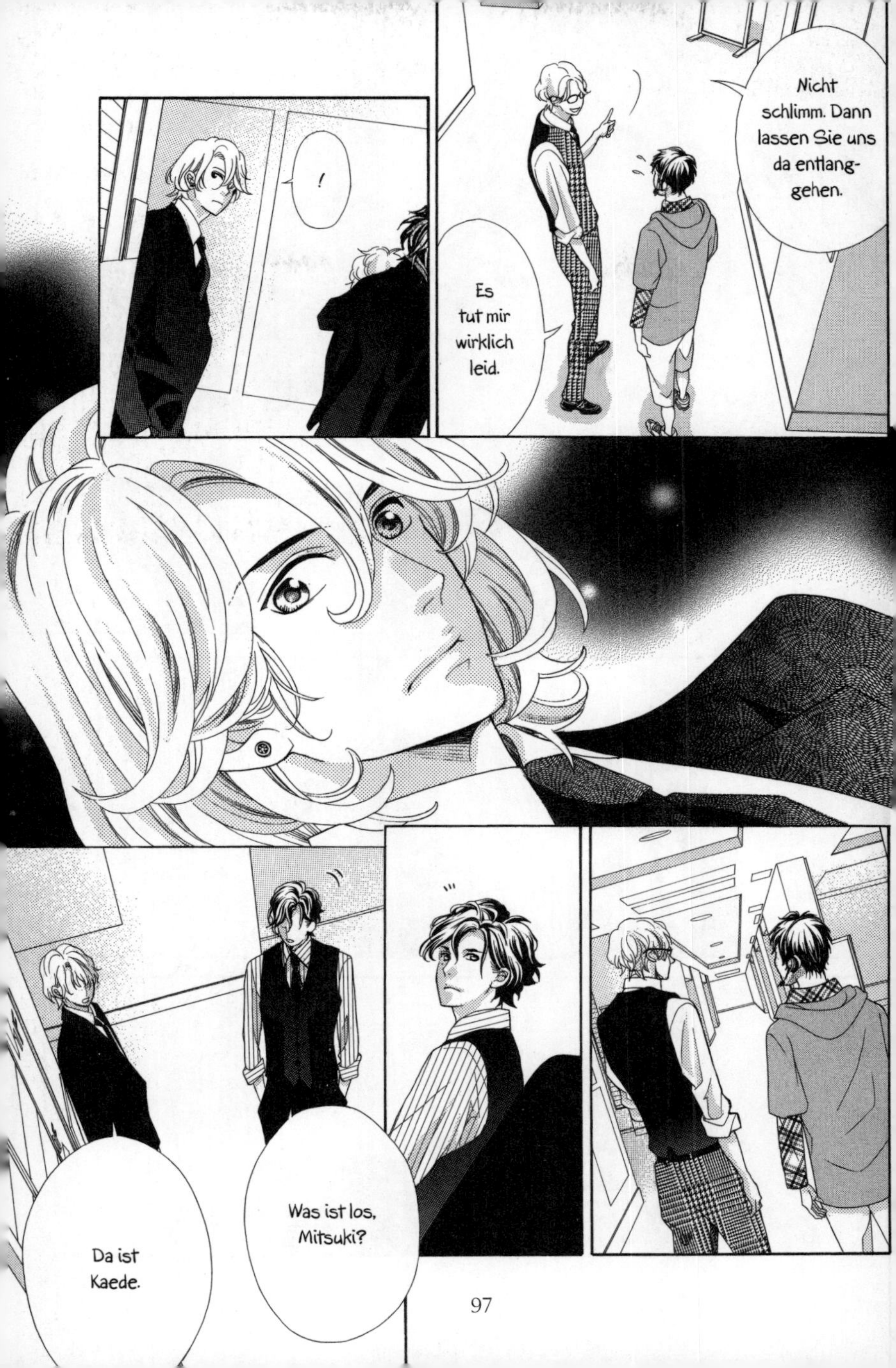
Nicht schlimm. Dann lassen Sie uns da entlang-gehen.
Es tut mir wirklich leid.
!
Was ist los, Mitsuki?
Da ist Kaede.

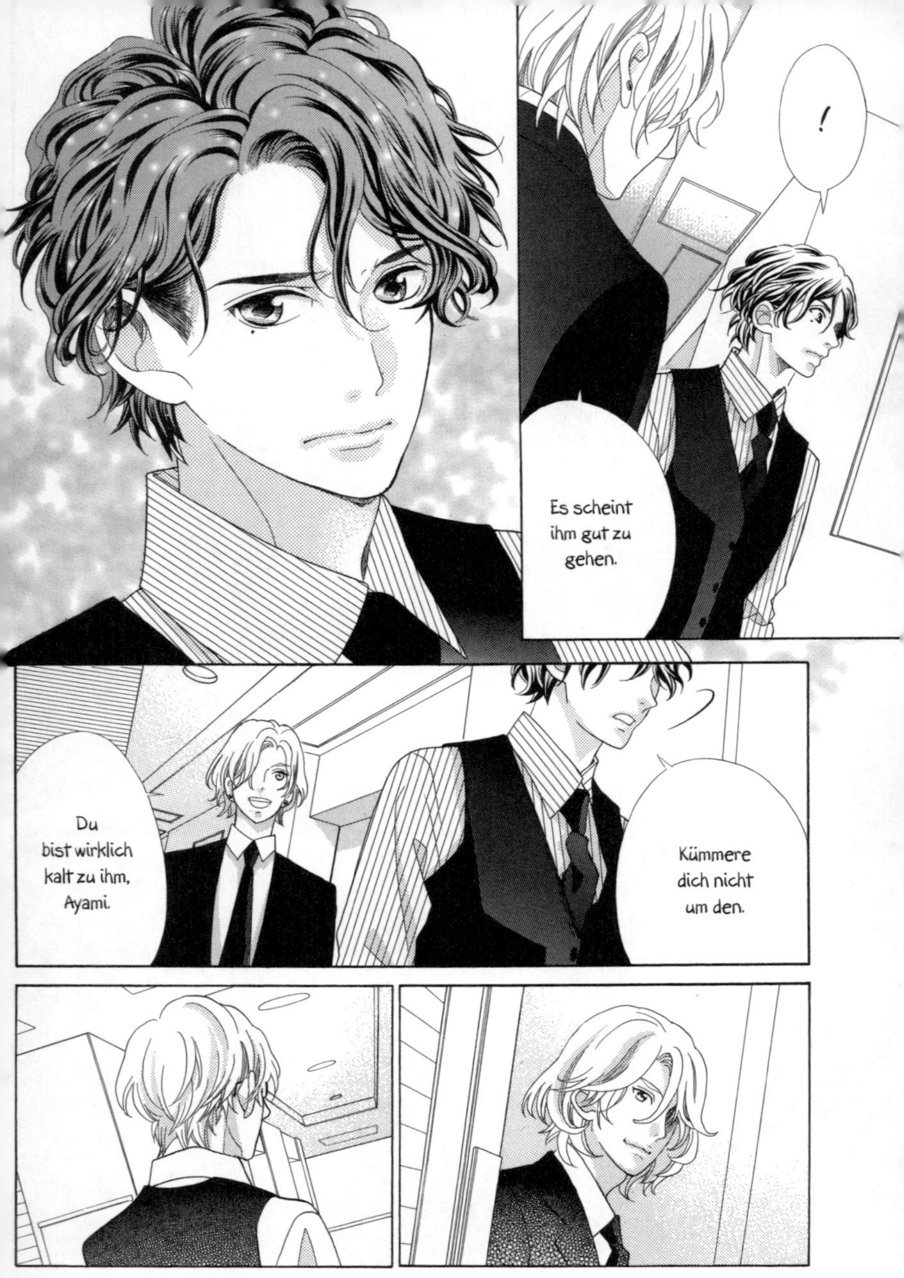

!

Es scheint ihm gut zu gehen.

Kümmere dich nicht um den.

Du bist wirklich kalt zu ihm, Ayami.

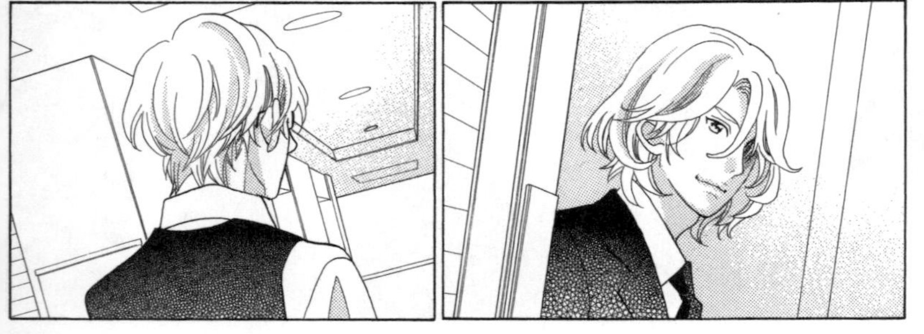

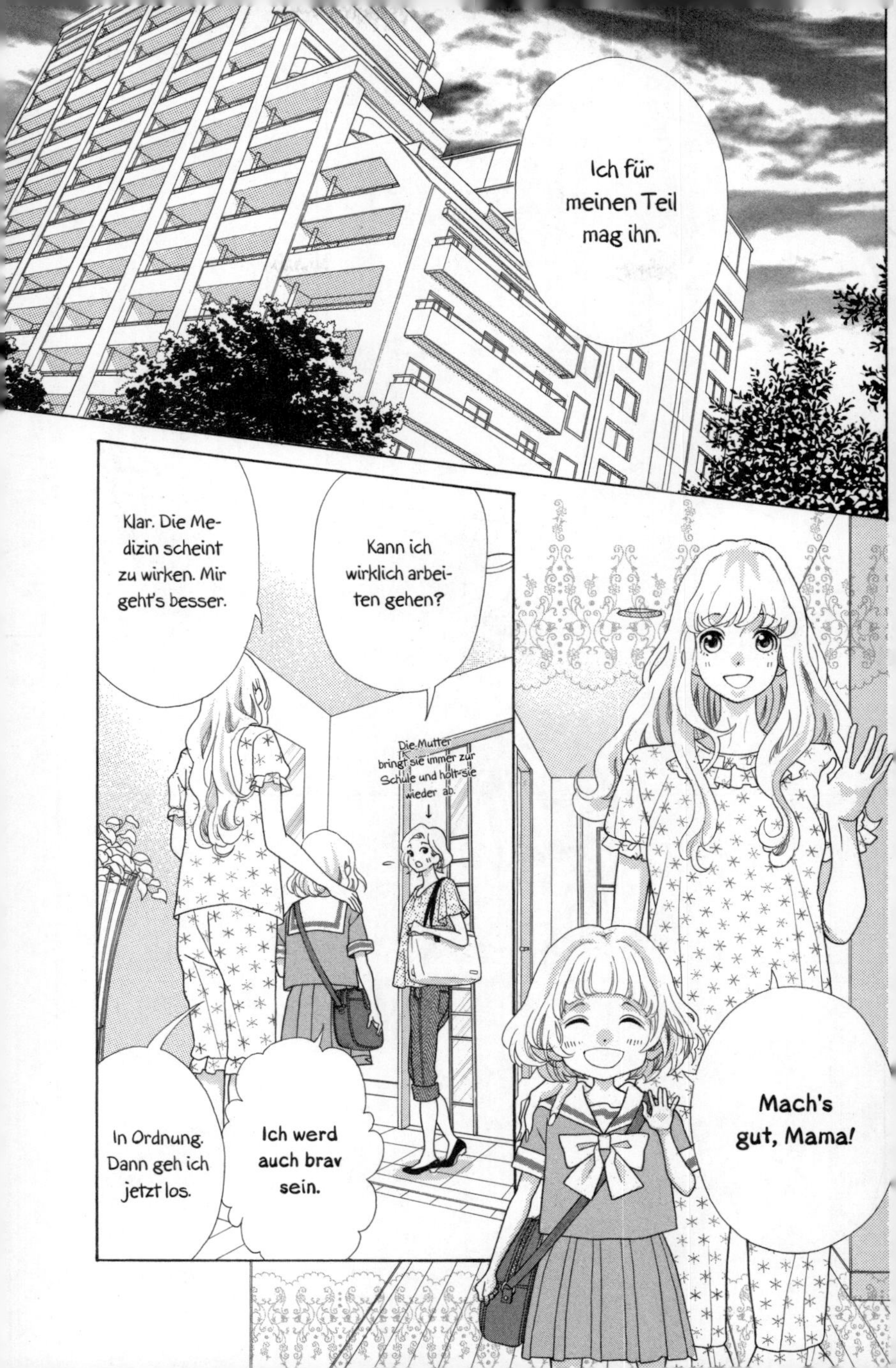
Ich für meinen Teil mag ihn.
Kann ich wirklich arbeiten gehen?
Klar. Die Medizin scheint zu wirken. Mir geht's besser.
Die Mutter bringt sie immer zur Schule und holt sie wieder ab.
Mach's gut, Mama!
Ich werd auch brav sein.
In Ordnung. Dann geh ich jetzt los.

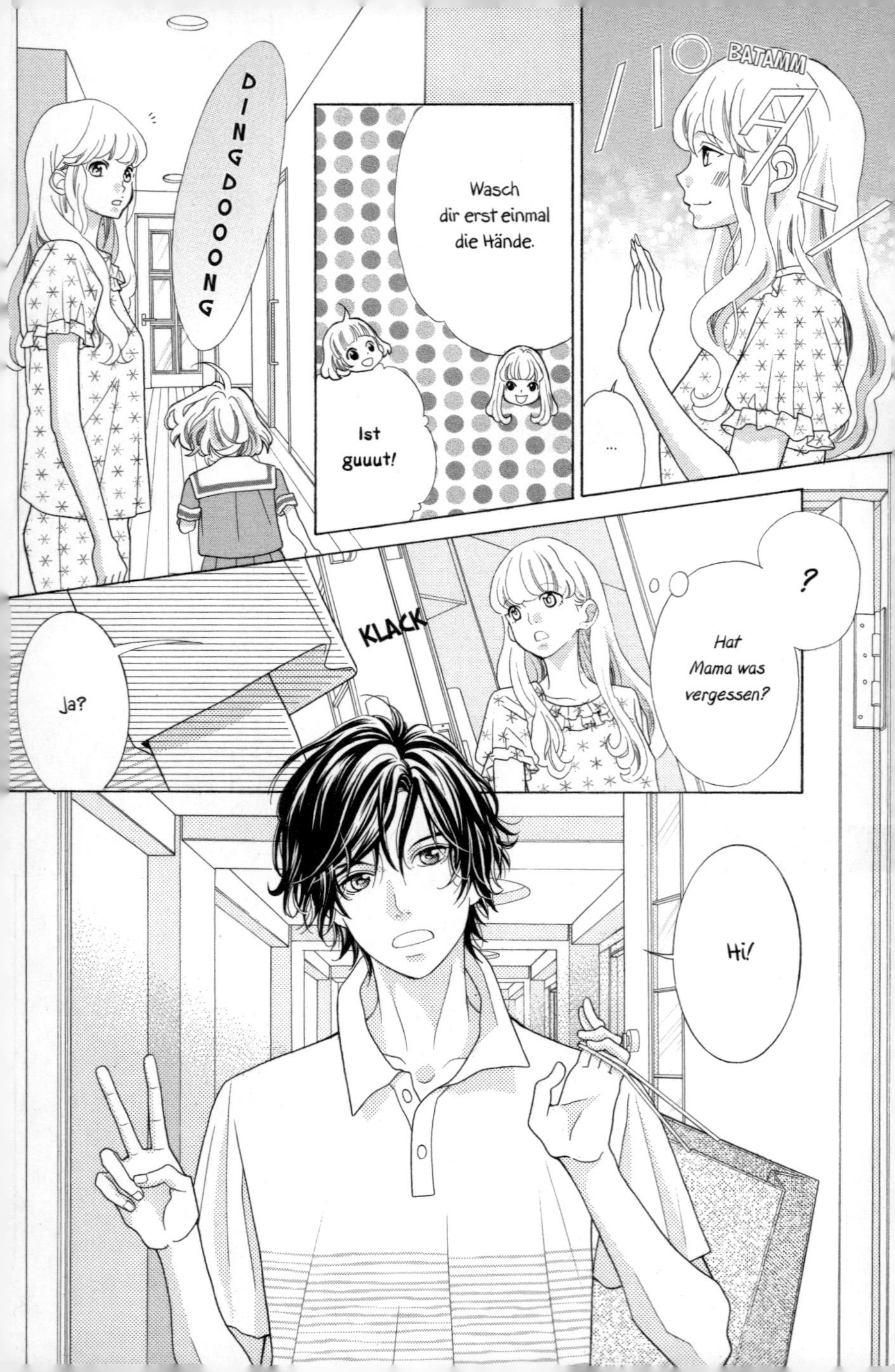
BATAMM
...
Wasch dir erst einmal die Hände.
Ist guuut!
DINGDOOOONG
?
Hat Mama was vergessen?
KLACK
Ja?
Hi!

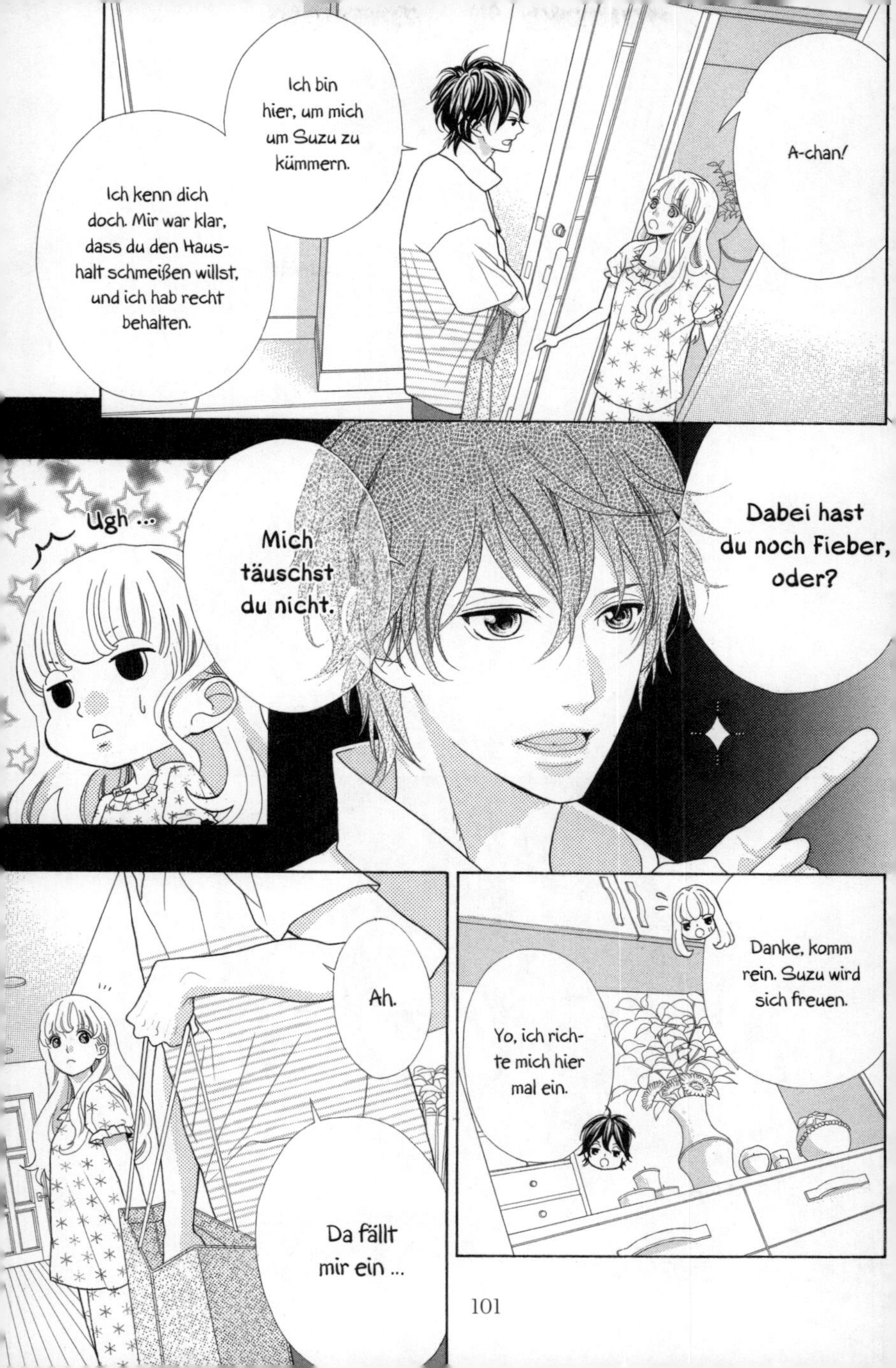
A-chan!
Ich bin hier, um mich um Suzu zu kümmern.
Ich kenn dich doch. Mir war klar, dass du den Haushalt schmeißen willst, und ich hab recht behalten.
Dabei hast du noch Fieber, oder?
Mich täuschst du nicht.
Ugh ...
Danke, komm rein. Suzu wird sich freuen.
Yo, ich richte mich hier mal ein.
Ah.
Da fällt mir ein ...

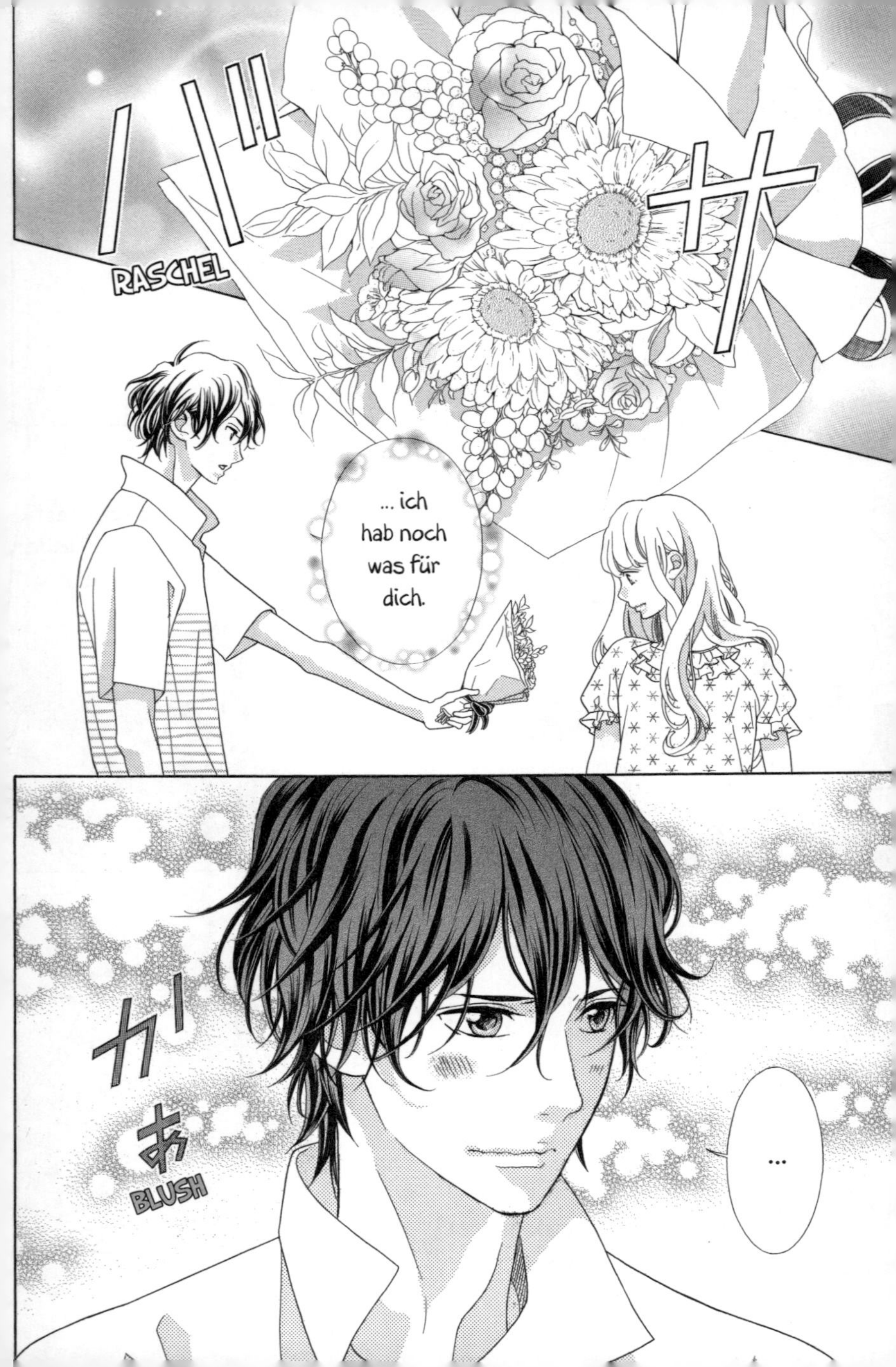
RASCHEL
... ich hab noch was für dich.
BLUSH
...

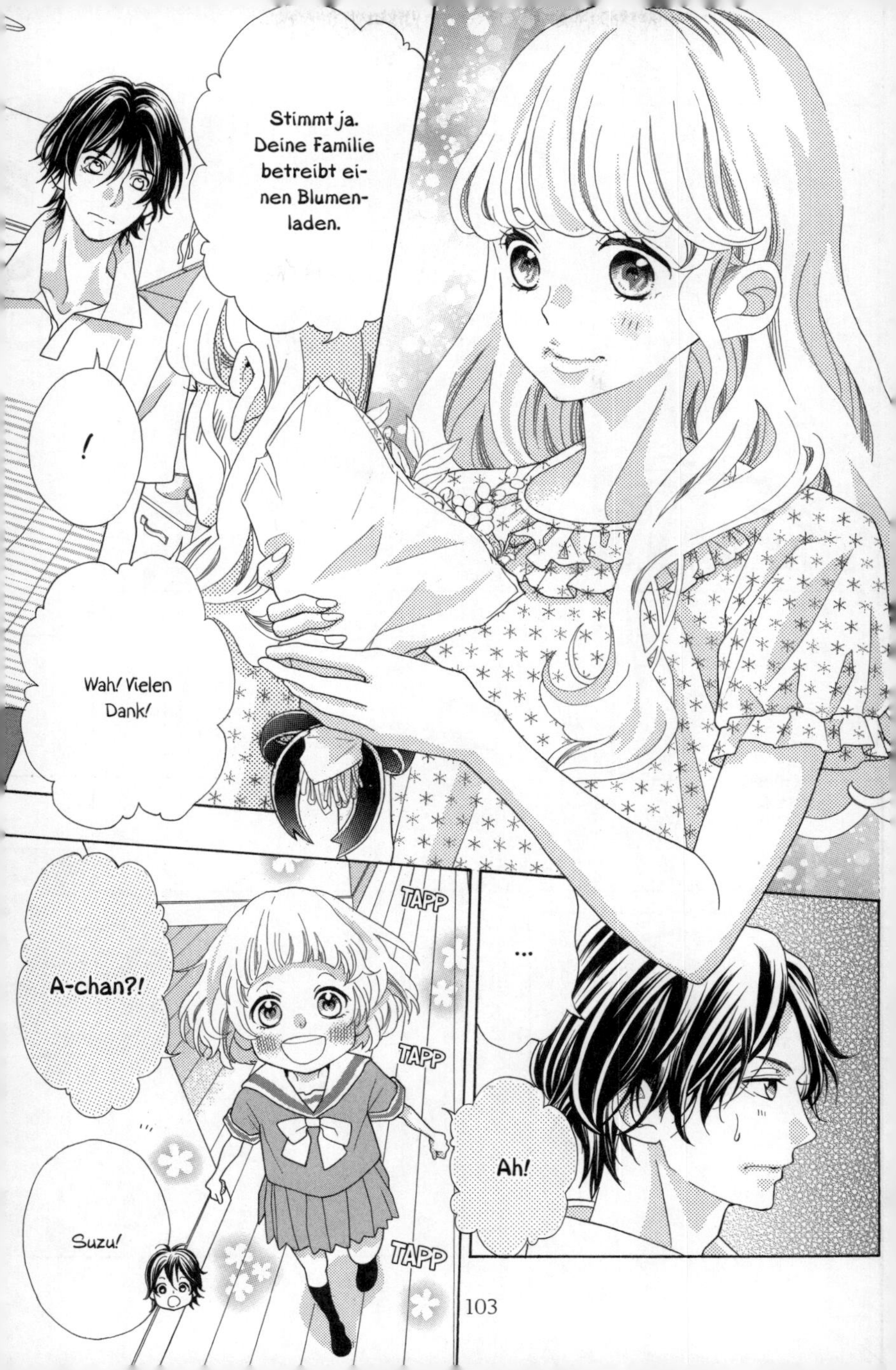
Stimmt ja. Deine Familie betreibt einen Blumenladen.
!
Wah! Vielen Dank!
...
Ah!
A-chan?!
TAPP
TAPP
TAPP
Suzu!

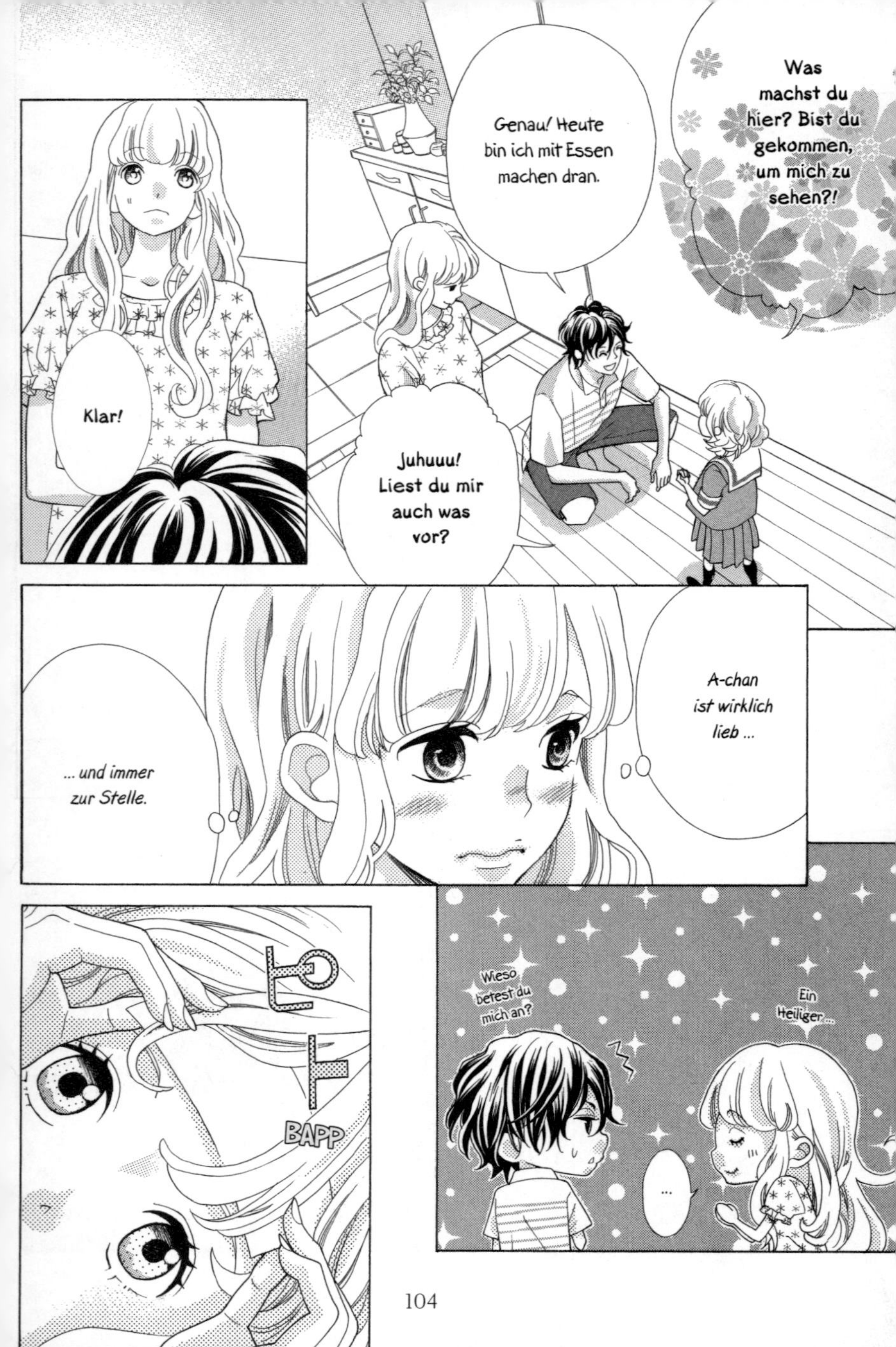
Was machst du hier? Bist du gekommen, um mich zu sehen?!
Genau! Heute bin ich mit Essen machen dran.
Juhuuu! Liest du mir auch was vor?
Klar!
A-chan ist wirklich lieb ...
... und immer zur Stelle.
Ein Heiliger ...
Wieso betest du mich an?
...
BAPP

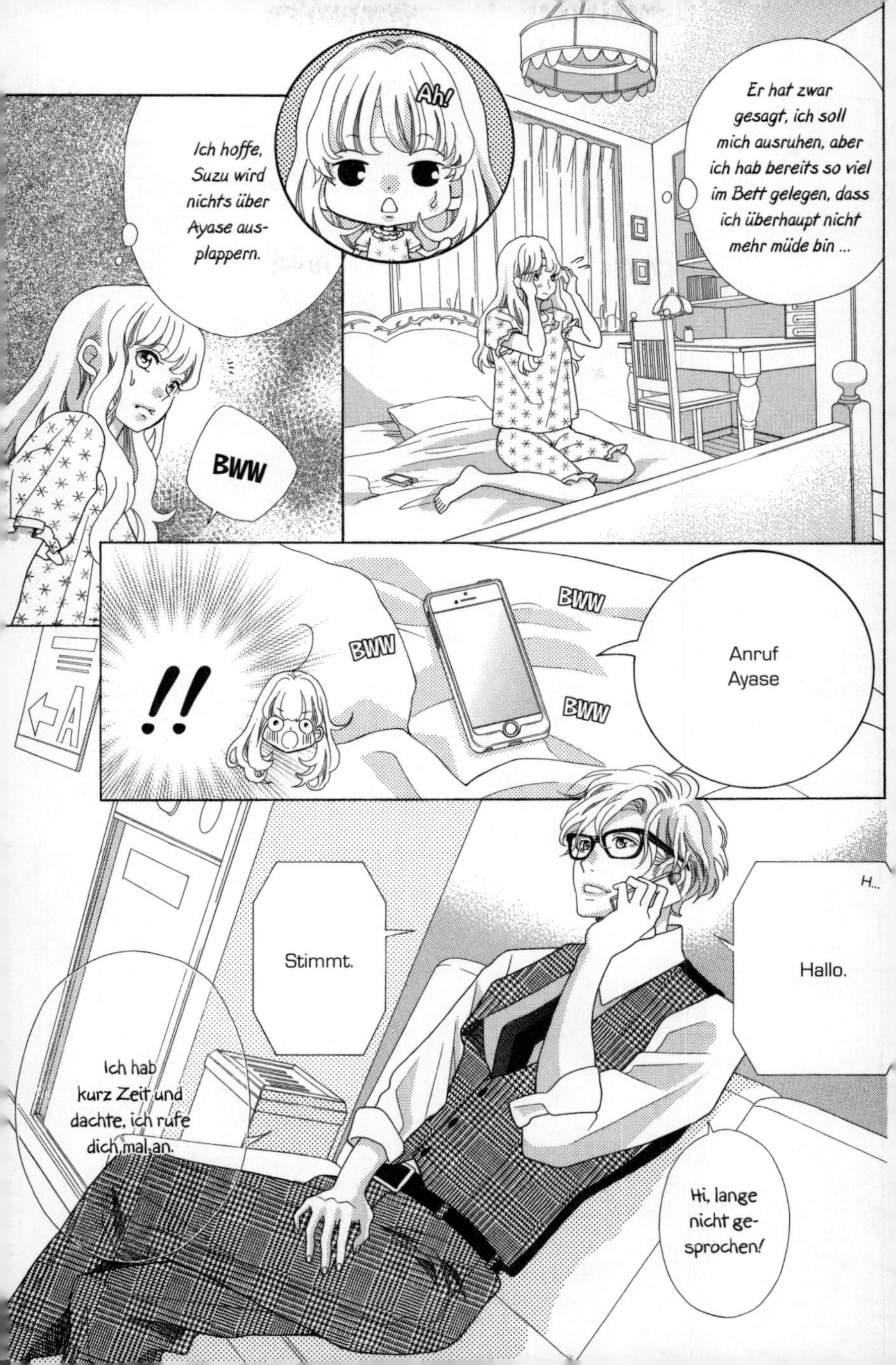
Er hat zwar gesagt, ich soll mich ausruhen, aber ich hab bereits so viel im Bett gelegen, dass ich überhaupt nicht mehr müde bin ...
Ah!
Ich hoffe, Suzu wird nichts über Ayase ausplappern.
BWW
BWW
BWW
BWW
Anruf Ayase
!!
H...
Hallo.
Stimmt.
Hi, lange nicht gesprochen!
Ich hab kurz Zeit und dachte, ich rufe dich mal an.

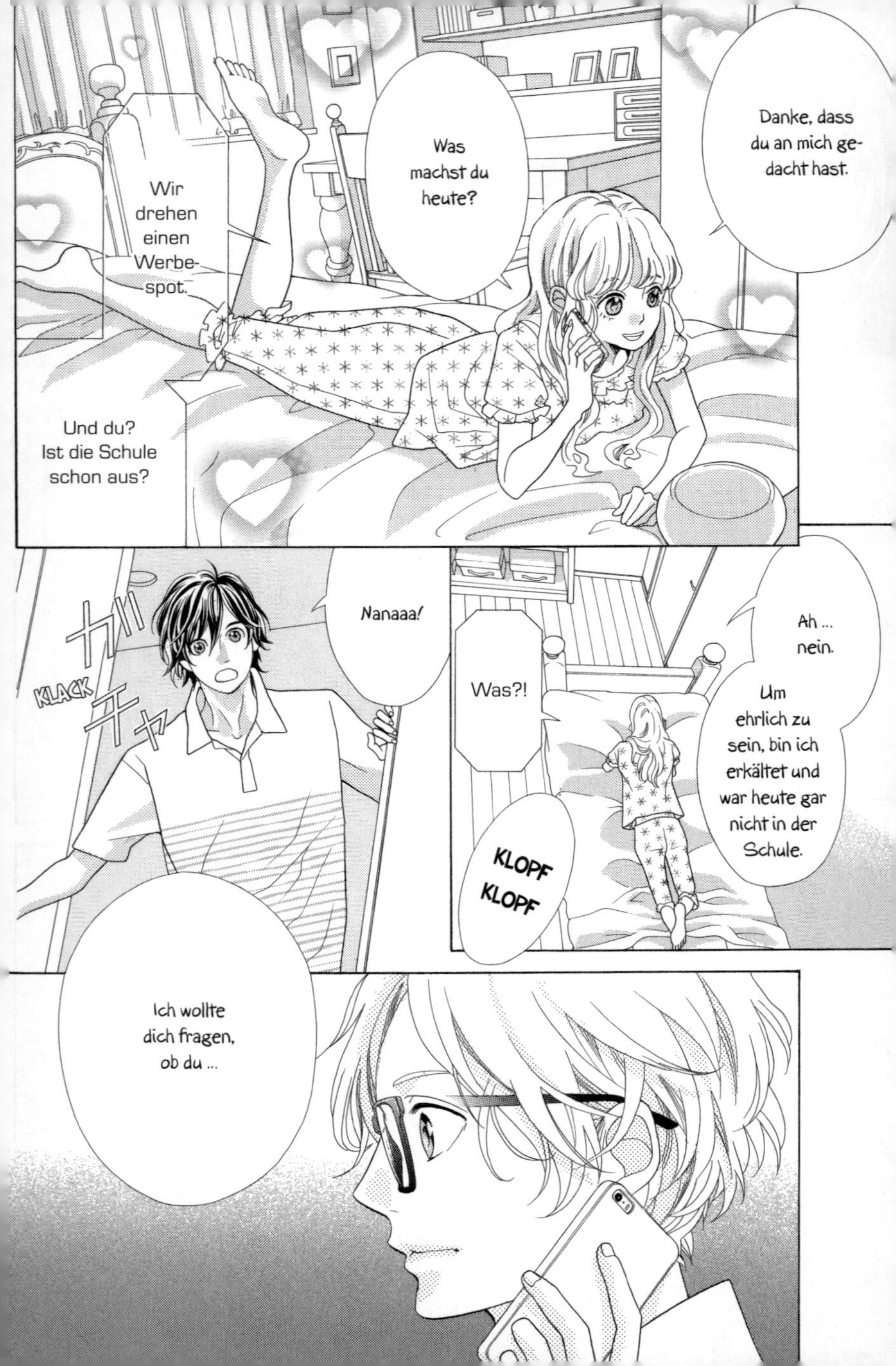

Danke, dass du an mich gedacht hast.
Was machst du heute?
Wir drehen einen Werbespot.
Und du? Ist die Schule schon aus?
Ah ... nein.
Um ehrlich zu sein, bin ich erkältet und war heute gar nicht in der Schule.
Was?!
KLOPF KLOPF
Nanaaa!
KLACK
Ich wollte dich fragen, ob du ...

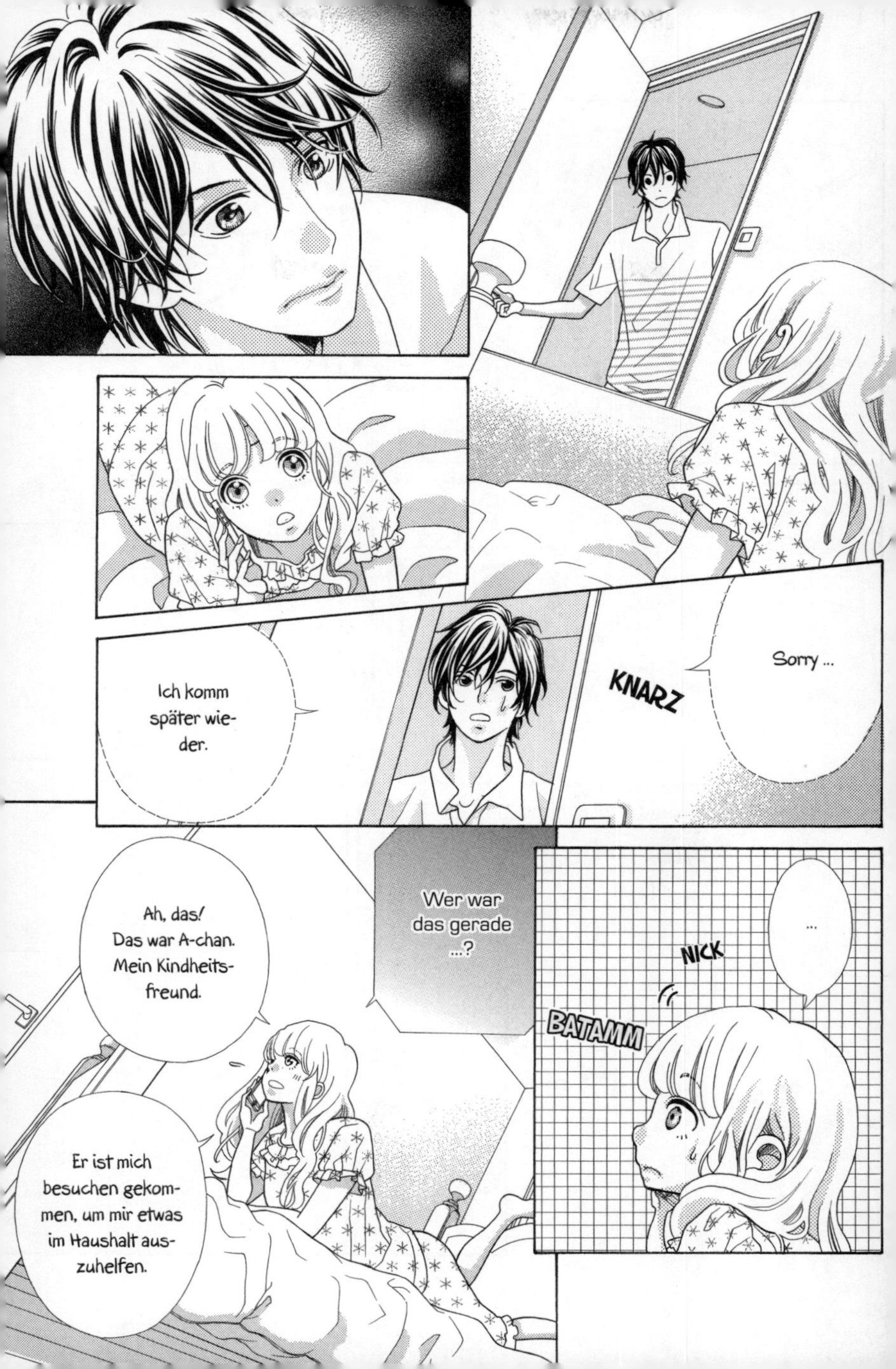
Sorry ...
KNARZ
Ich komm später wieder.
...
NICK
BATAMM
Wer war das gerade ...?
Ah, das! Das war A-chan. Mein Kindheitsfreund.
Er ist mich besuchen gekommen, um mir etwas im Haushalt auszuhelfen.

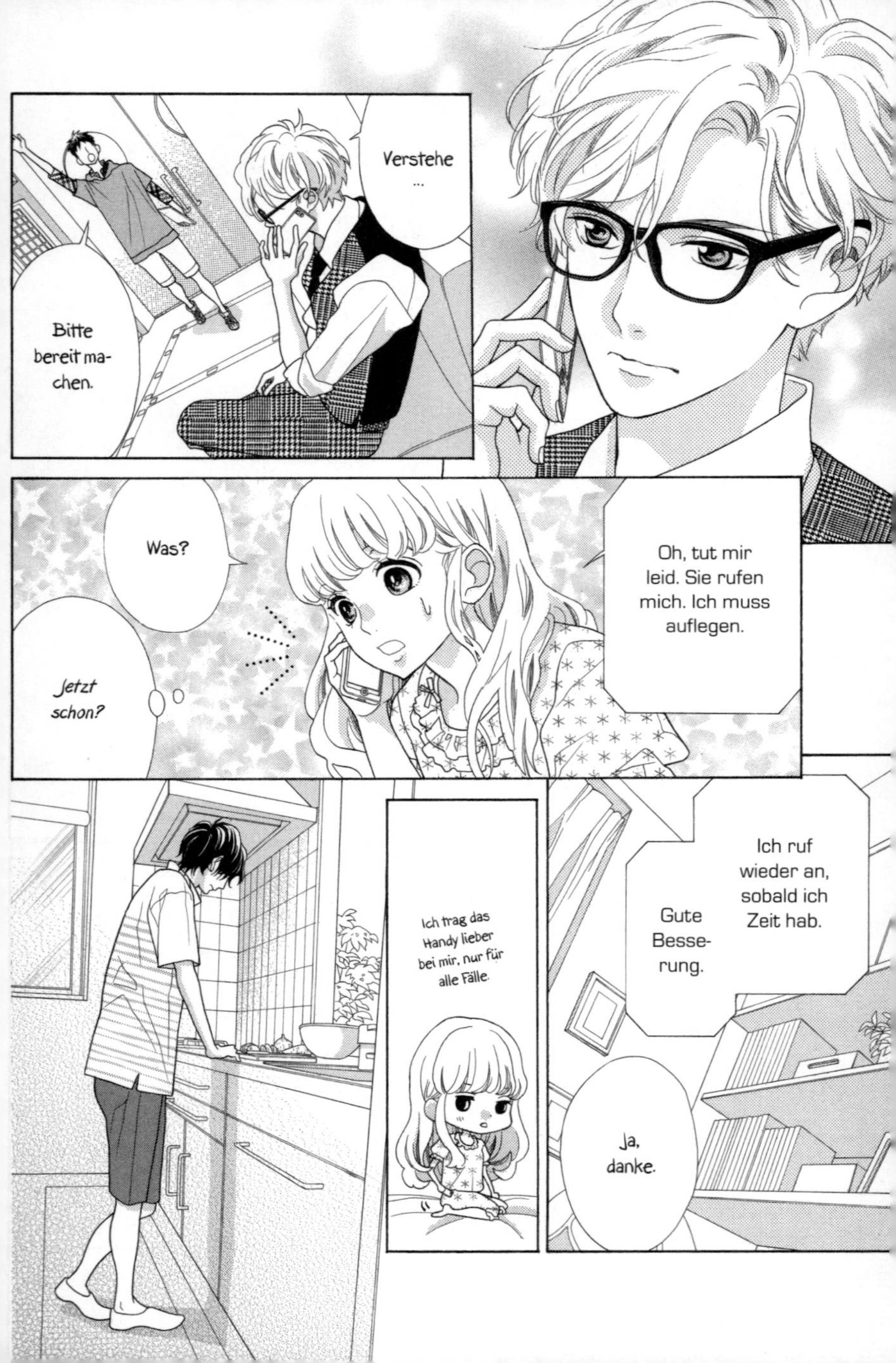
Verstehe ...
Bitte bereit machen.
Oh, tut mir leid. Sie rufen mich. Ich muss auflegen.
Was?
Jetzt schon?
Ich ruf wieder an, sobald ich Zeit hab.
Gute Besserung.
Ja, danke.
Ich trag das Handy lieber bei mir, nur für alle Fälle.

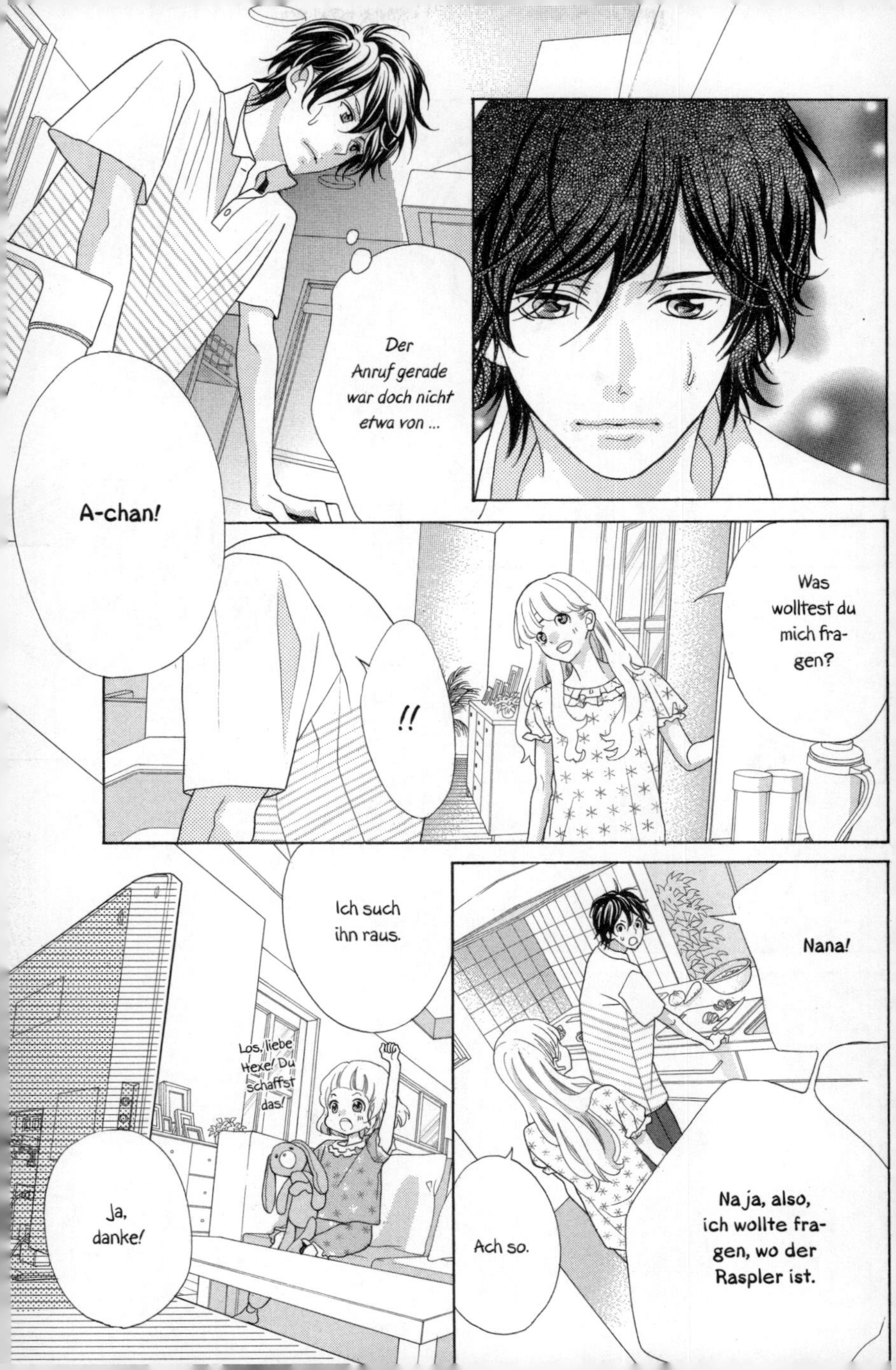
Der Anruf gerade war doch nicht etwa von ...
A-chan!
!!
Was wolltest du mich fragen?
Nana!
Na ja, also, ich wollte fragen, wo der Raspler ist.
Ach so.
Ich such ihn raus.
Los, liebe Hexe! Du schaffst das!
Ja, danke!

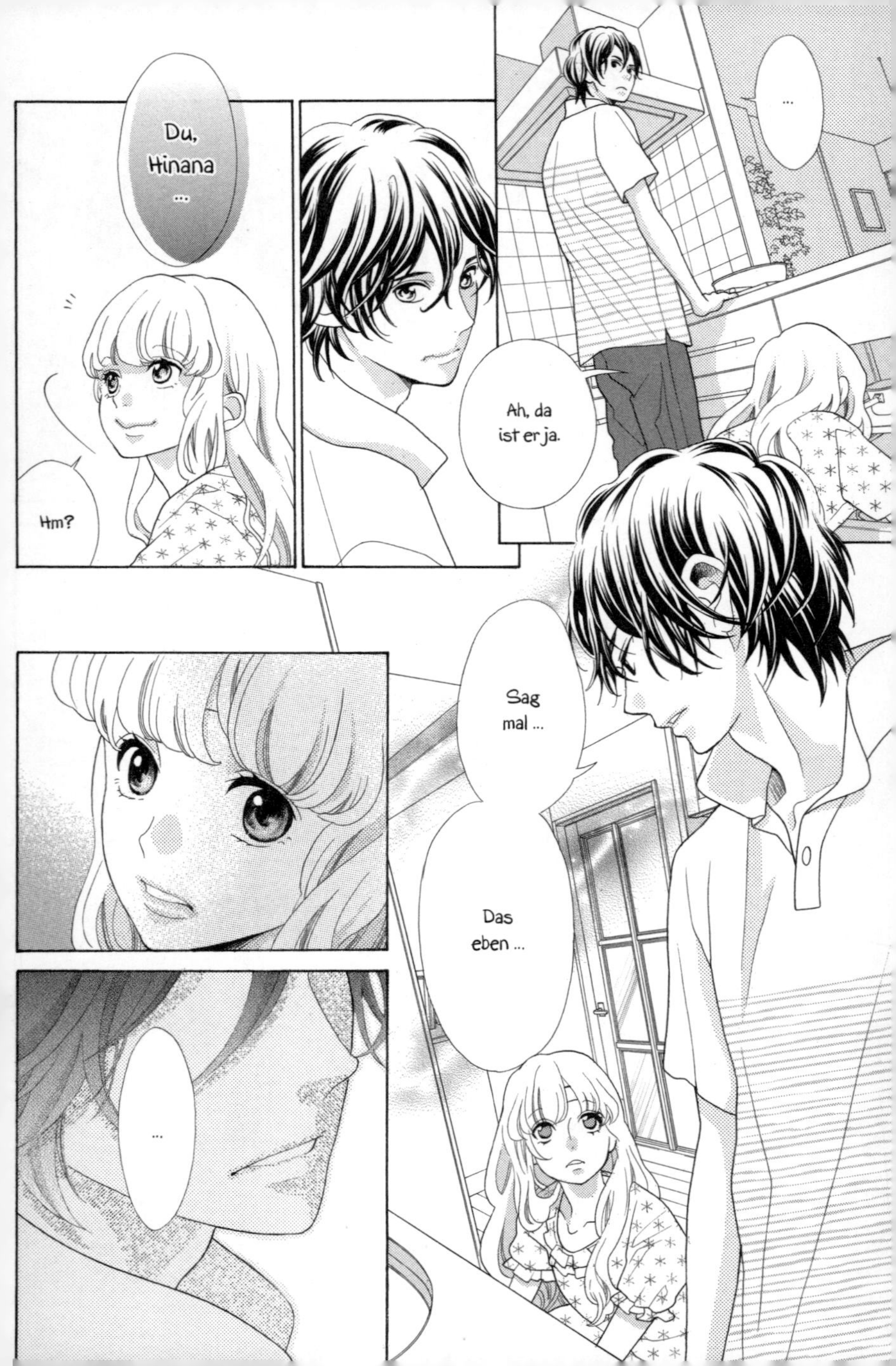
...
Ah, da ist er ja.
Du, Hinana ...
Hm?
Sag mal ...
Das eben ...
...

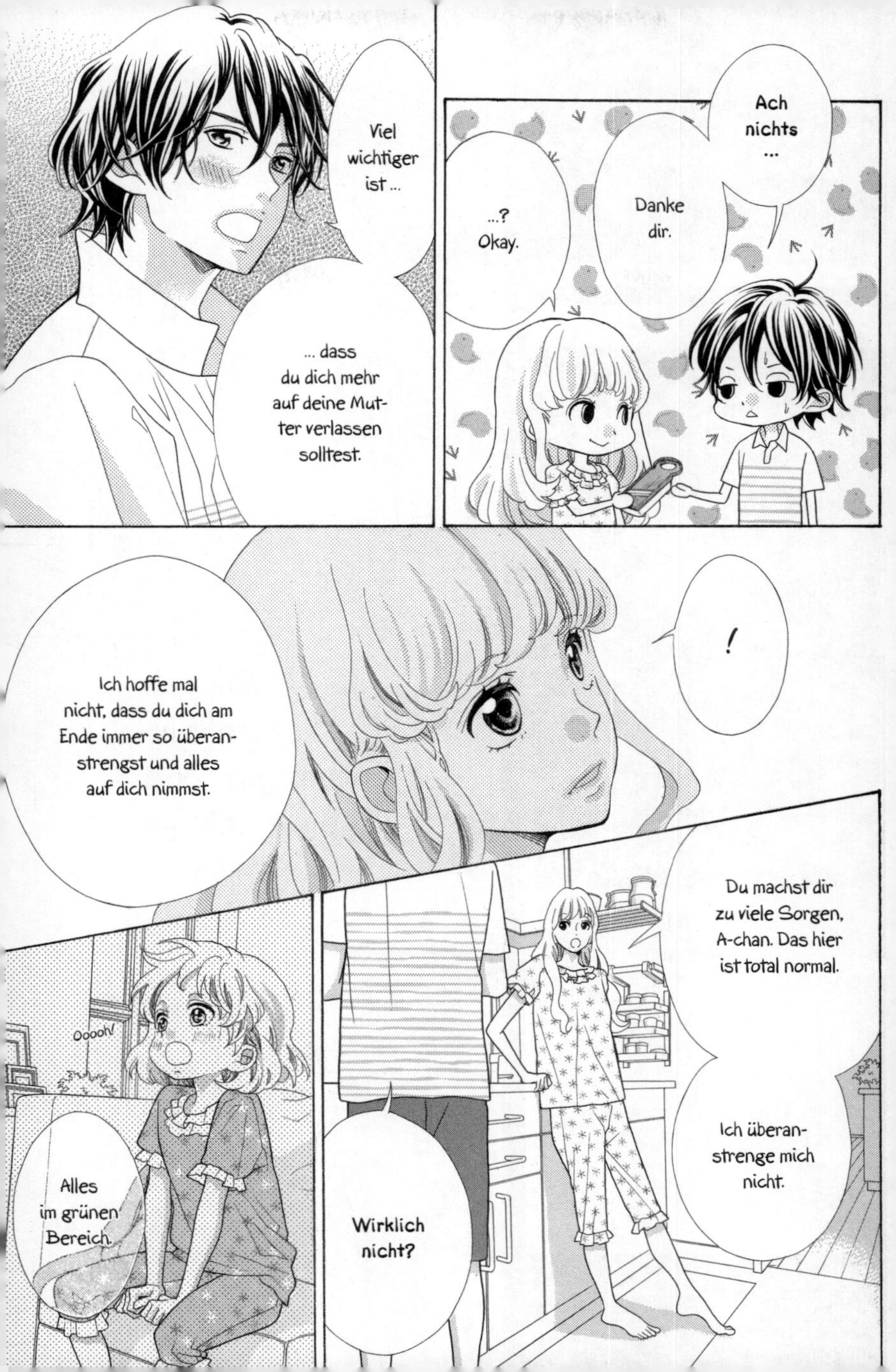
Ach nichts ...
Danke dir.
...? Okay.
Viel wichtiger ist ...
... dass du dich mehr auf deine Mutter verlassen solltest.
!
Ich hoffe mal nicht, dass du dich am Ende immer so überanstrengst und alles auf dich nimmst.
Du machst dir zu viele Sorgen, A-chan. Das hier ist total normal.
Ich überanstrenge mich nicht.
Wirklich nicht?
Alles im grünen Bereich.

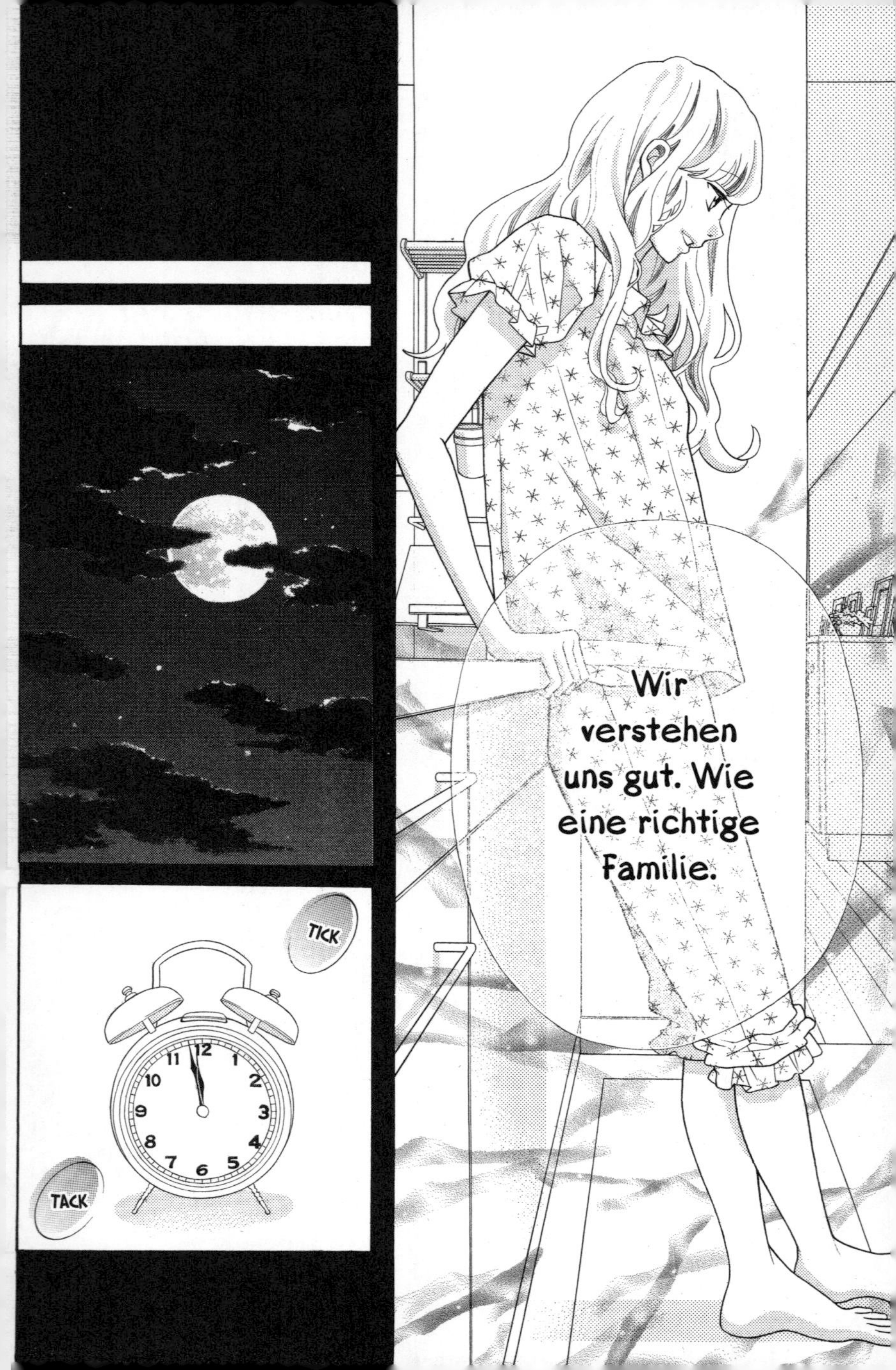
Wir verstehen uns gut. Wie eine richtige Familie.
TICK
TACK

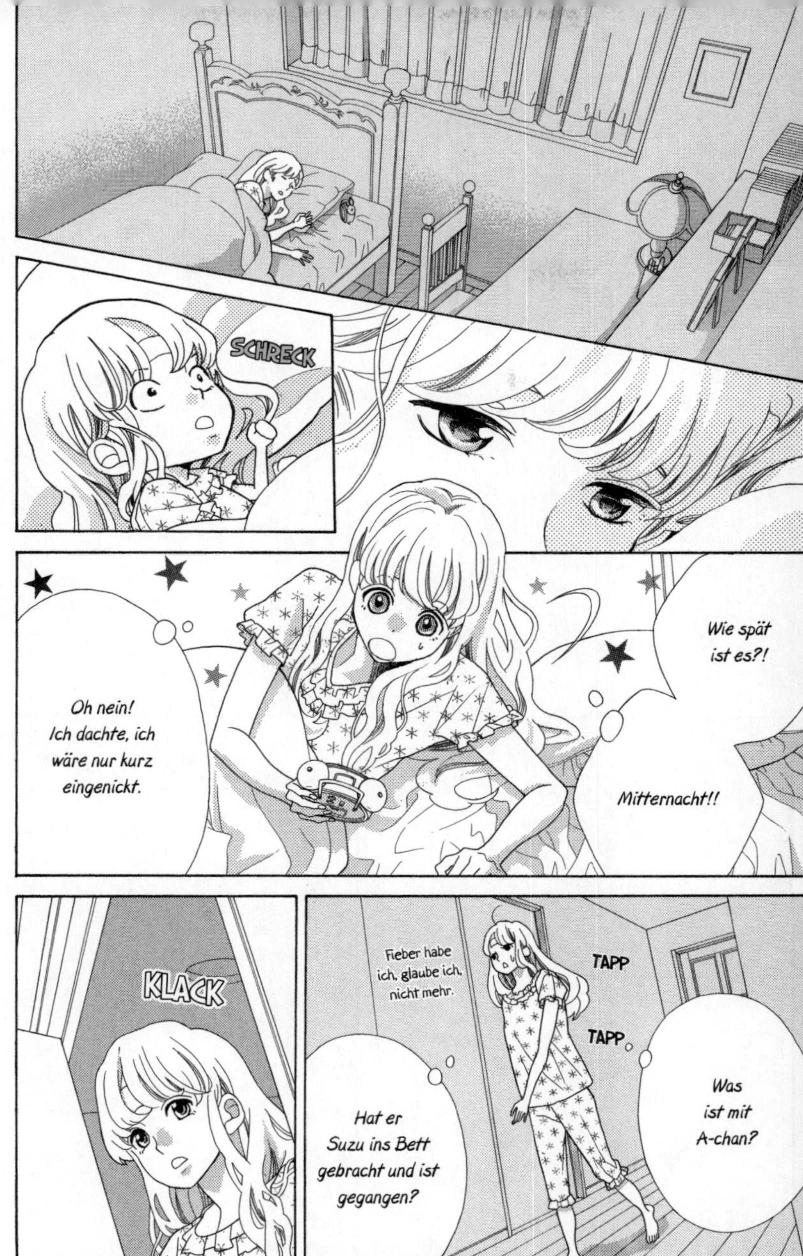
SCHRECK
Wie spät ist es?!
Mitternacht!!
Oh nein! Ich dachte, ich wäre nur kurz eingenickt.
Fieber habe ich, glaube ich, nicht mehr.
TAPP
TAPP
Was ist mit A-chan?
Hat er Suzu ins Bett gebracht und ist gegangen?
KLACK

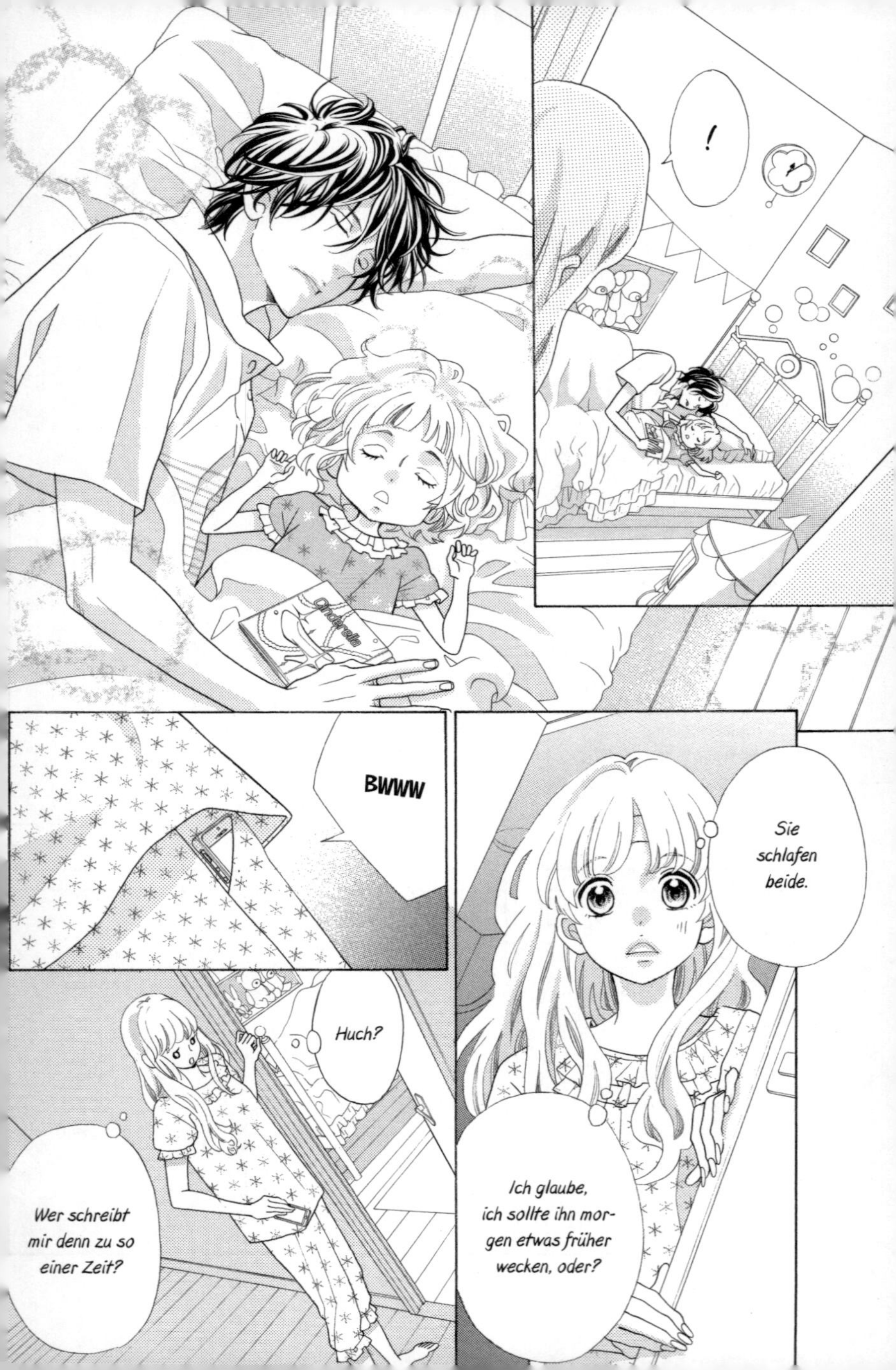
!
Cinderella
Sie schlafen beide.
Ich glaube, ich sollte ihn morgen etwas früher wecken, oder?
BWWW
Huch?
Wer schreibt mir denn zu so einer Zeit?

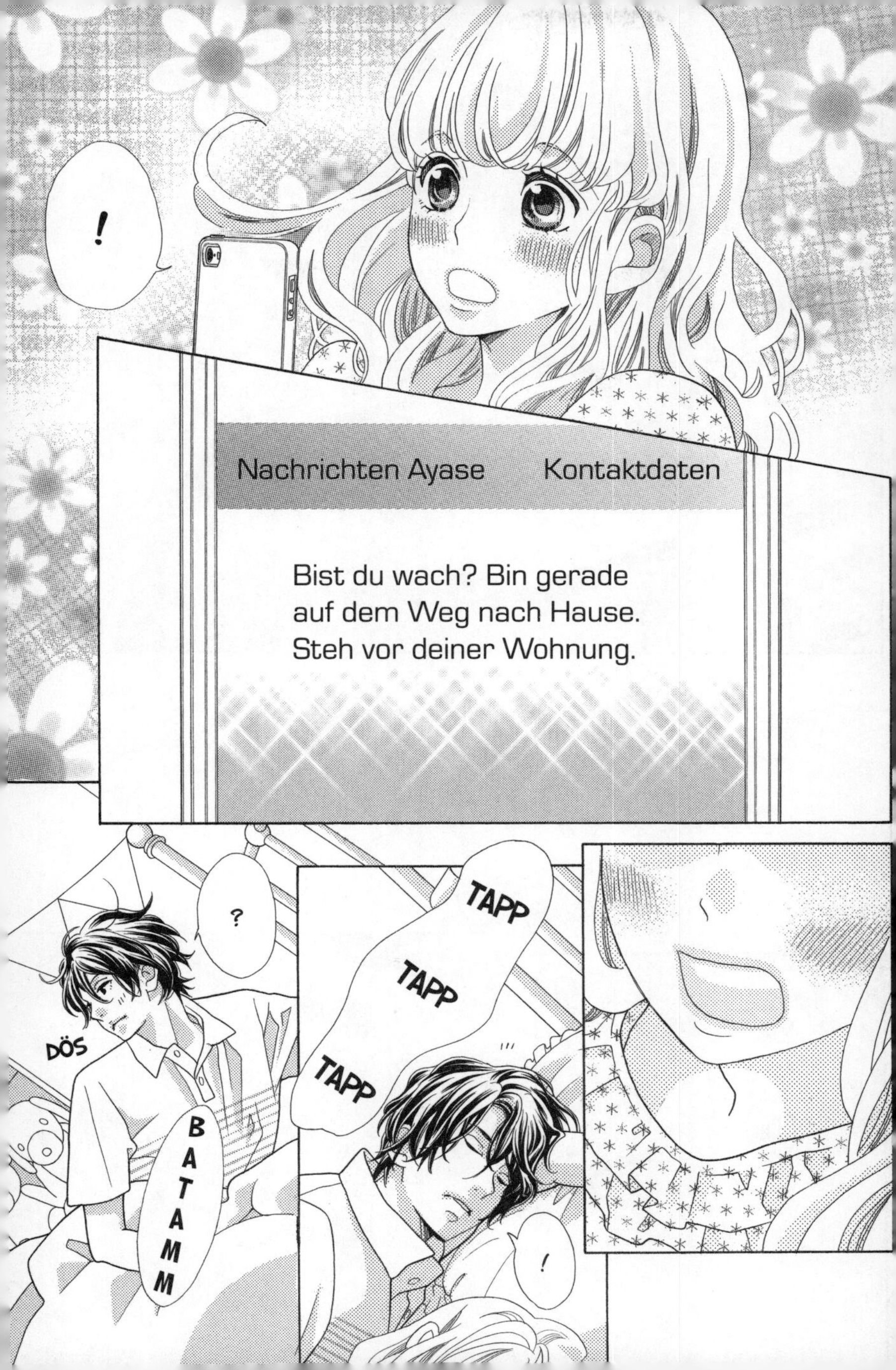
!
Nachrichten Ayase
Kontaktdaten
Bist du wach? Bin gerade auf dem Weg nach Hause. Steh vor deiner Wohnung.
TAPP
TAPP
TAPP
!
?
DÖS
BATAMM

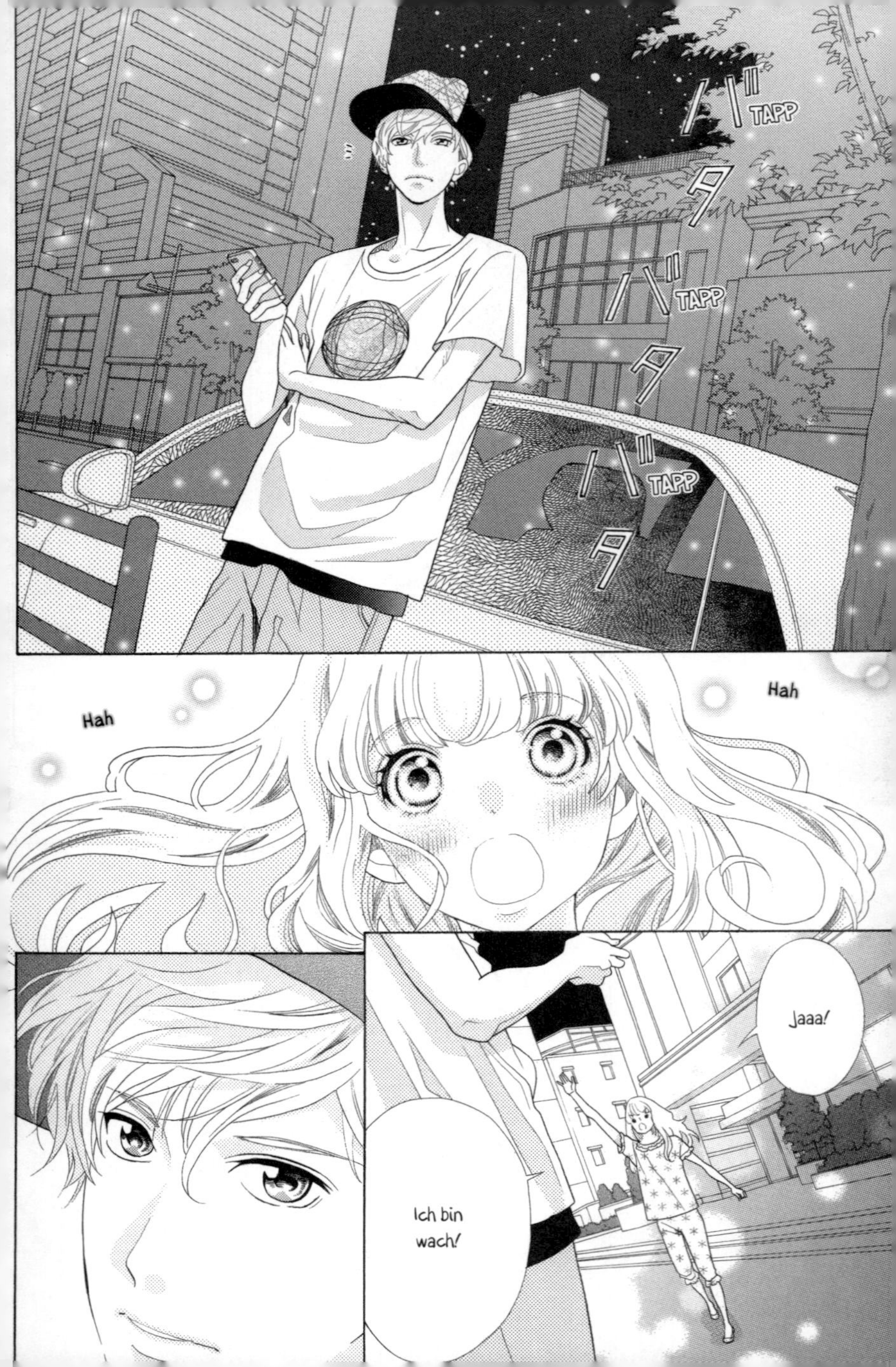

バタ
TAPP
バタ
TAPP
バタ
TAPP
Hah
Hah
Jaaa!
Ich bin wach!

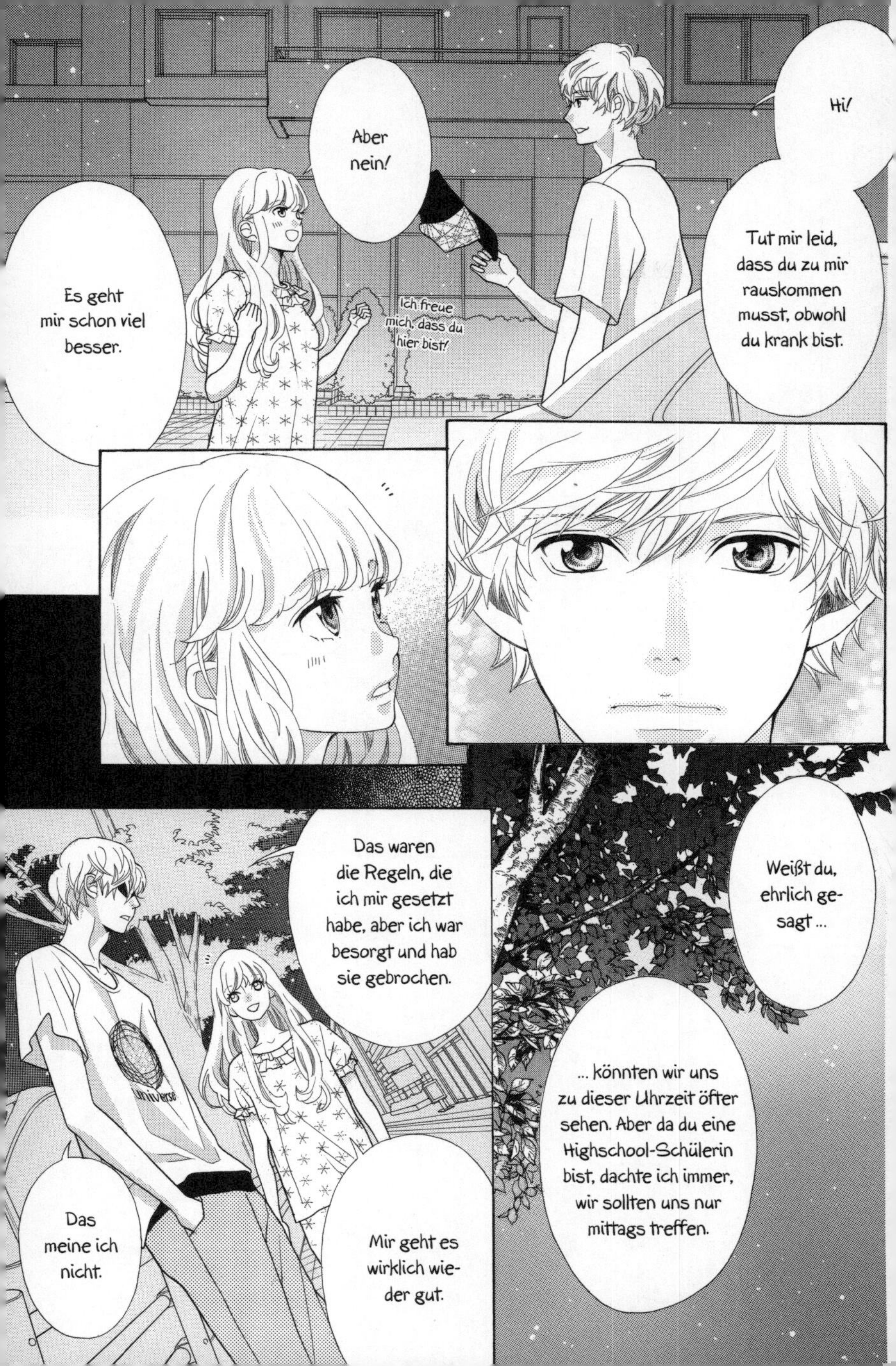

Hi!
Tut mir leid, dass du zu mir rauskommen musst, obwohl du krank bist.
Aber nein!
Ich freue mich, dass du hier bist!
Es geht mir schon viel besser.
Weißt du, ehrlich gesagt ...
... könnten wir uns zu dieser Uhrzeit öfter sehen. Aber da du eine Highschool-Schülerin bist, dachte ich immer, wir sollten uns nur mittags treffen.
Das waren die Regeln, die ich mir gesetzt habe, aber ich war besorgt und hab sie gebrochen.
Mir geht es wirklich wieder gut.
Das meine ich nicht.

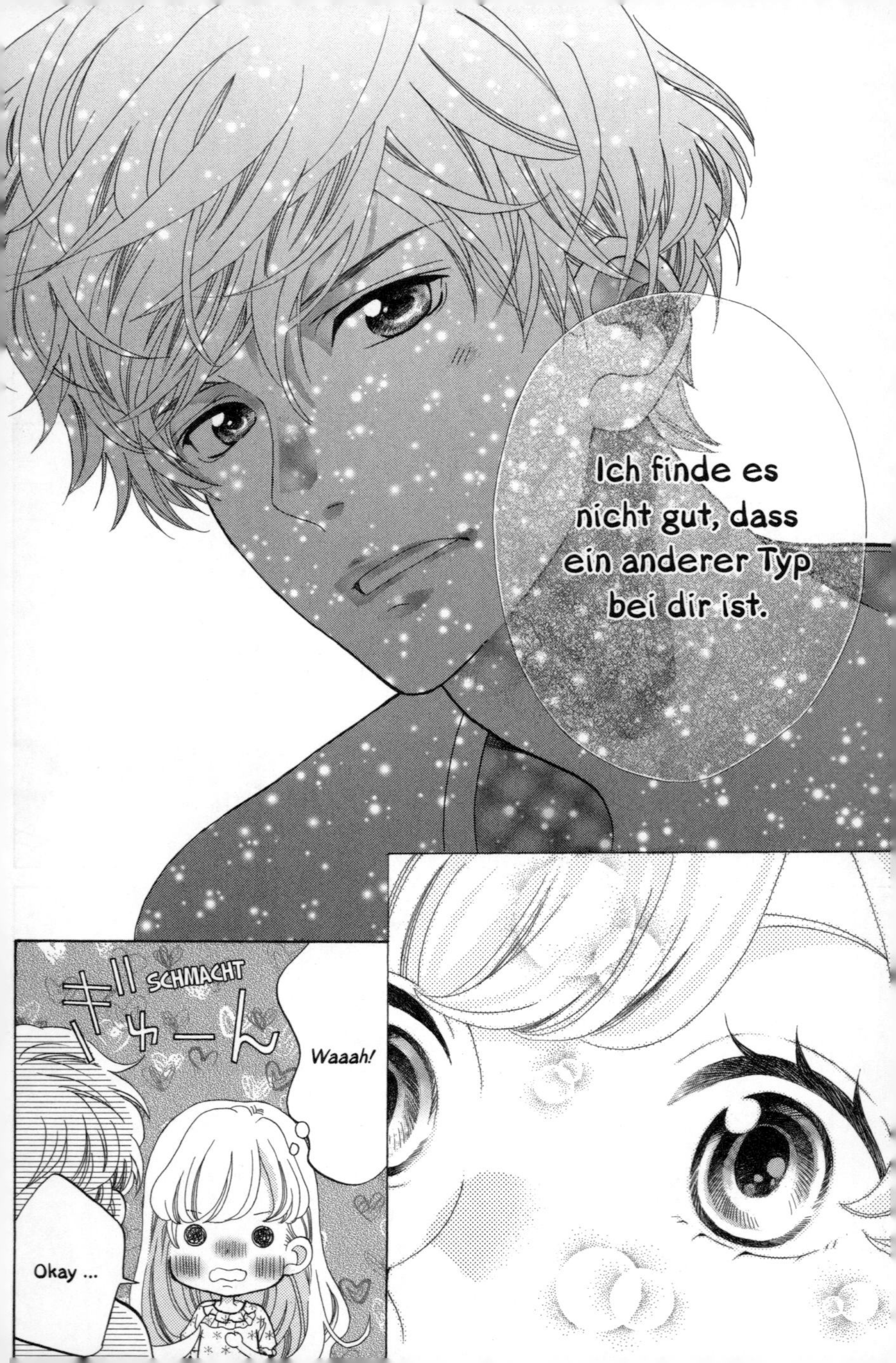
Ich finde es nicht gut, dass ein anderer Typ bei dir ist.
キュ〜ん
SCHMACHT
Waaah!
Okay ...

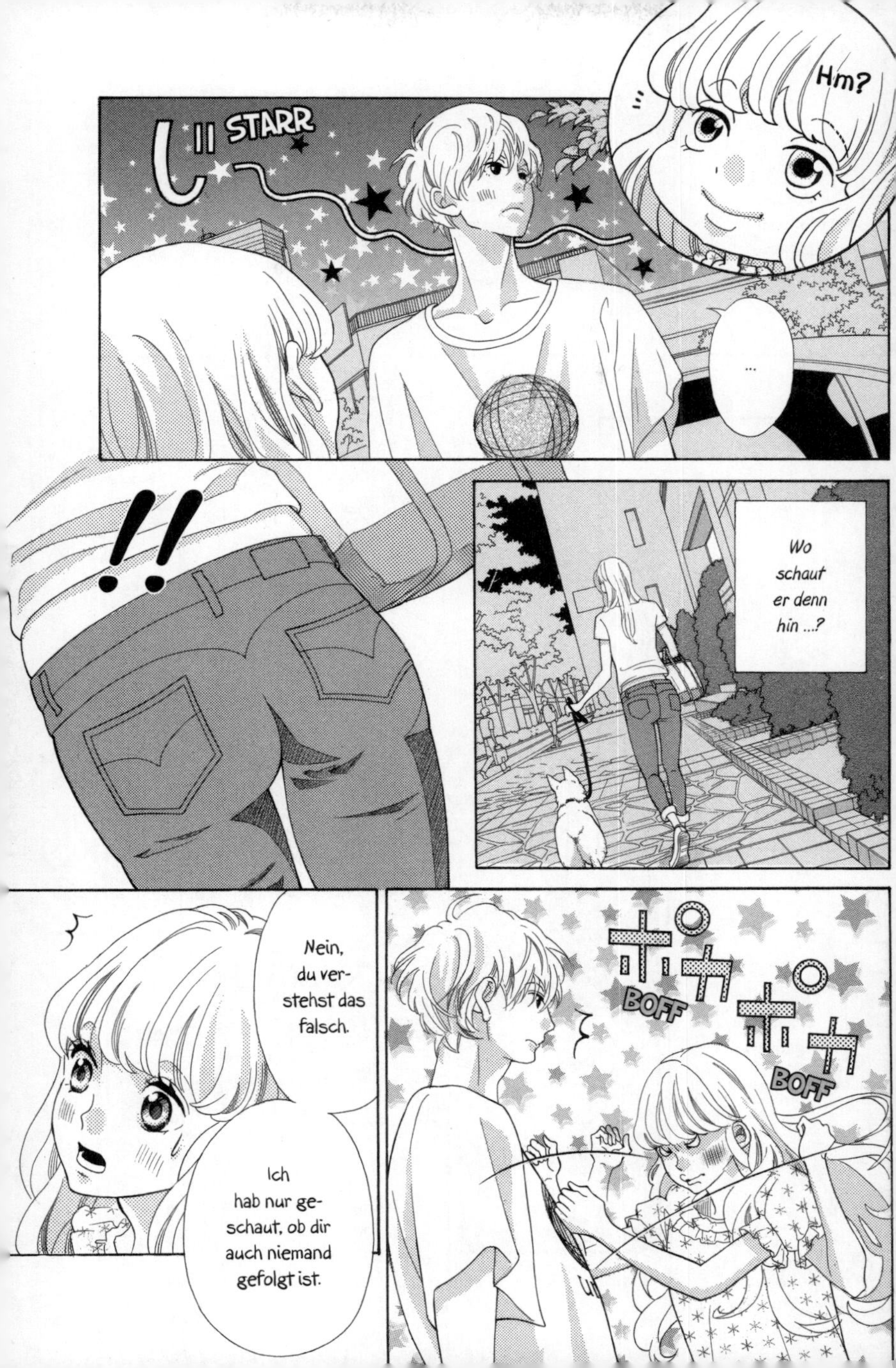
Hm?
STARR
...
Wo schaut er denn hin ...?
BOFF
BOFF
Nein, du ver-stehst das falsch.
Ich hab nur ge-schaut, ob dir auch niemand gefolgt ist.

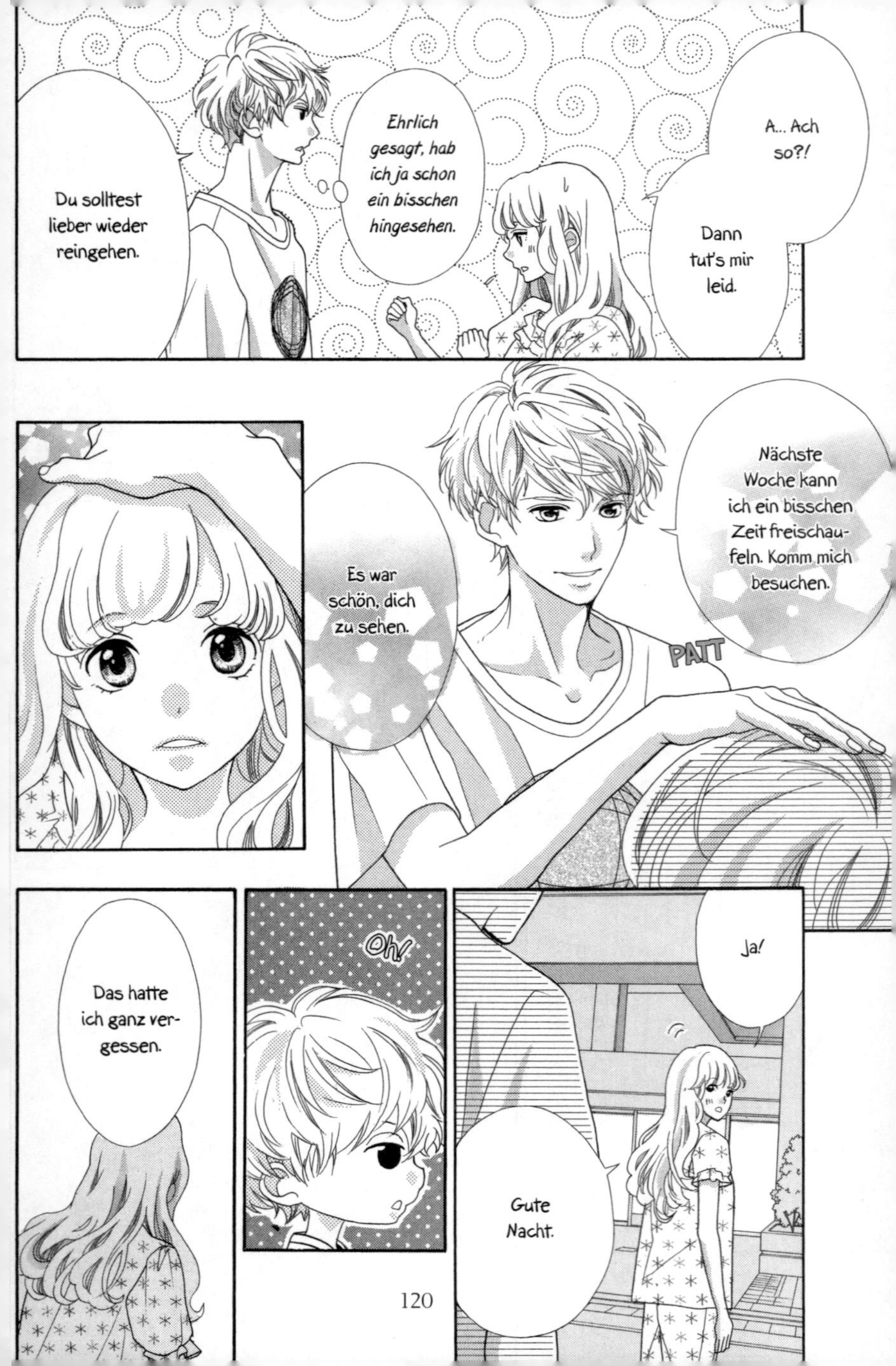
A... Ach so?!
Dann tut's mir leid.
Ehrlich gesagt, hab ich ja schon ein bisschen hingesehen.
Du solltest lieber wieder reingehen.
Nächste Woche kann ich ein bisschen Zeit freischaufeln. Komm mich besuchen.
PATT
Es war schön, dich zu sehen.
Ja!
Gute Nacht.
Oh!
Das hatte ich ganz vergessen.

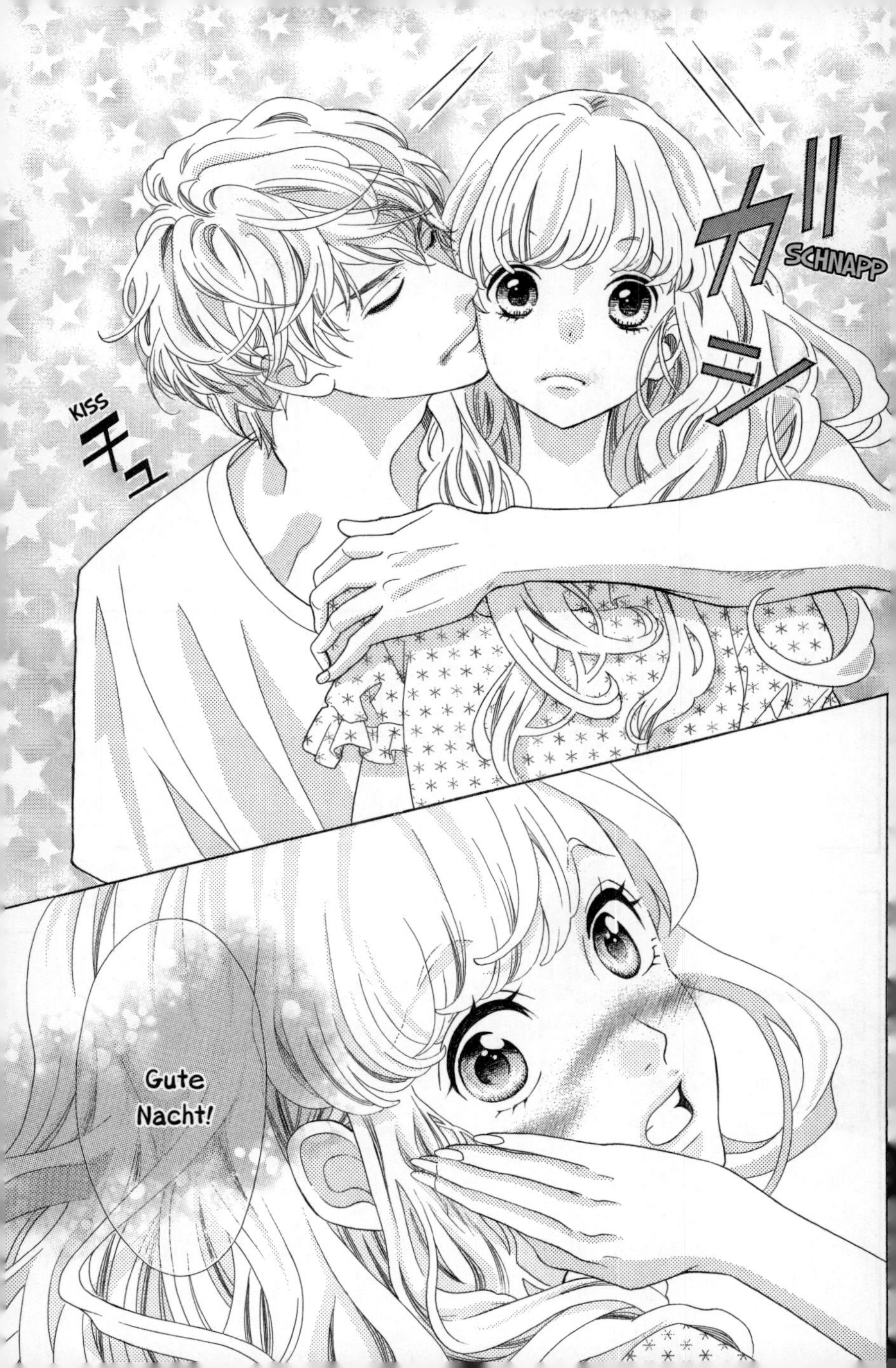
カッ
SCHNAPP
KISS
チュ
Gute Nacht!

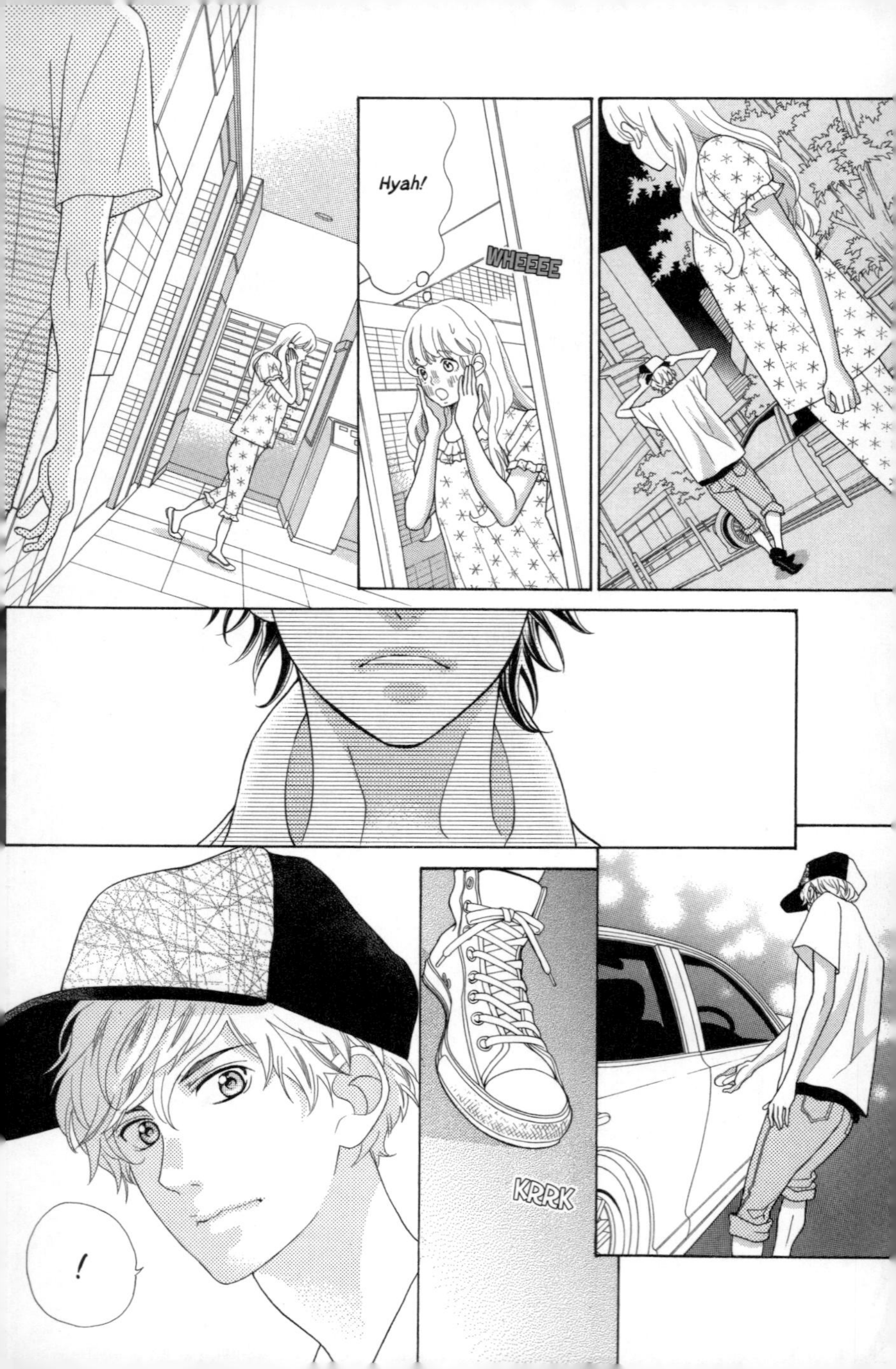
Hyah!
WHEEEE
KRRK
!

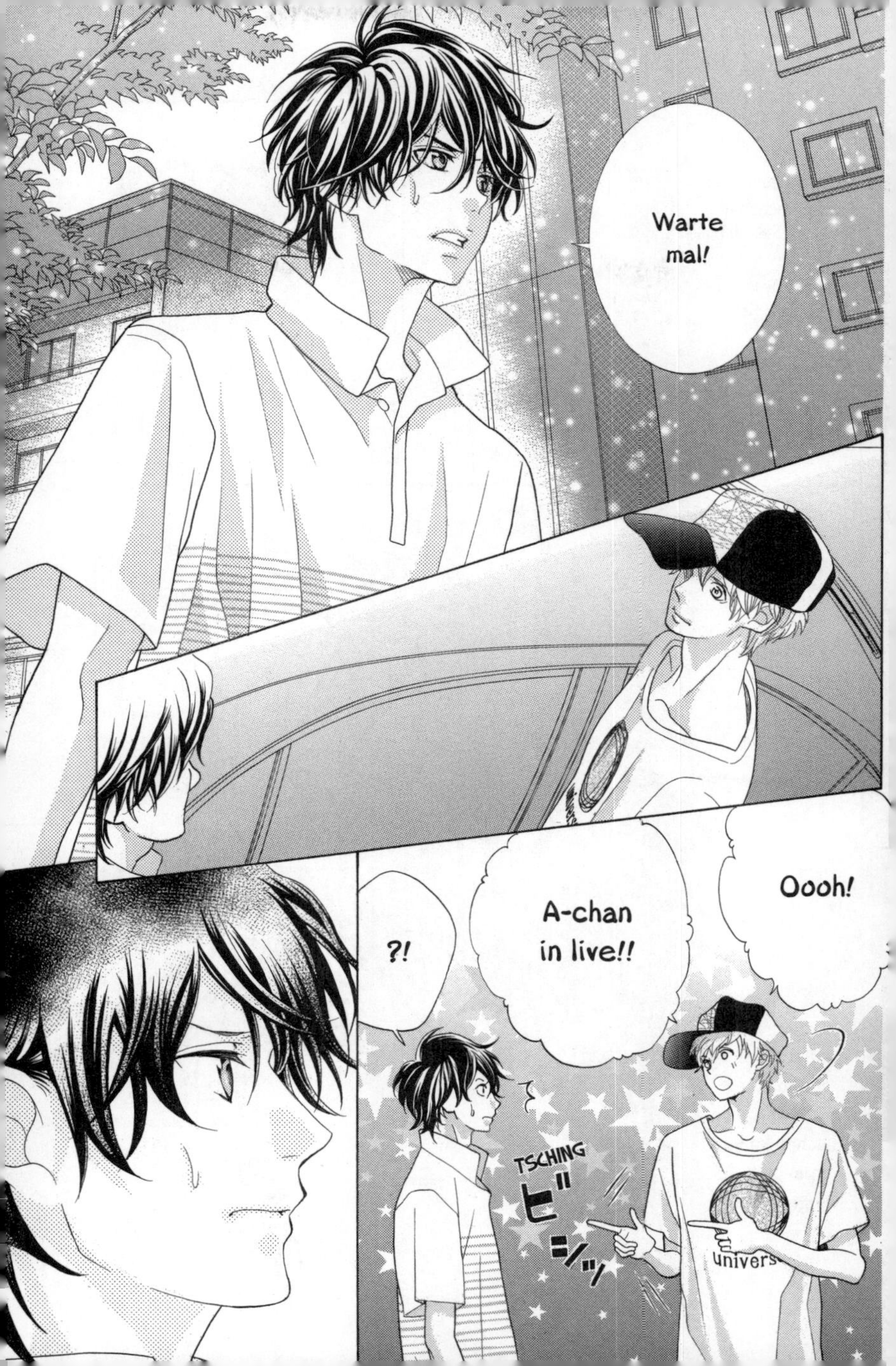
Warte mal!
Oooh!
A-chan in live!!
?!
TSCHING
ビシッ
univers

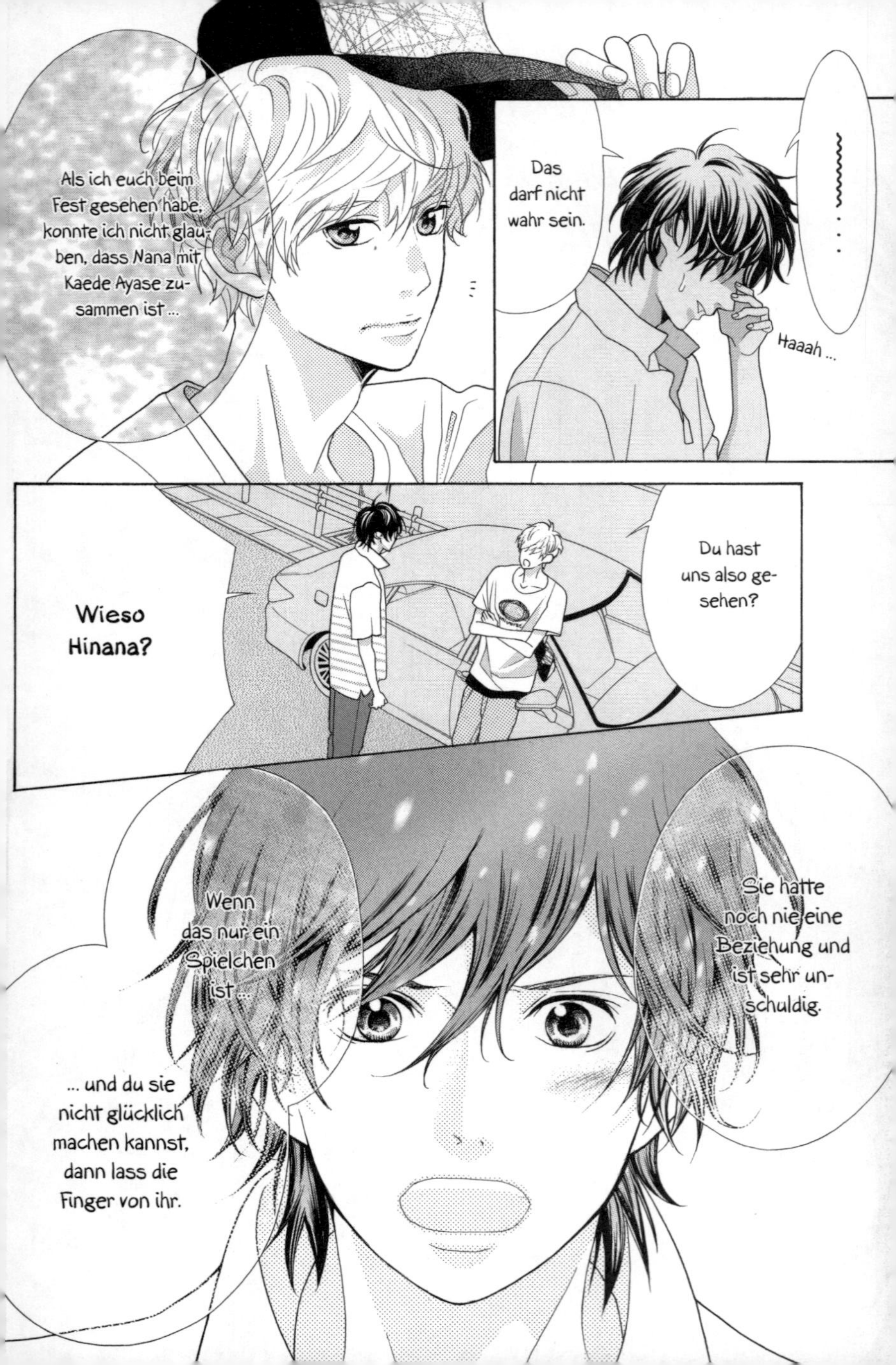
……
Haaah …
Das darf nicht wahr sein.
Als ich euch beim Fest gesehen habe, konnte ich nicht glauben, dass Nana mit Kaede Ayase zusammen ist …
Du hast uns also gesehen?
Wieso Hinana?
Sie hatte noch nie eine Beziehung und ist sehr unschuldig.
Wenn das nur ein Spielchen ist …
… und du sie nicht glücklich machen kannst, dann lass die Finger von ihr.

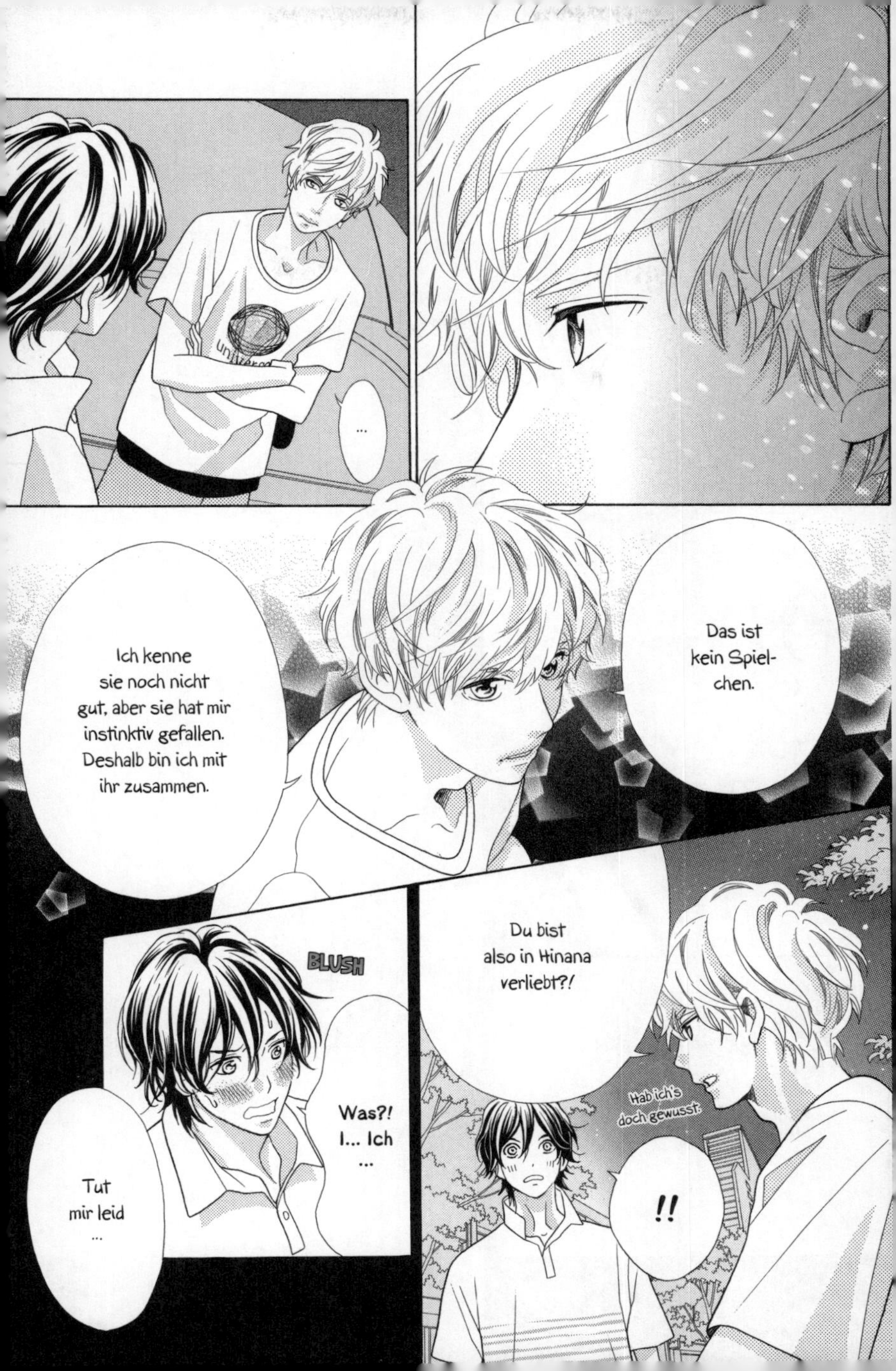
...
Das ist kein Spielchen.
Ich kenne sie noch nicht gut, aber sie hat mir instinktiv gefallen. Deshalb bin ich mit ihr zusammen.
Du bist also in Hinana verliebt?!
Hab ich's doch gewusst.
!!
BLUSH
Was?! I... Ich ...
Tut mir leid ...

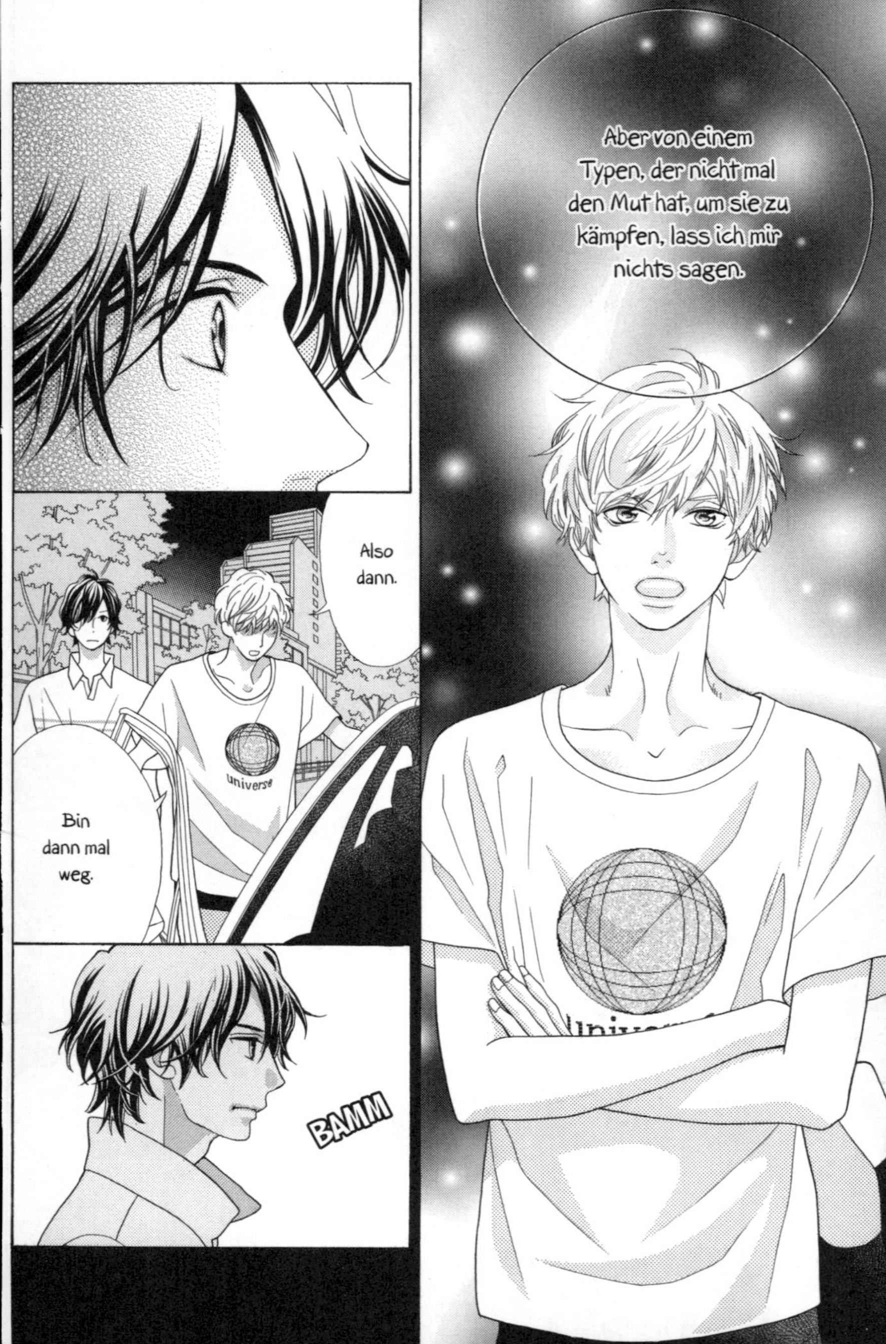

Aber von einem Typen, der nicht mal den Mut hat, um sie zu kämpfen, lass ich mir nichts sagen.
Also dann.
universe
Bin dann mal weg.
BAMM

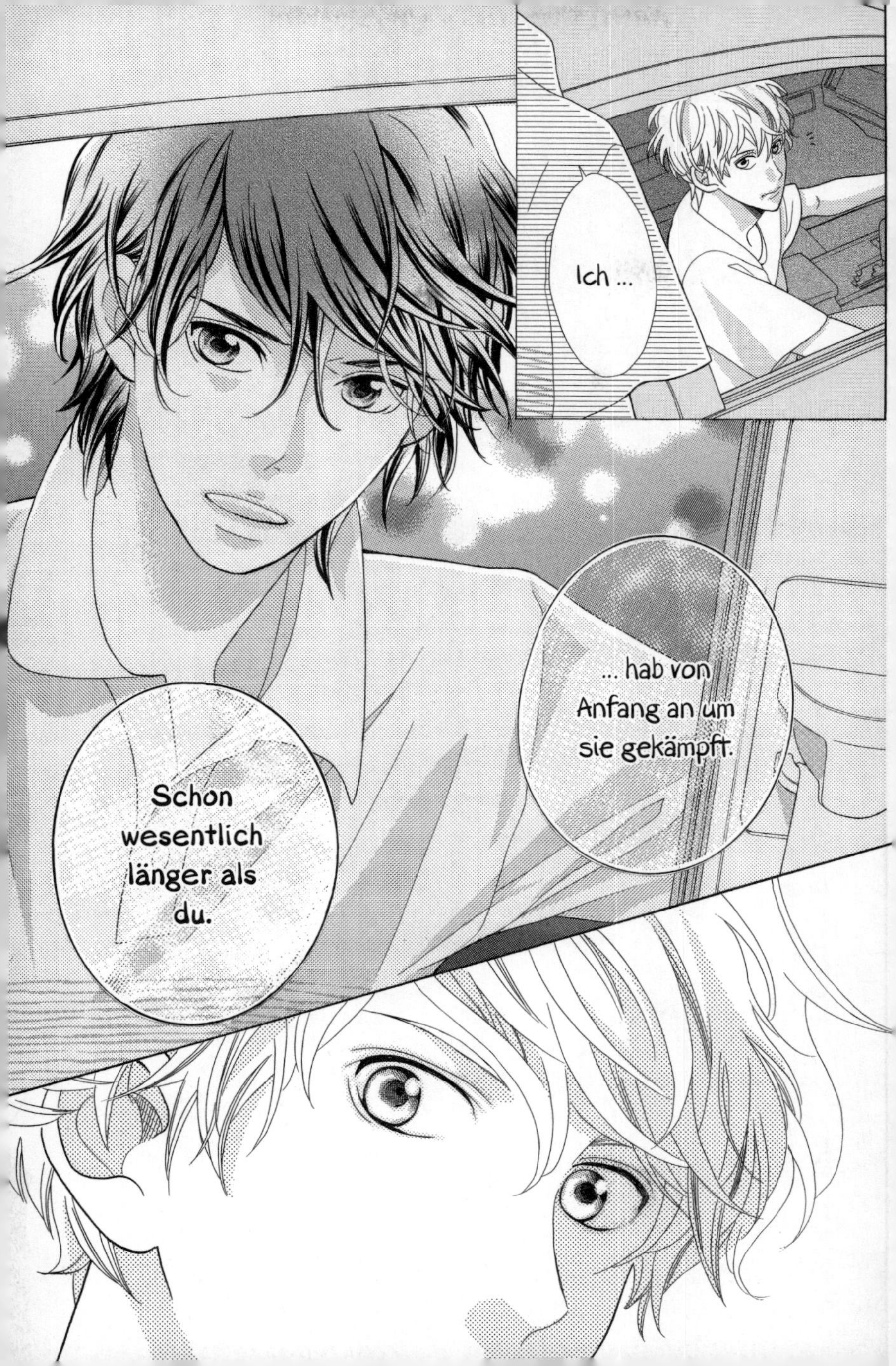
Ich ...
... hab von Anfang an um sie gekämpft.
Schon wesentlich länger als du.

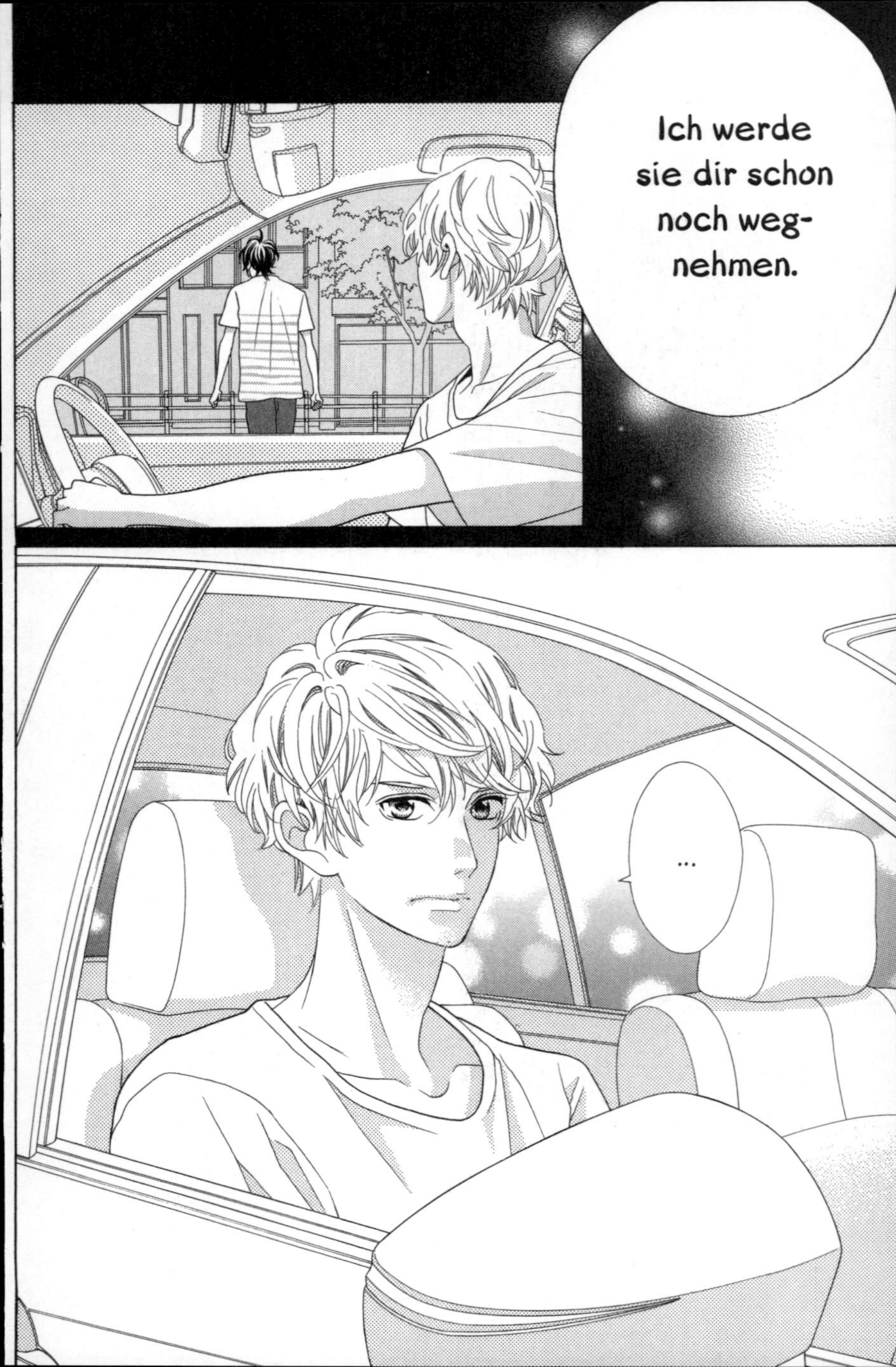
Ich werde sie dir schon noch weg-nehmen.
...

Kuss um Mitternacht

A-chan, der seine Begeisterung für Stars zurückgehalten hat

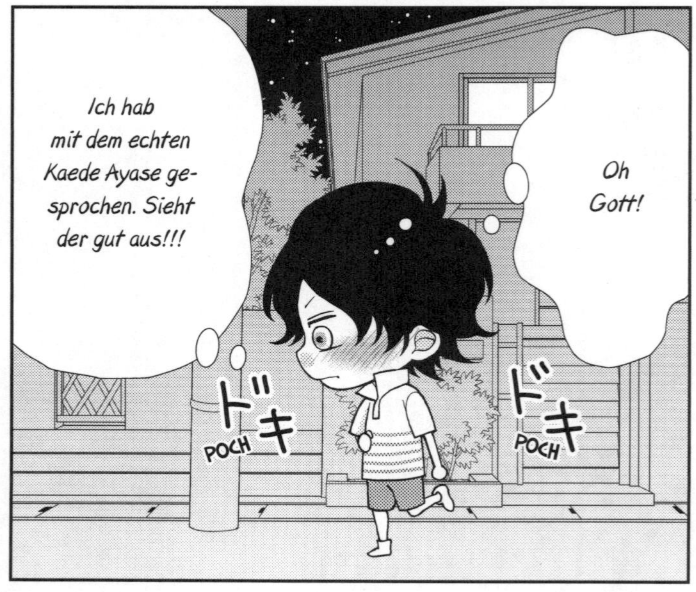

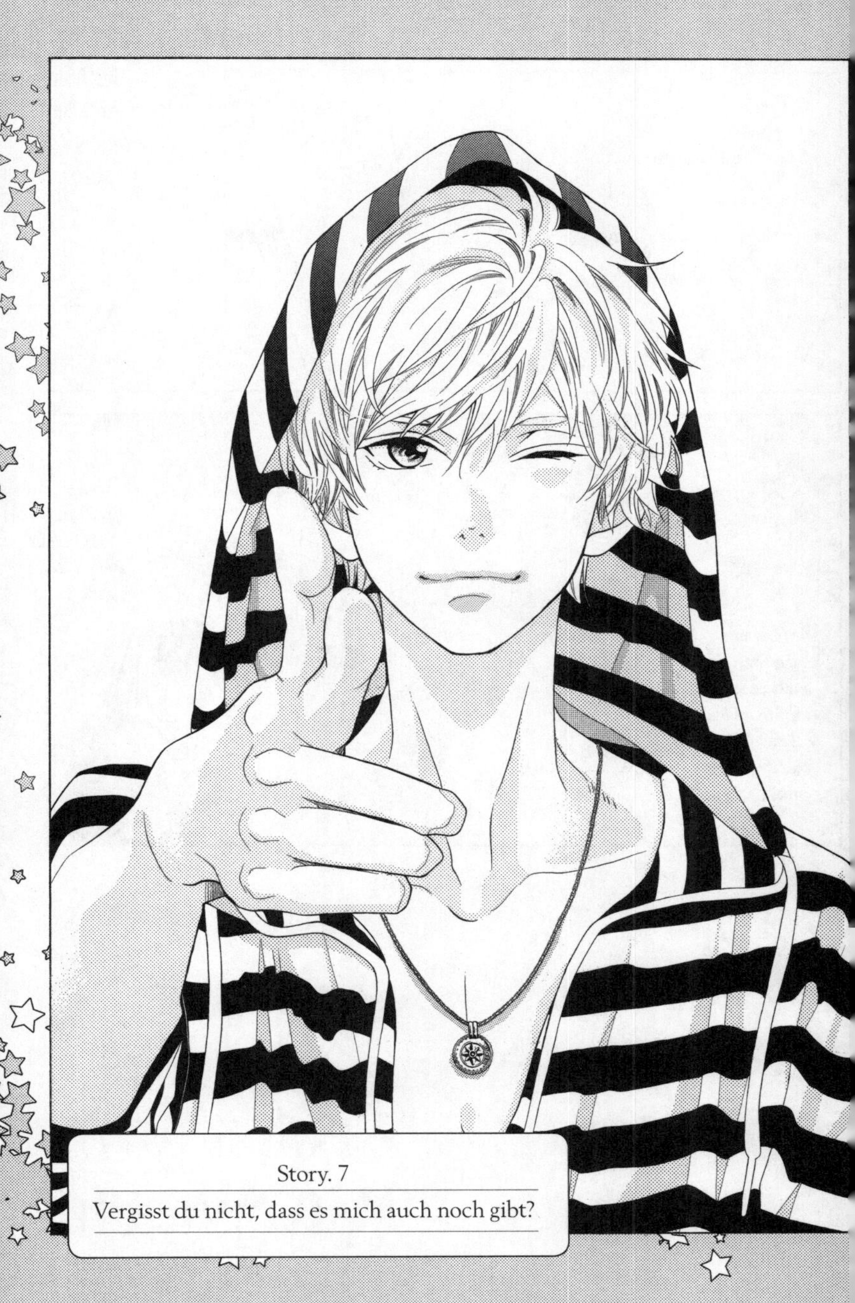
Story. 7
Vergisst du nicht, dass es mich auch noch gibt?

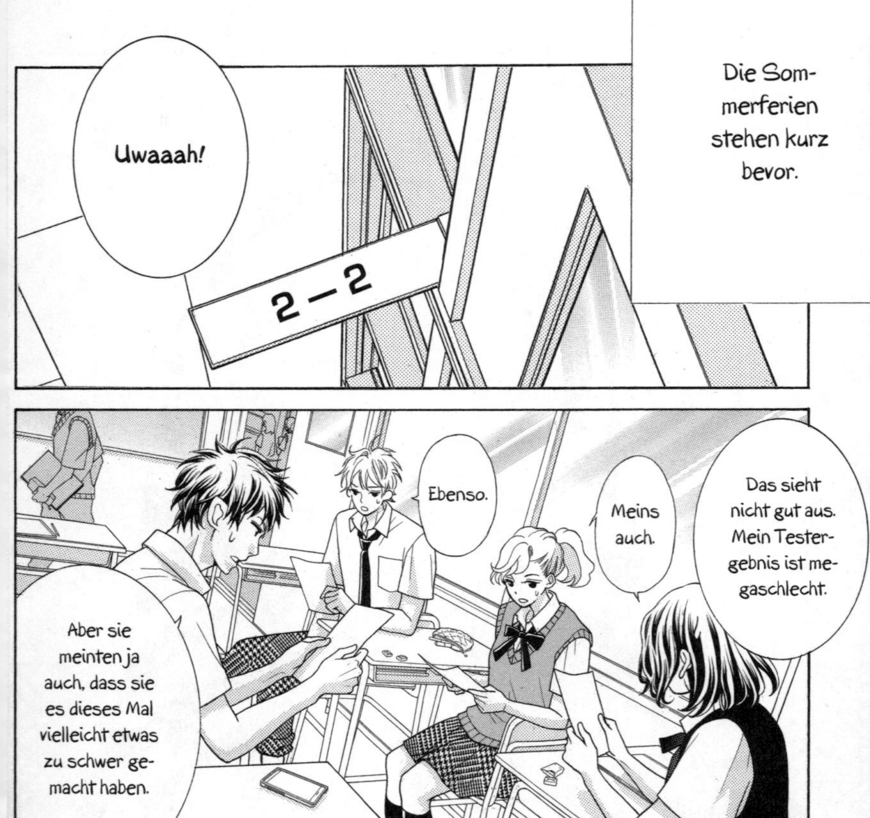

Kuss um Mitternacht

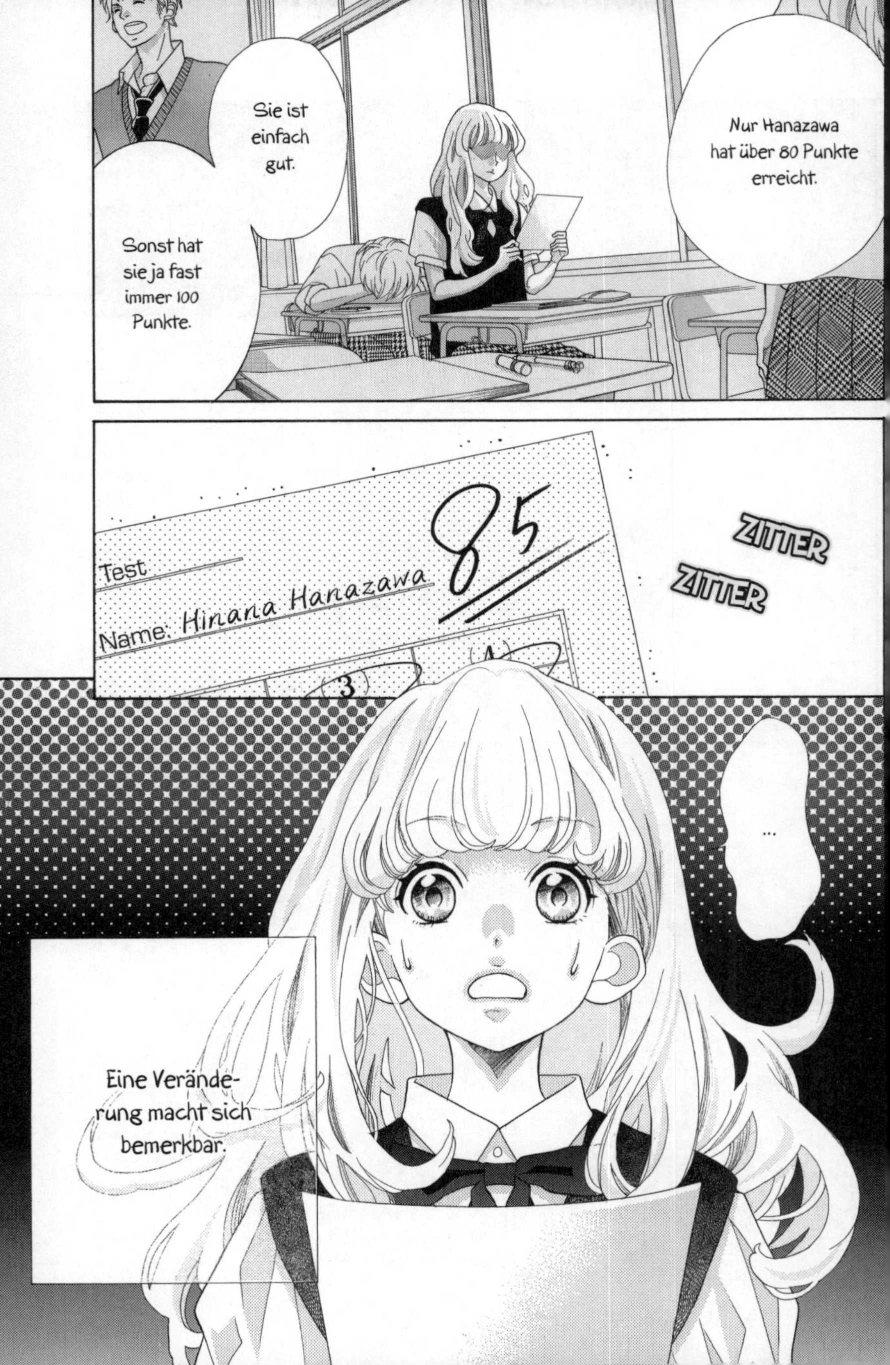

Nur Hanazawa hat über 80 Punkte erreicht.
Sie ist einfach gut.
Sonst hat sie ja fast immer 100 Punkte.
Test
Name: Hinana Hanazawa
85
ZITTER
ZITTER
...
Eine Veränderung macht sich bemerkbar.

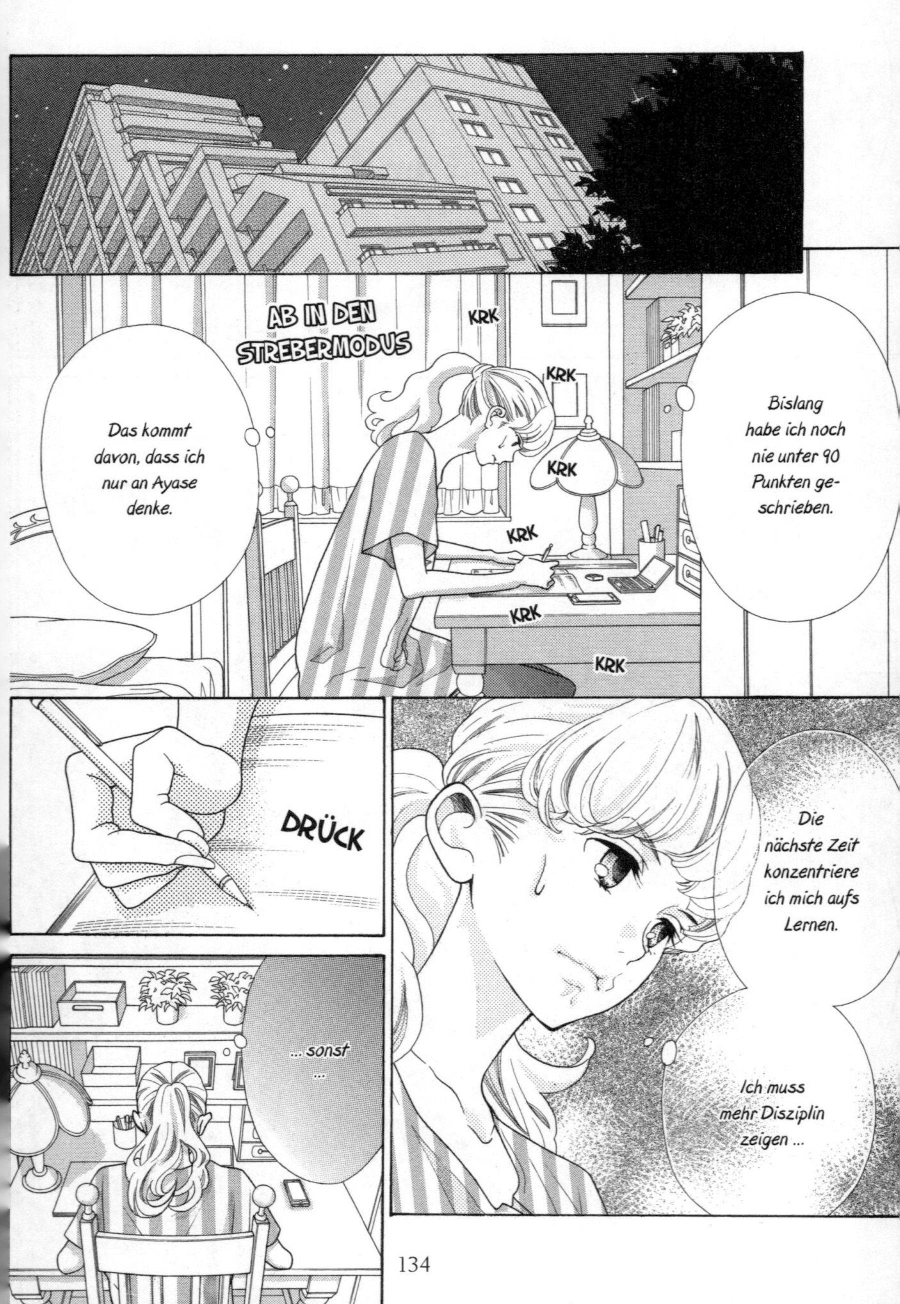
Bislang habe ich noch nie unter 90 Punkten ge-schrieben.
KRK
KRK
KRK
KRK
KRK
KRK
Ab in den Strebermodus
Das kommt davon, dass ich nur an Ayase denke.
Die nächste Zeit konzentriere ich mich aufs Lernen.
Ich muss mehr Disziplin zeigen ...
DRÜCK
... sonst ...

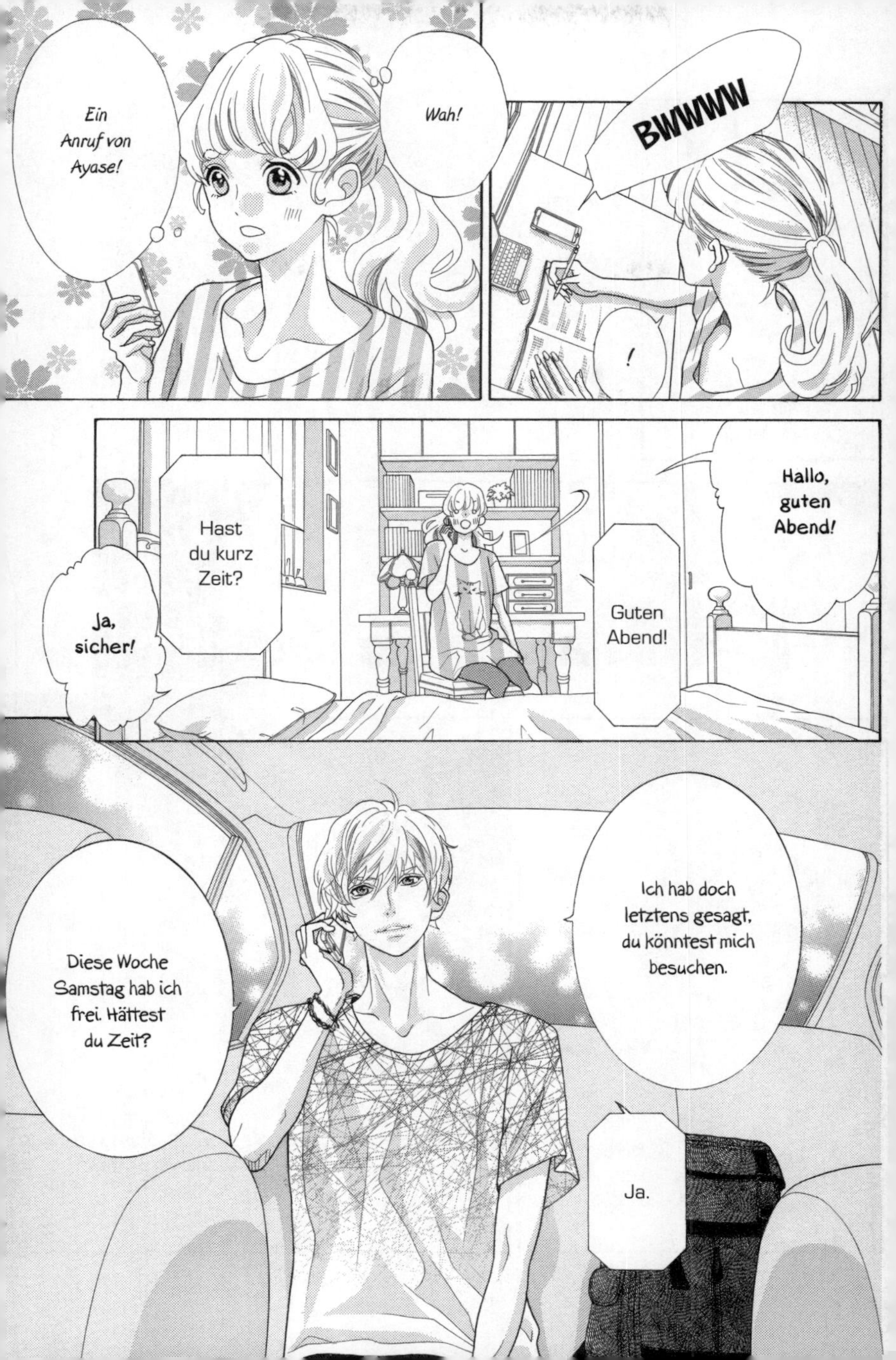

BWWWW
!
Wah!
Ein Anruf von Ayase!
Hallo, guten Abend!
Guten Abend!
Hast du kurz Zeit?
Ja, sicher!
Ich hab doch letztens gesagt, du könntest mich besuchen.
Ja.
Diese Woche Samstag hab ich frei. Hättest du Zeit?

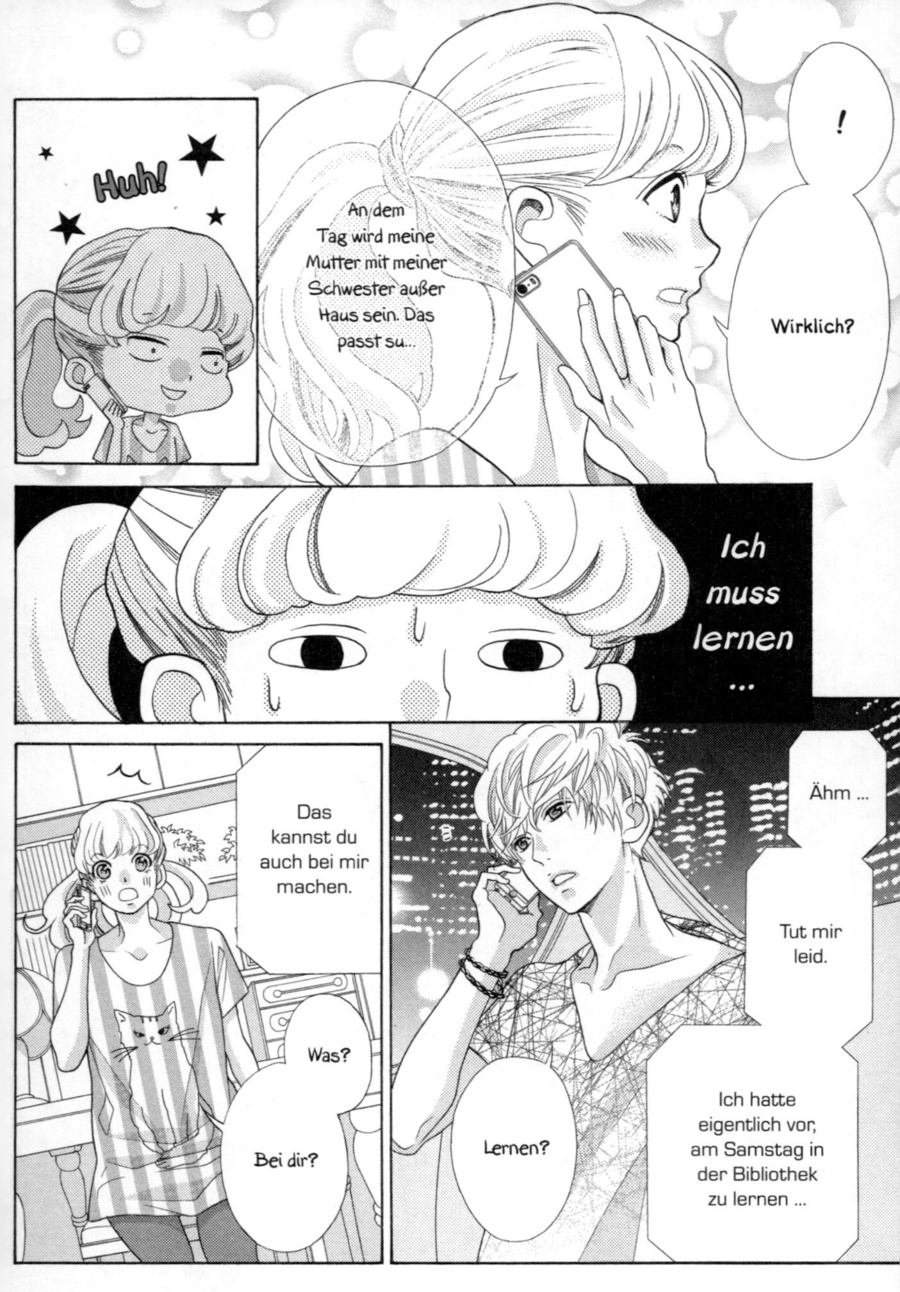
!
Wirklich?
An dem Tag wird meine Mutter mit meiner Schwester außer Haus sein. Das passt su...
Huh!
Ich muss lernen ...
Ähm ...
Tut mir leid.
Ich hatte eigentlich vor, am Samstag in der Bibliothek zu lernen ...
Lernen?
Das kannst du auch bei mir machen.
Was?
Bei dir?

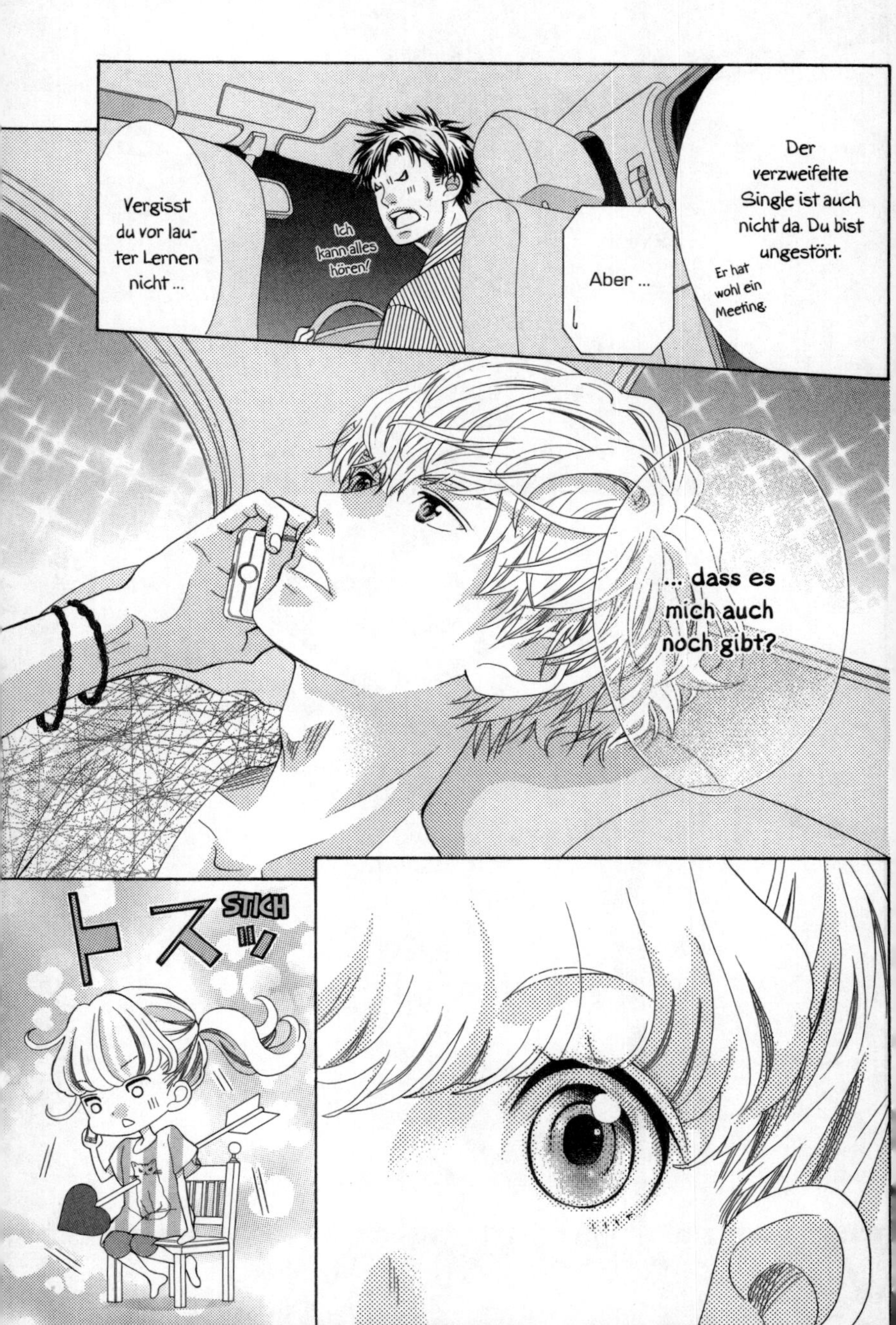
Der verzweifelte Single ist auch nicht da. Du bist ungestört.
Er hat wohl ein Meeting.
Aber ...
Ich kann alles hören!
Vergisst du vor lauter Lernen nicht ...
... dass es mich auch noch gibt?
STICH

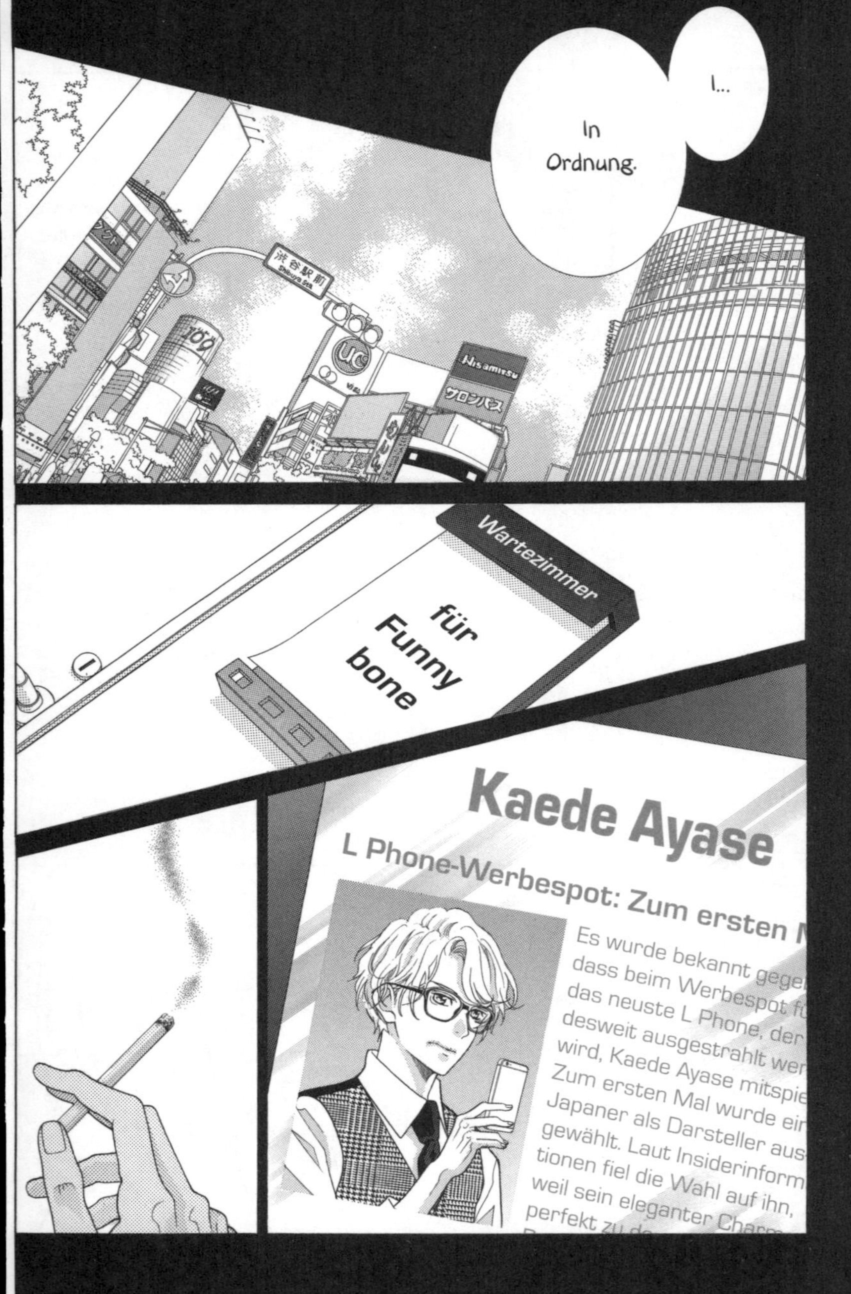
I...
In Ordnung.
渋谷駅前
Shibuya Stn.
109
Nisamitsu
Wartezimmer
für Funny bone
Kaede Ayase
L Phone-Werbespot: Zum ersten
Es wurde bekannt gege
dass beim Werbespot fü
das neuste L Phone, der
desweit ausgestrahlt wer
wird, Kaede Ayase mitspie
Zum ersten Mal wurde ei
Japaner als Darsteller aus
gewählt. Laut Insiderinform
tionen fiel die Wahl auf ihn,
weil sein eleganter Charm
perfekt zu de

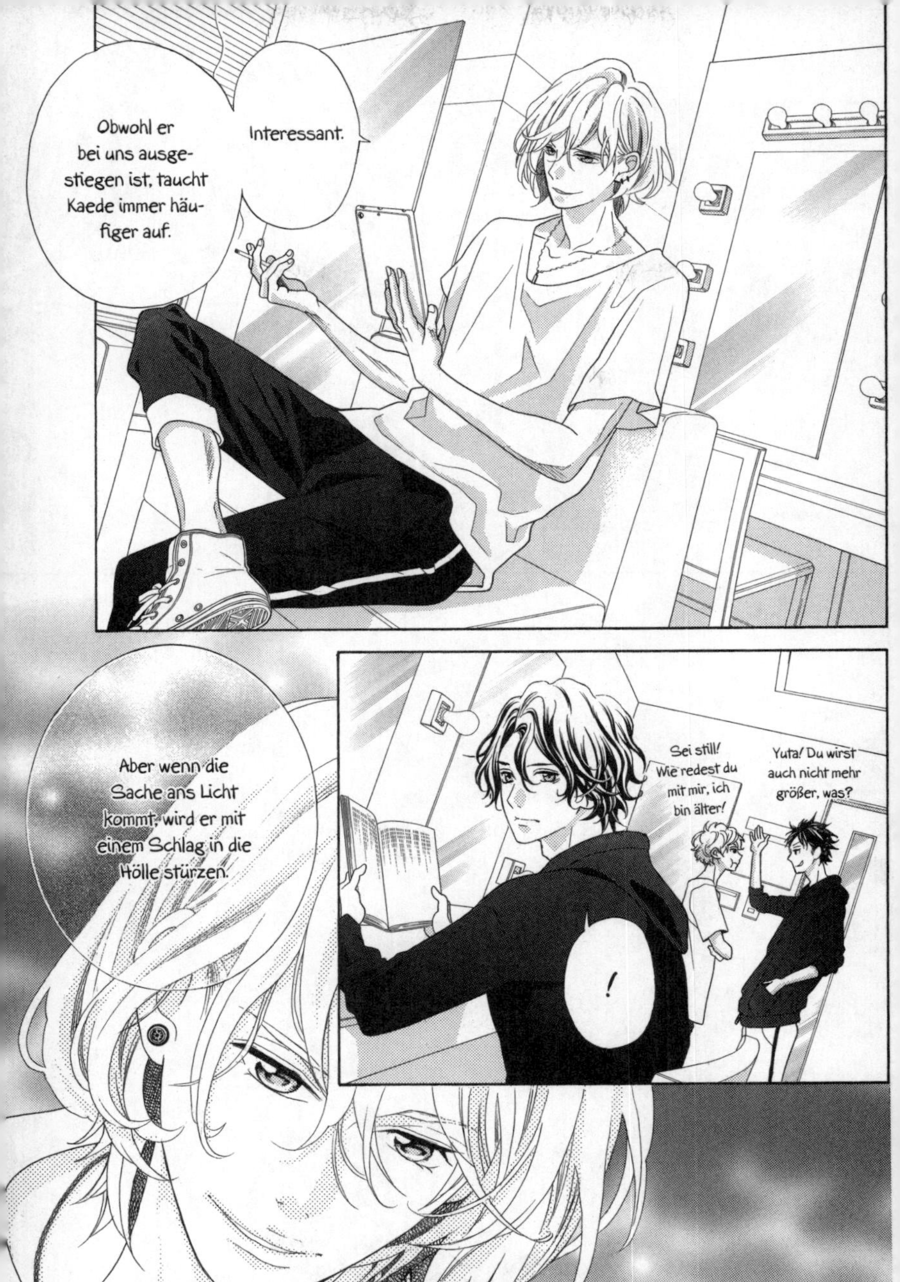

Interessant.
Obwohl er bei uns ausgestiegen ist, taucht Kaede immer häufiger auf.
Yuta! Du wirst auch nicht mehr größer, was?
Sei still! Wie redest du mit mir, ich bin älter!
!
Aber wenn die Sache ans Licht kommt, wird er mit einem Schlag in die Hölle stürzen.

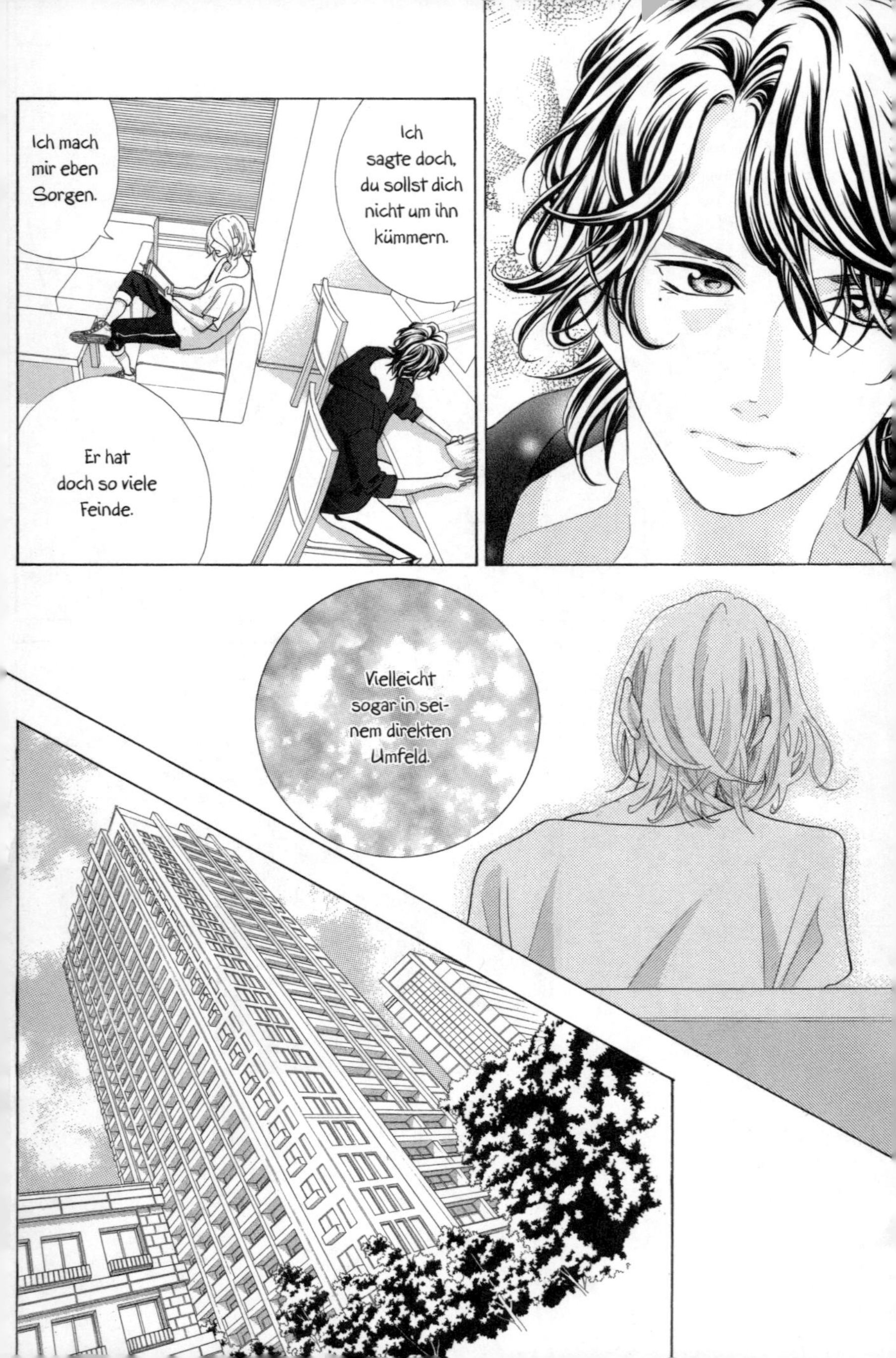
Ich sagte doch, du sollst dich nicht um ihn kümmern.
Ich mach mir eben Sorgen.
Er hat doch so viele Feinde.
Vielleicht sogar in seinem direkten Umfeld.

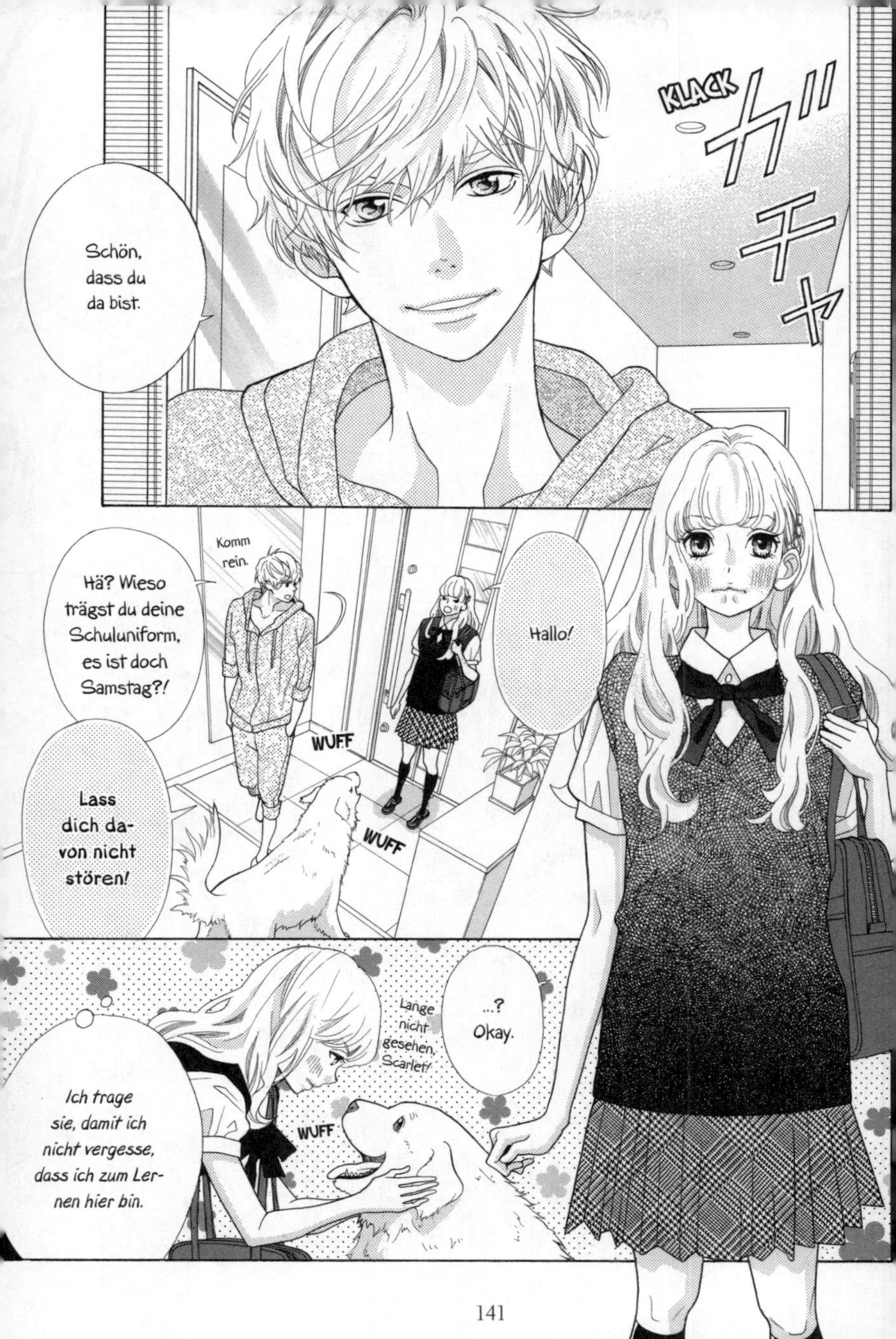

KLACK
カチャ
Schön, dass du da bist.
Hallo!
Komm rein.
Hä? Wieso trägst du deine Schuluniform, es ist doch Samstag?!
WUFF
Lass dich davon nicht stören!
WUFF
...? Okay.
Lange nicht gesehen, Scarlet!
Ich trage sie, damit ich nicht vergesse, dass ich zum Lernen hier bin.
WUFF

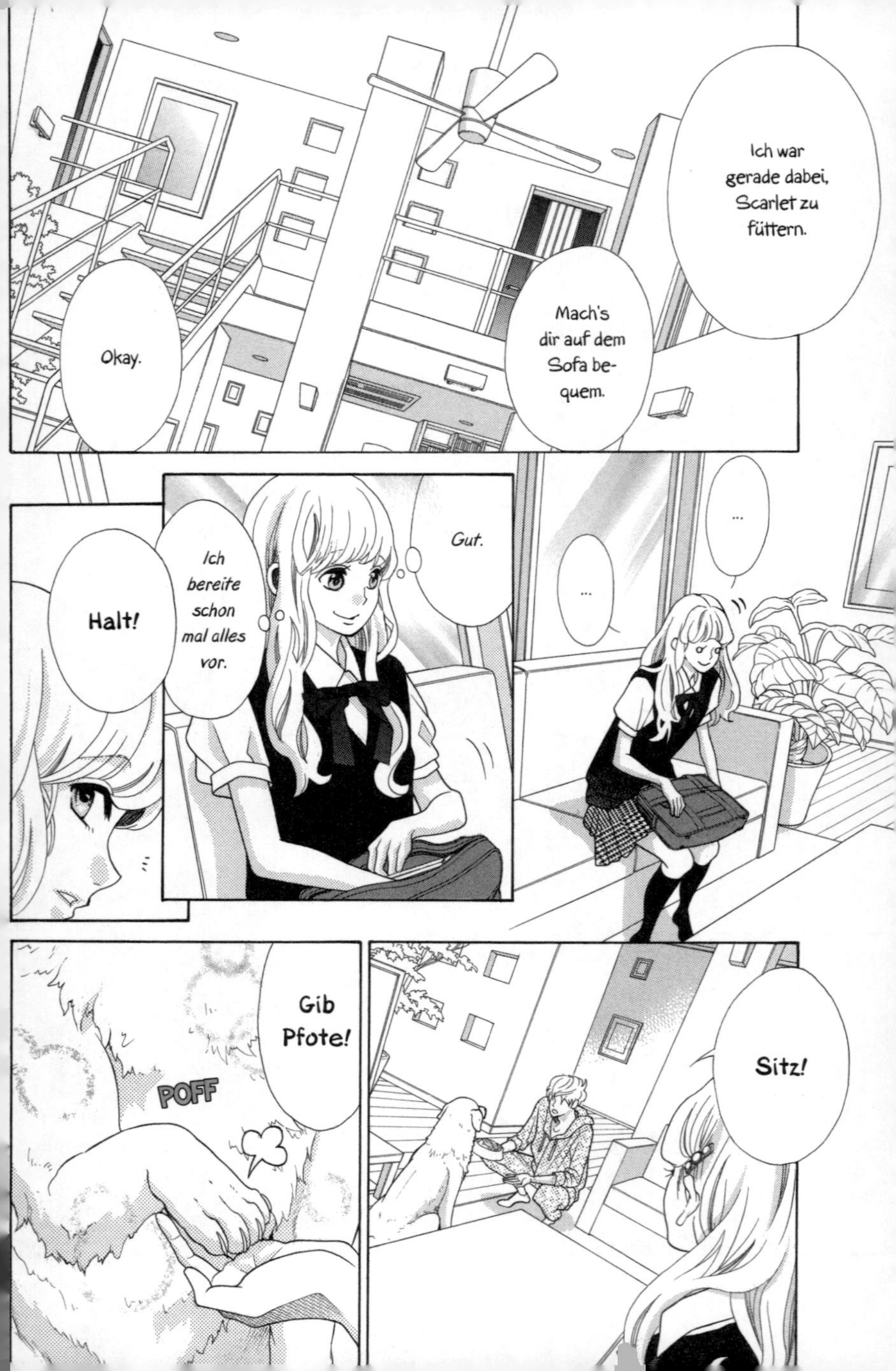

Ich war gerade dabei, Scarlet zu füttern.
Mach's dir auf dem Sofa be-quem.
Okay.
...
...
Gut.
Ich bereite schon mal alles vor.
Halt!
Sitz!
Gib Pfote!
POFF

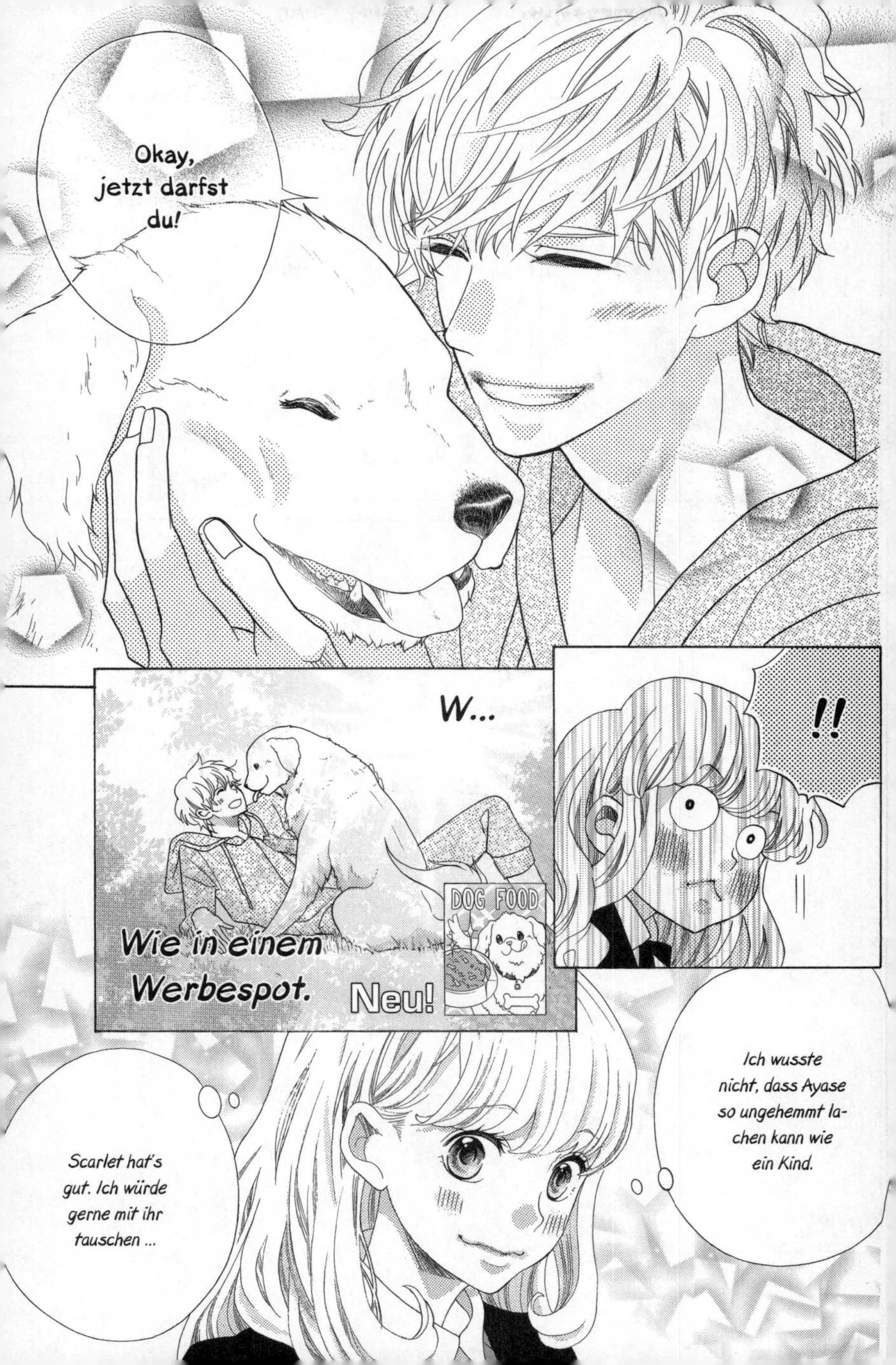
Okay, jetzt darfst du!
!!
W...
Wie in einem Werbespot.
Neu!
DOG FOOD
Ich wusste nicht, dass Ayase so ungehemmt lachen kann wie ein Kind.
Scarlet hat's gut. Ich würde gerne mit ihr tauschen ...

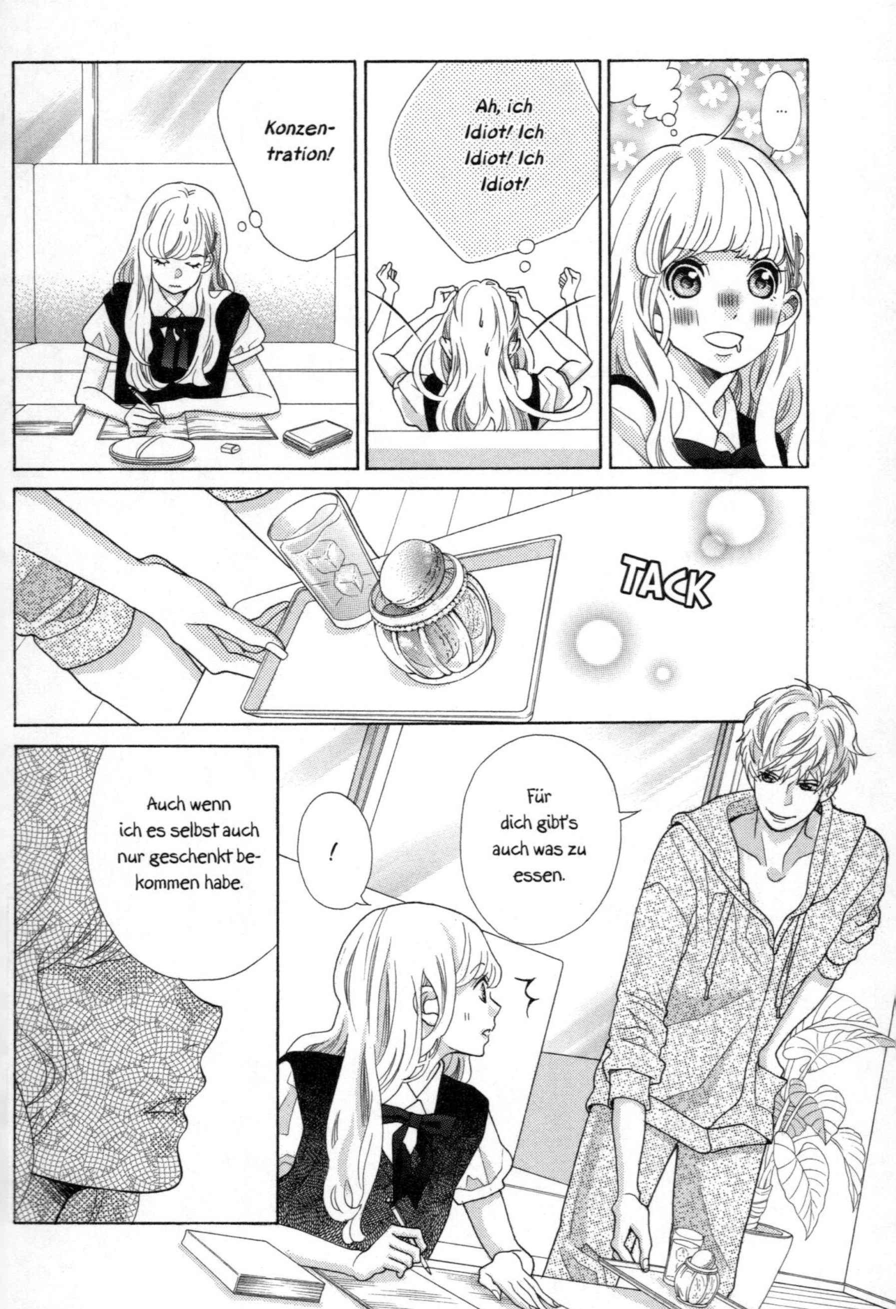
...
Ah, ich Idiot! Ich Idiot! Ich Idiot!
Konzentration!
TACK
Für dich gibt's auch was zu essen.
!
Auch wenn ich es selbst auch nur geschenkt bekommen habe.

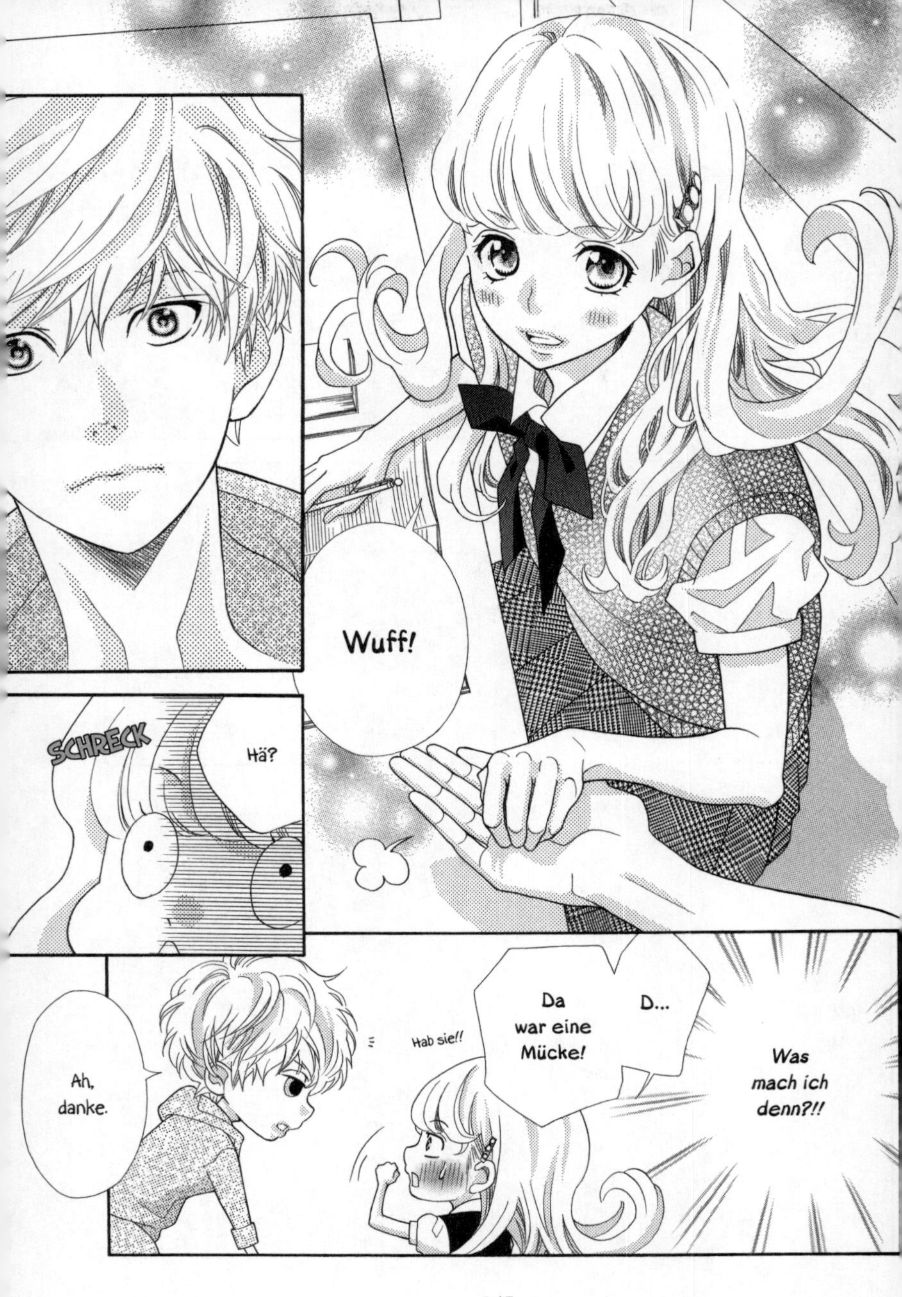
Wuff!
SCHRECK
Hä?
Was mach ich denn?!!
D...
Da war eine Mücke!
Hab sie!!
Ah, danke.

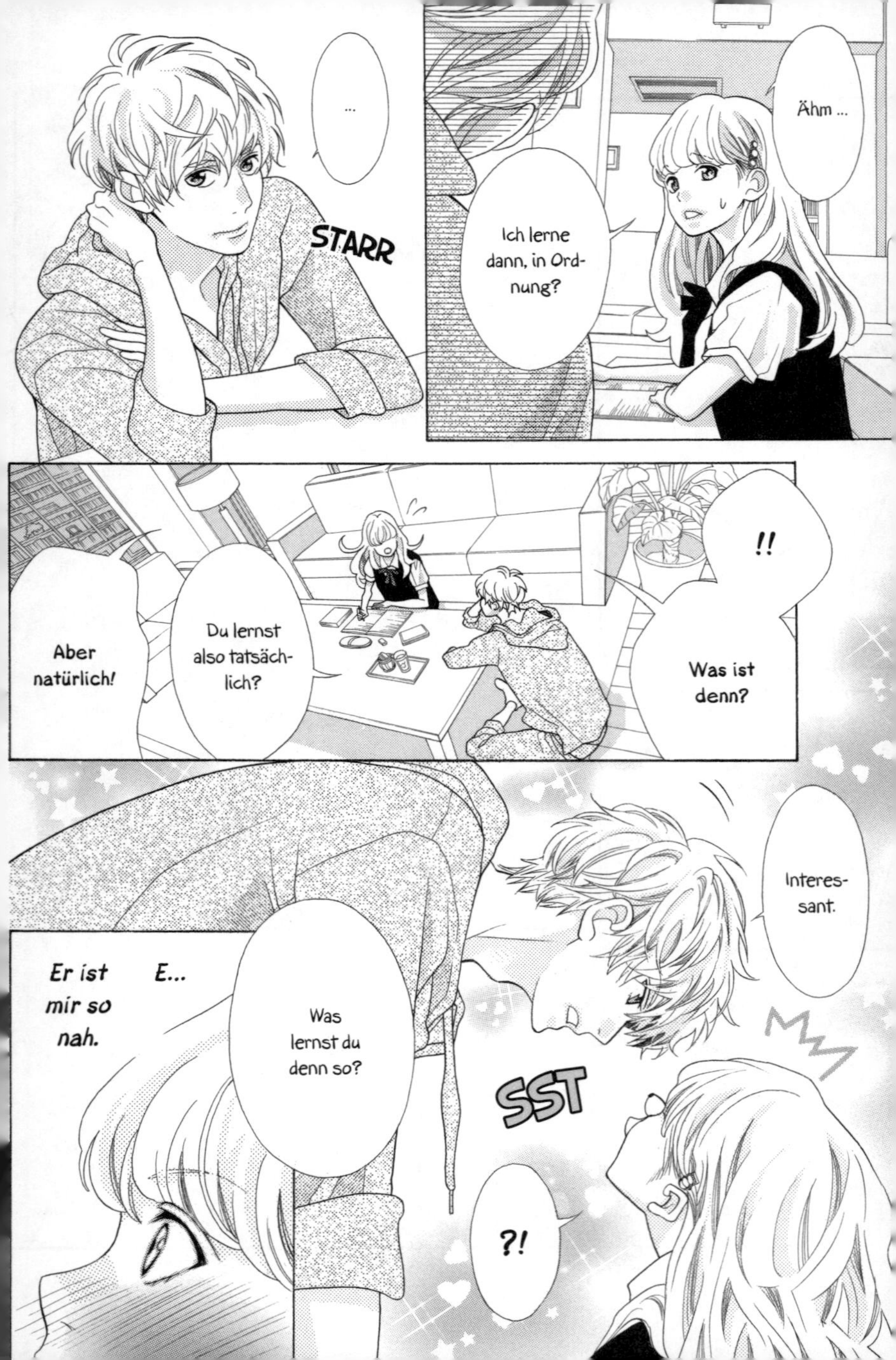
Ähm ...
Ich lerne dann, in Ordnung?
...
STARR
!!
Was ist denn?
Du lernst also tatsächlich?
Aber natürlich!
Interessant.
Was lernst du denn so?
SST
?!
E...
Er ist mir so nah.

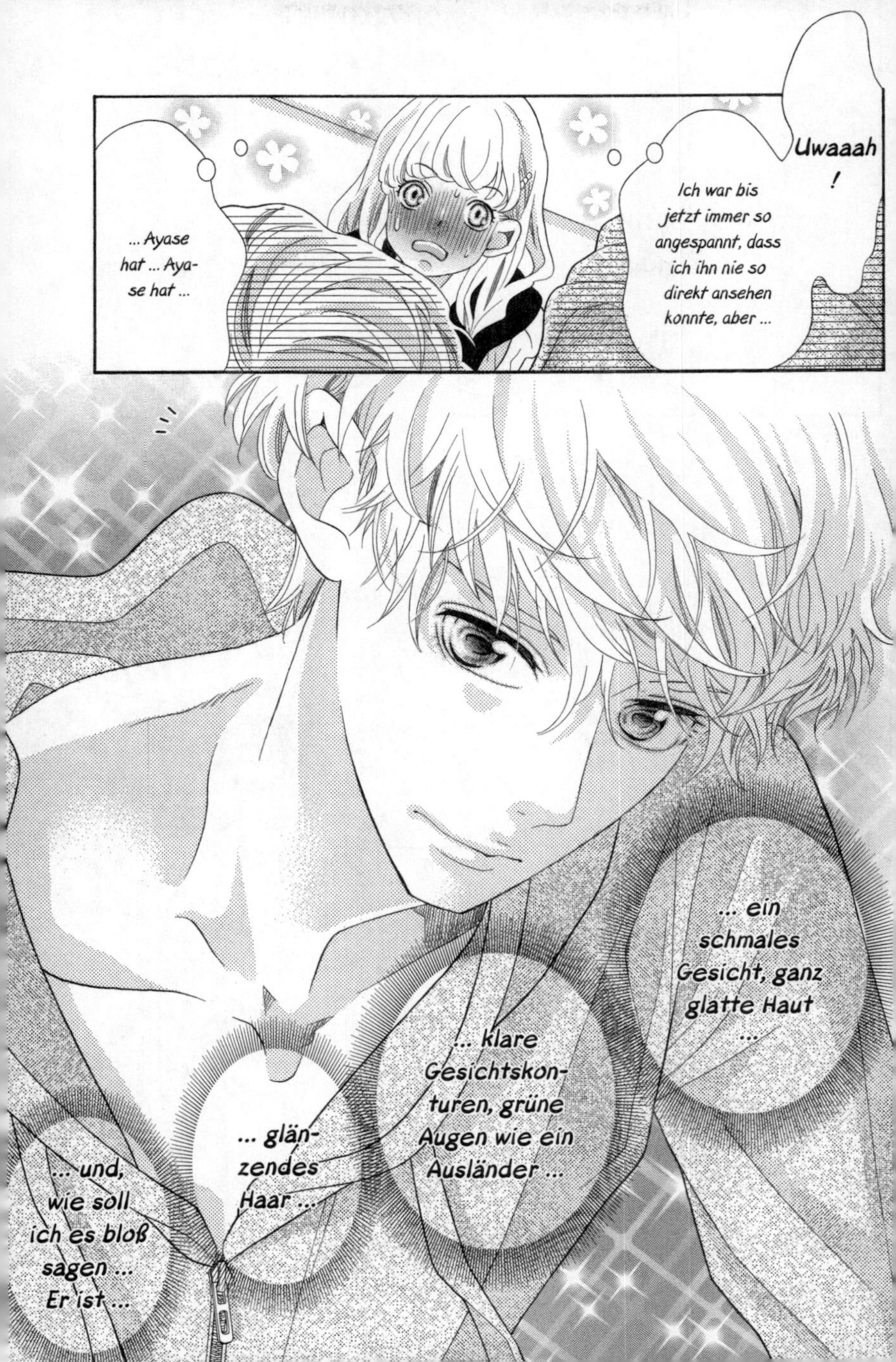
Uwaaah!
Ich war bis jetzt immer so angespannt, dass ich ihn nie so direkt ansehen konnte, aber ...
... Ayase hat ... Ayase hat ...
... ein schmales Gesicht, ganz glatte Haut ...
... klare Gesichtskonturen, grüne Augen wie ein Ausländer ...
... glänzendes Haar ...
... und, wie soll ich es bloß sagen ... Er ist ...

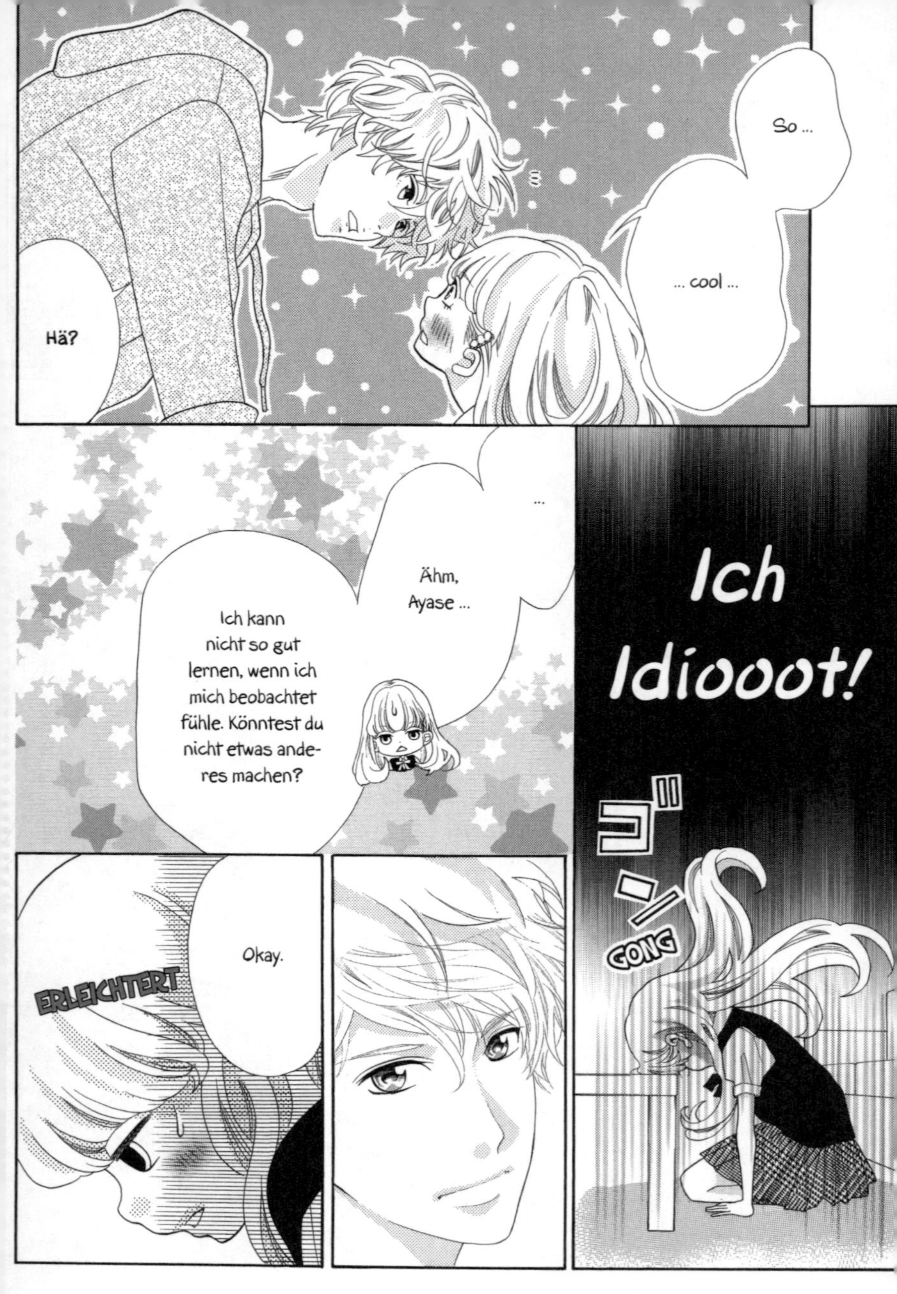
So ...
... cool ...
Hä?
...
Ähm, Ayase ...
Ich kann nicht so gut lernen, wenn ich mich beobachtet fühle. Könntest du nicht etwas anderes machen?
Ich Idiooot!
GONG
Okay.
ERLEICHTERT

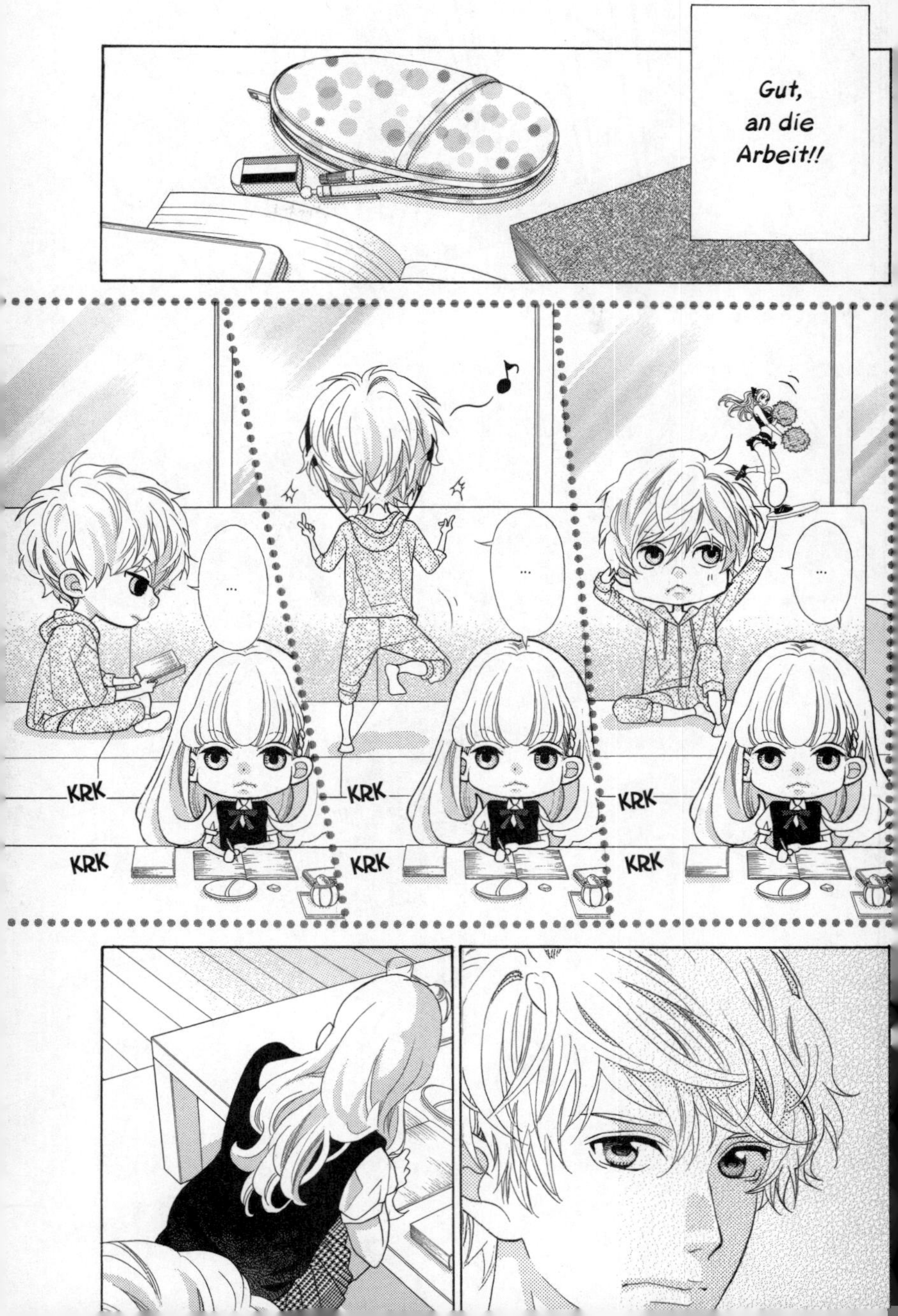

Gut,
an die
Arbeit!!

...
KRK
KRK

...
KRK
KRK

...
KRK
KRK

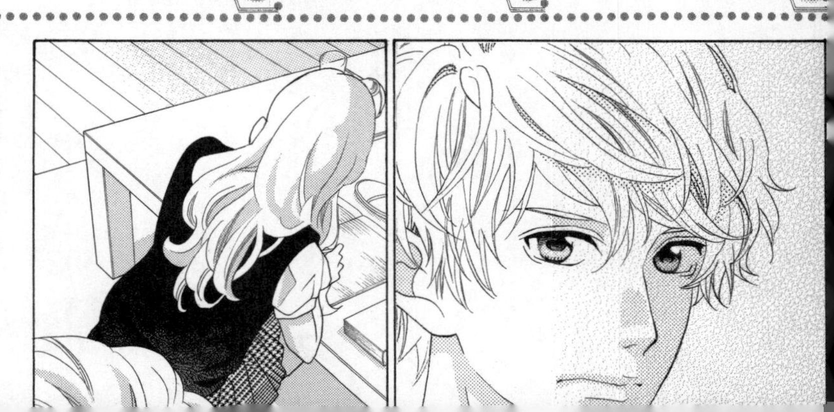

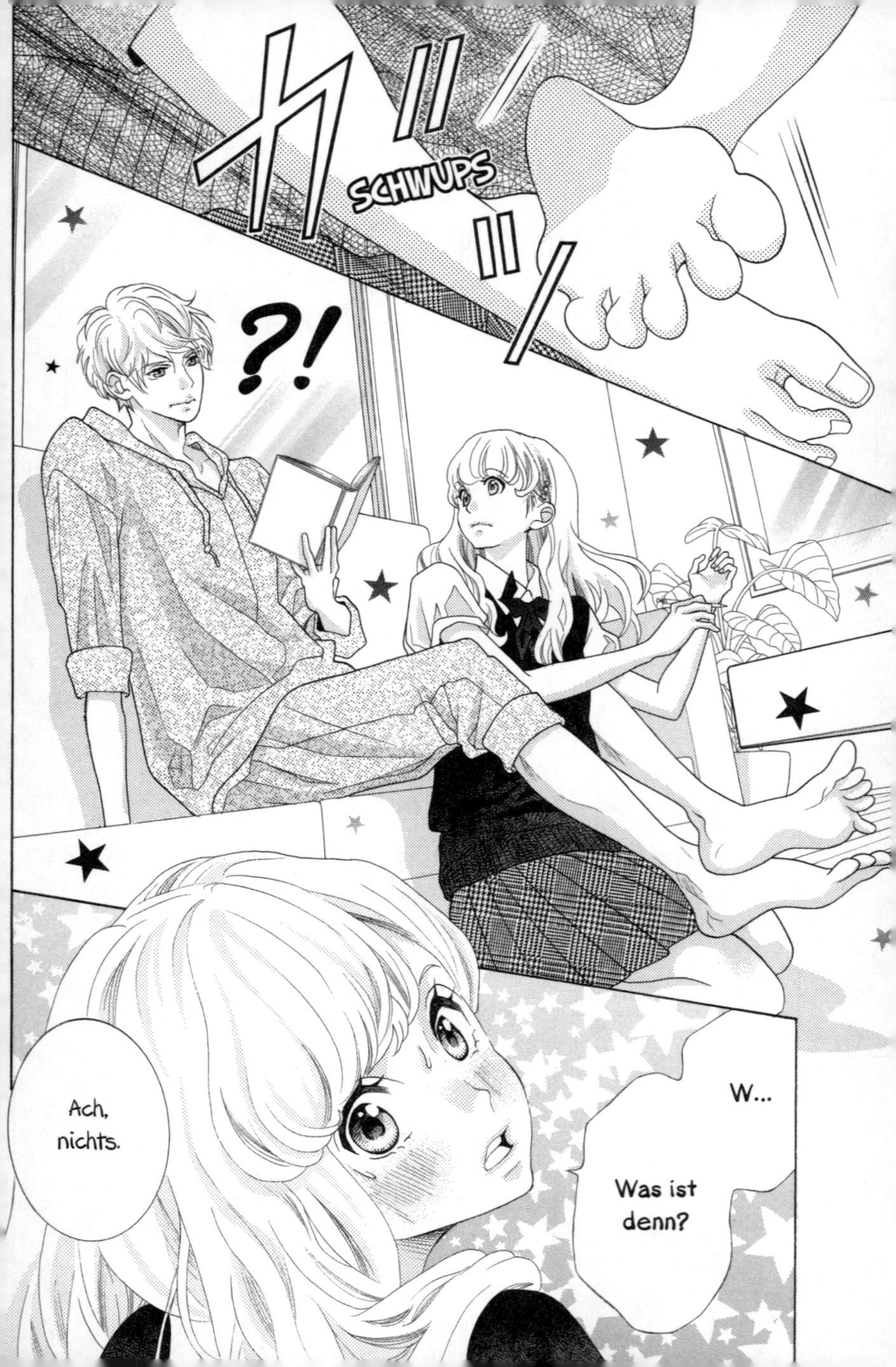
SCHWUPS
?!
W...
Was ist denn?
Ach, nichts.

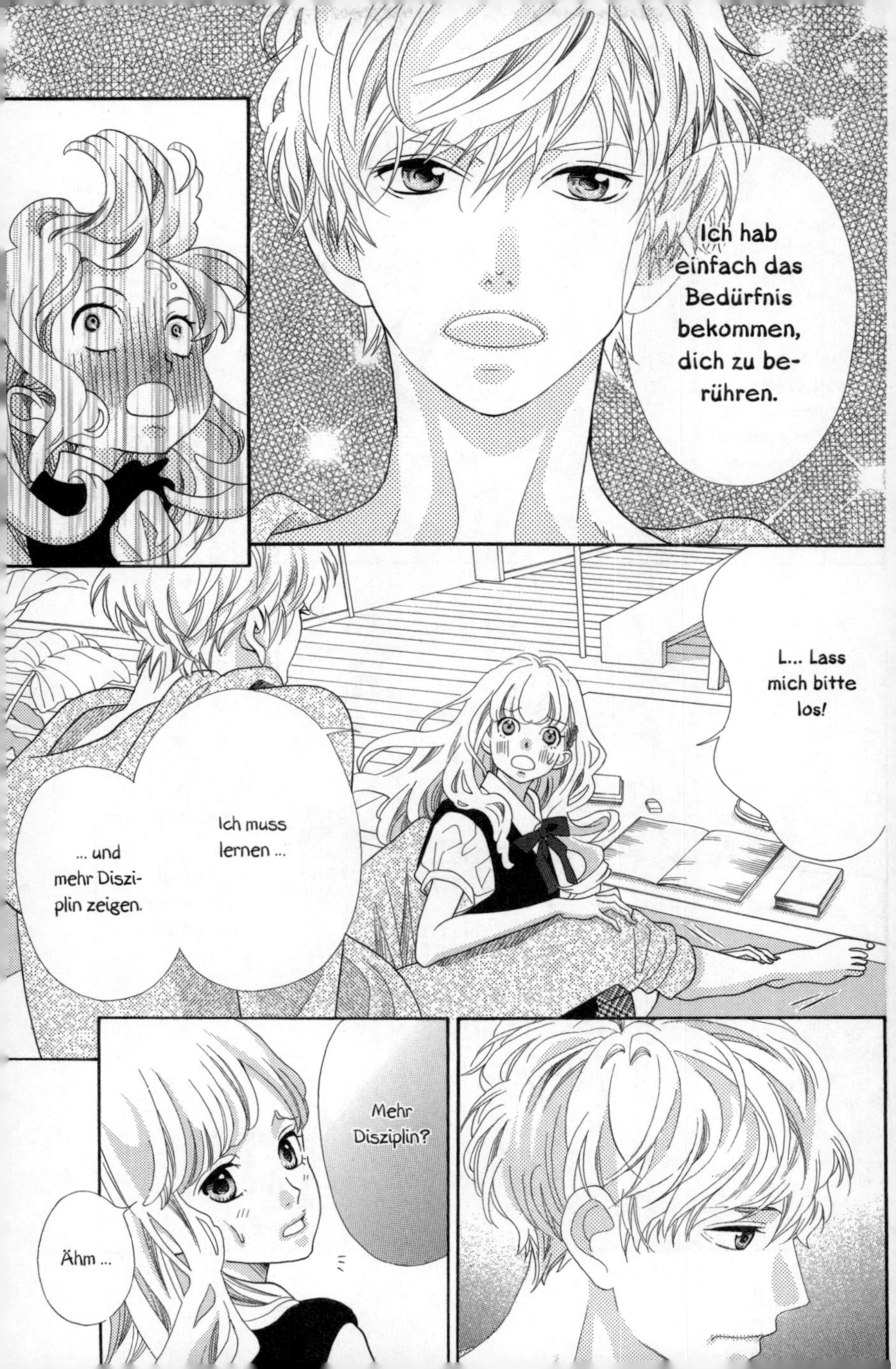
Ich hab einfach das Bedürfnis bekommen, dich zu berühren.
L... Lass mich bitte los!
Ich muss lernen ...
... und mehr Disziplin zeigen.
Mehr Disziplin?
Ähm ...

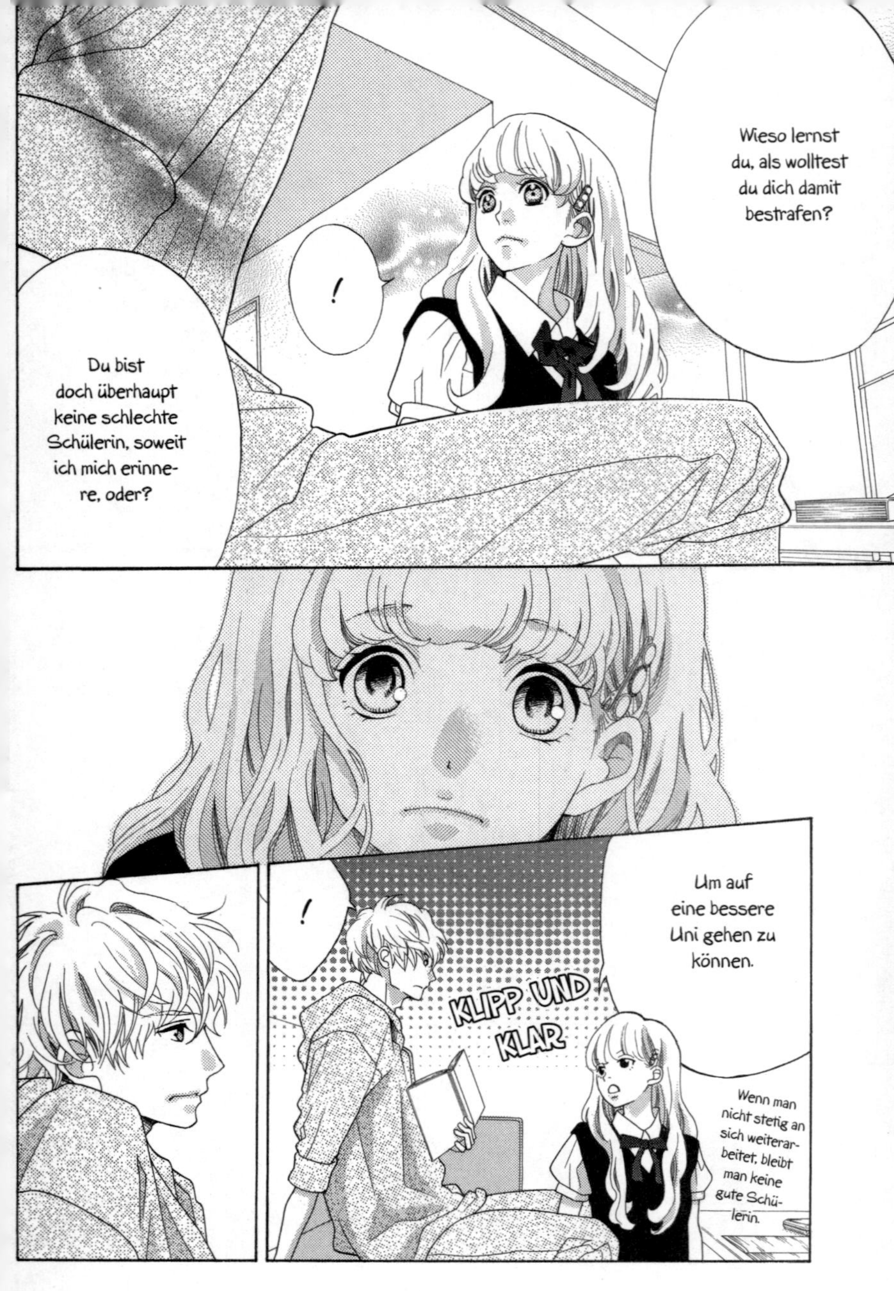
Wieso lernst du, als wolltest du dich damit bestrafen?
!
Du bist doch überhaupt keine schlechte Schülerin, soweit ich mich erinnere, oder?
Um auf eine bessere Uni gehen zu können.
!
KLIPP UND KLAR
Wenn man nicht stetig an sich weiterarbeitet, bleibt man keine gute Schülerin.

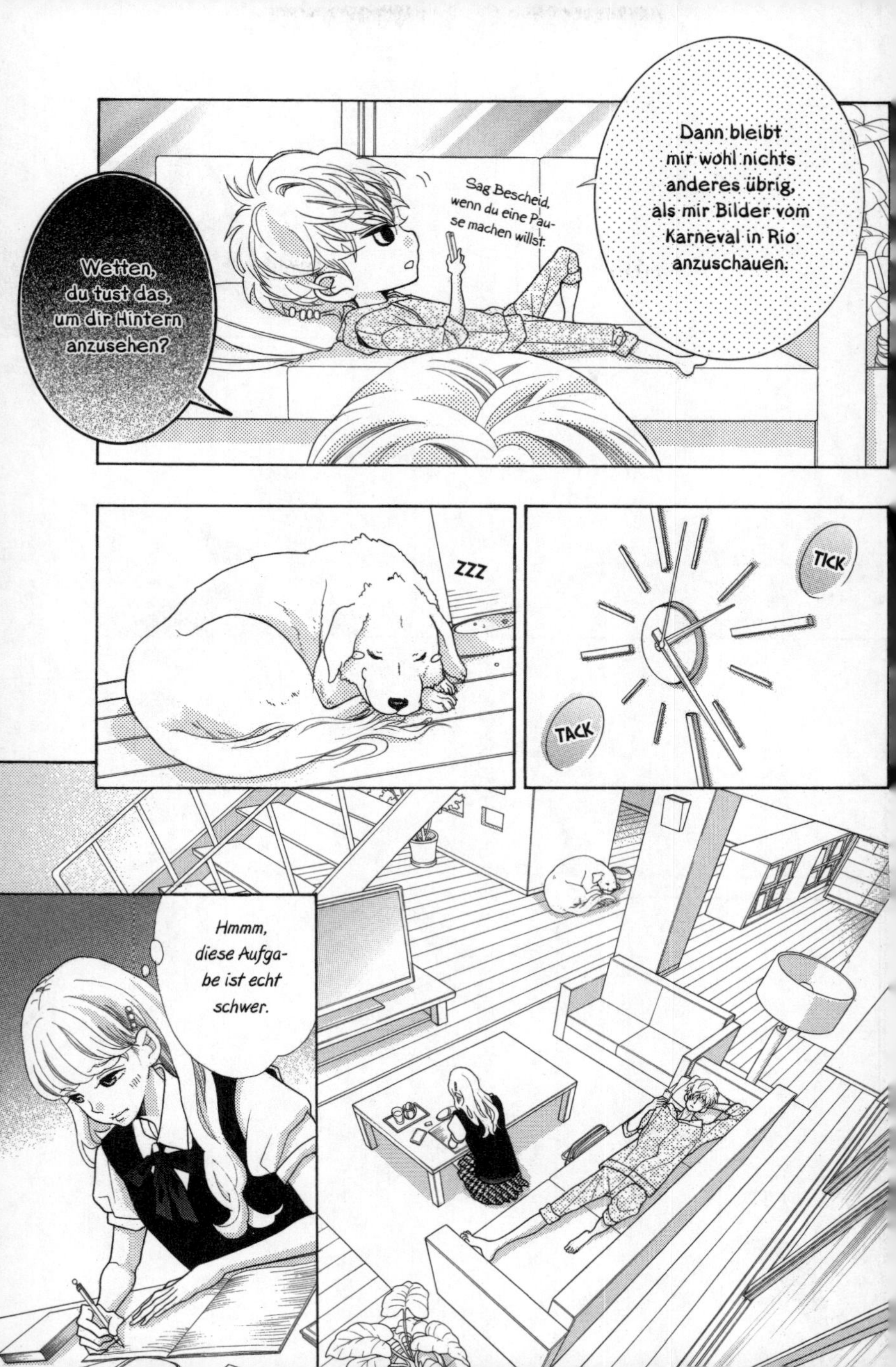
Dann bleibt mir wohl nichts anderes übrig, als mir Bilder vom Karneval in Rio anzuschauen.
Sag Bescheid, wenn du eine Pause machen willst.
Wetten, du tust das, um dir Hintern anzusehen?
TICK
TACK
ZZZ
Hmmm, diese Aufgabe ist echt schwer.

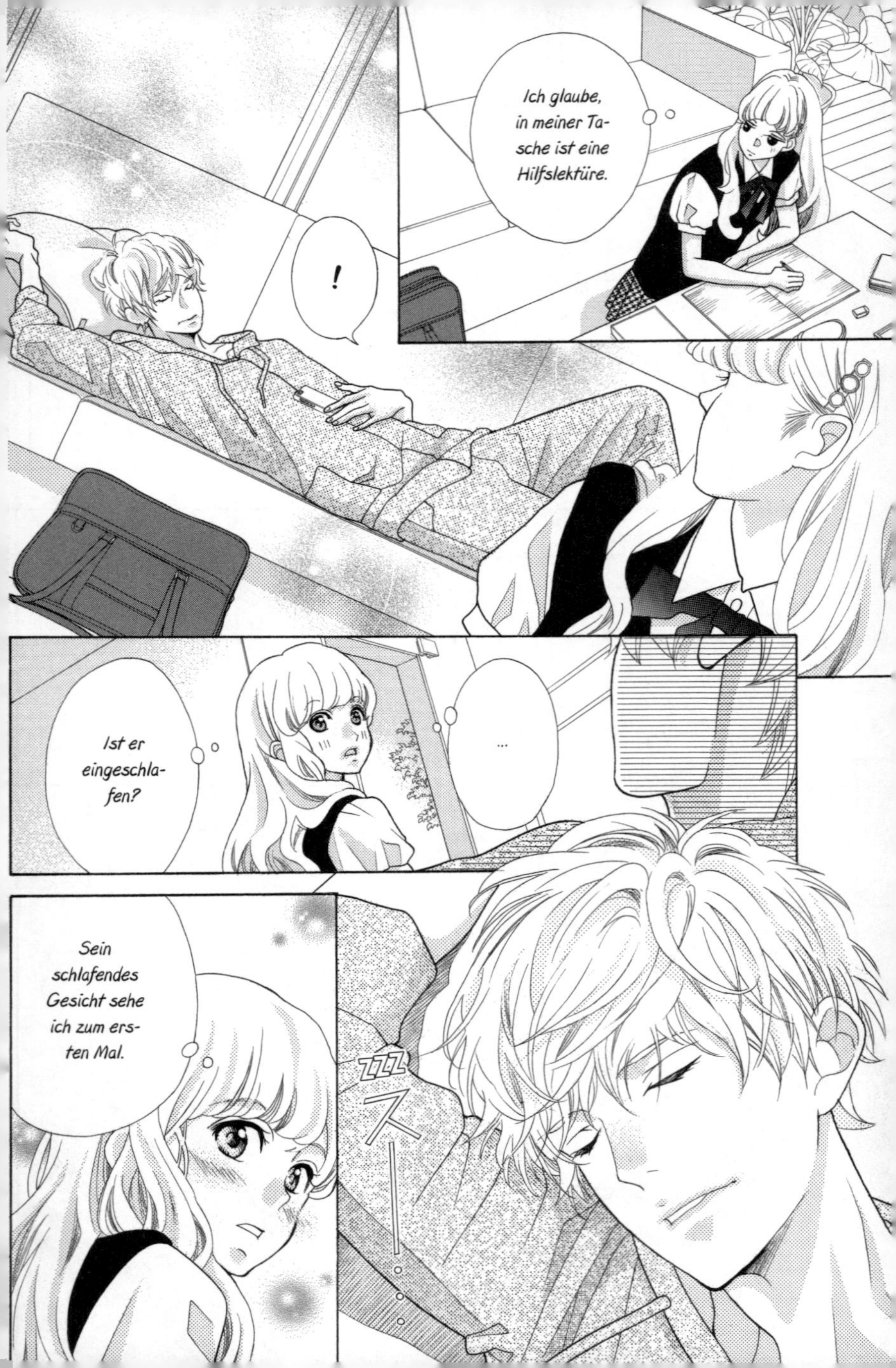
Ich glaube, in meiner Tasche ist eine Hilfslektüre.
!
...
Ist er eingeschlafen?
Sein schlafendes Gesicht sehe ich zum ersten Mal.
ZZZ
スー

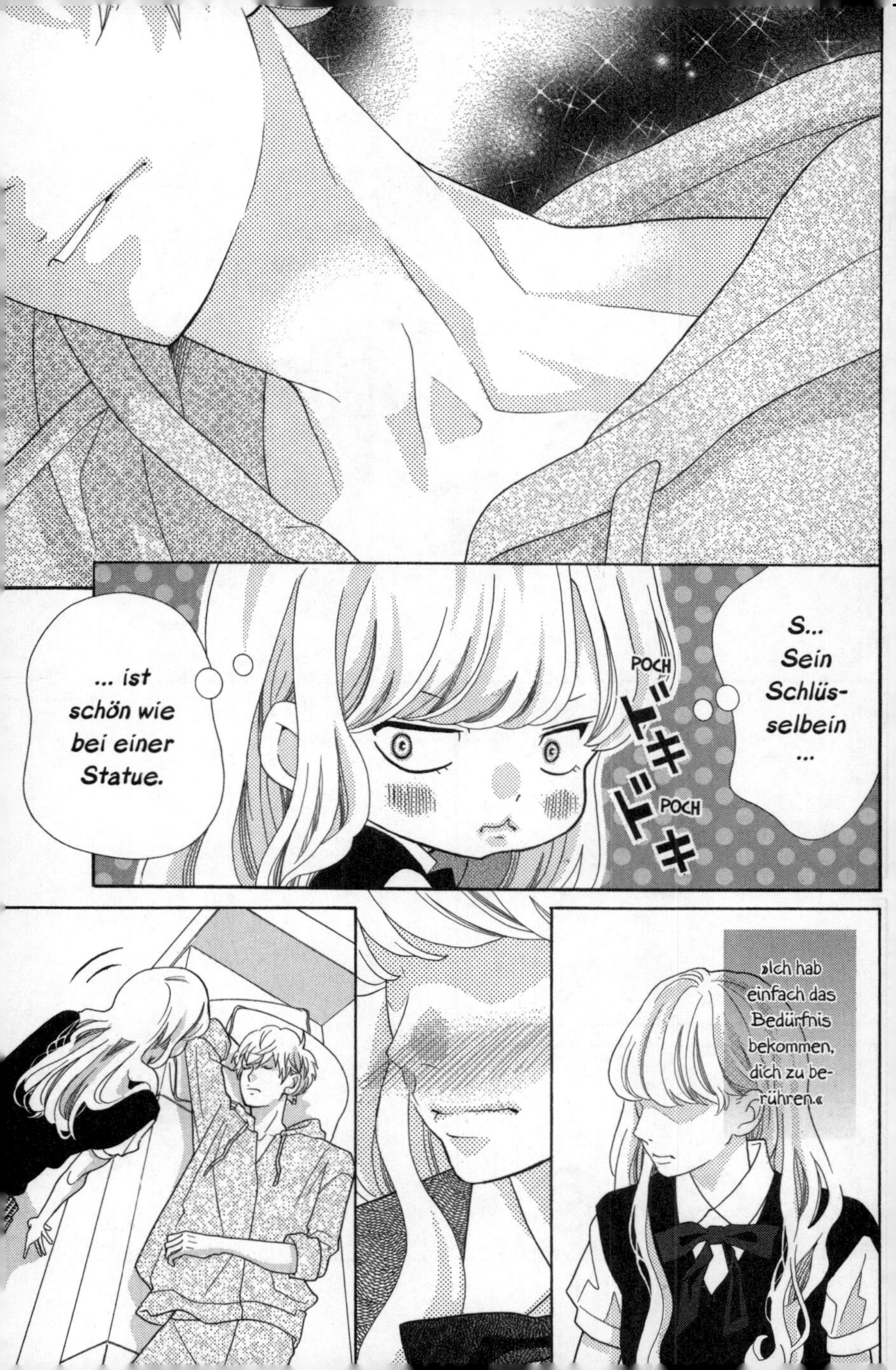
S... Sein Schlüsselbein ...
POCH
ドキドキ
POCH
... ist schön wie bei einer Statue.
»Ich hab einfach das Bedürfnis bekommen, dich zu berühren.«

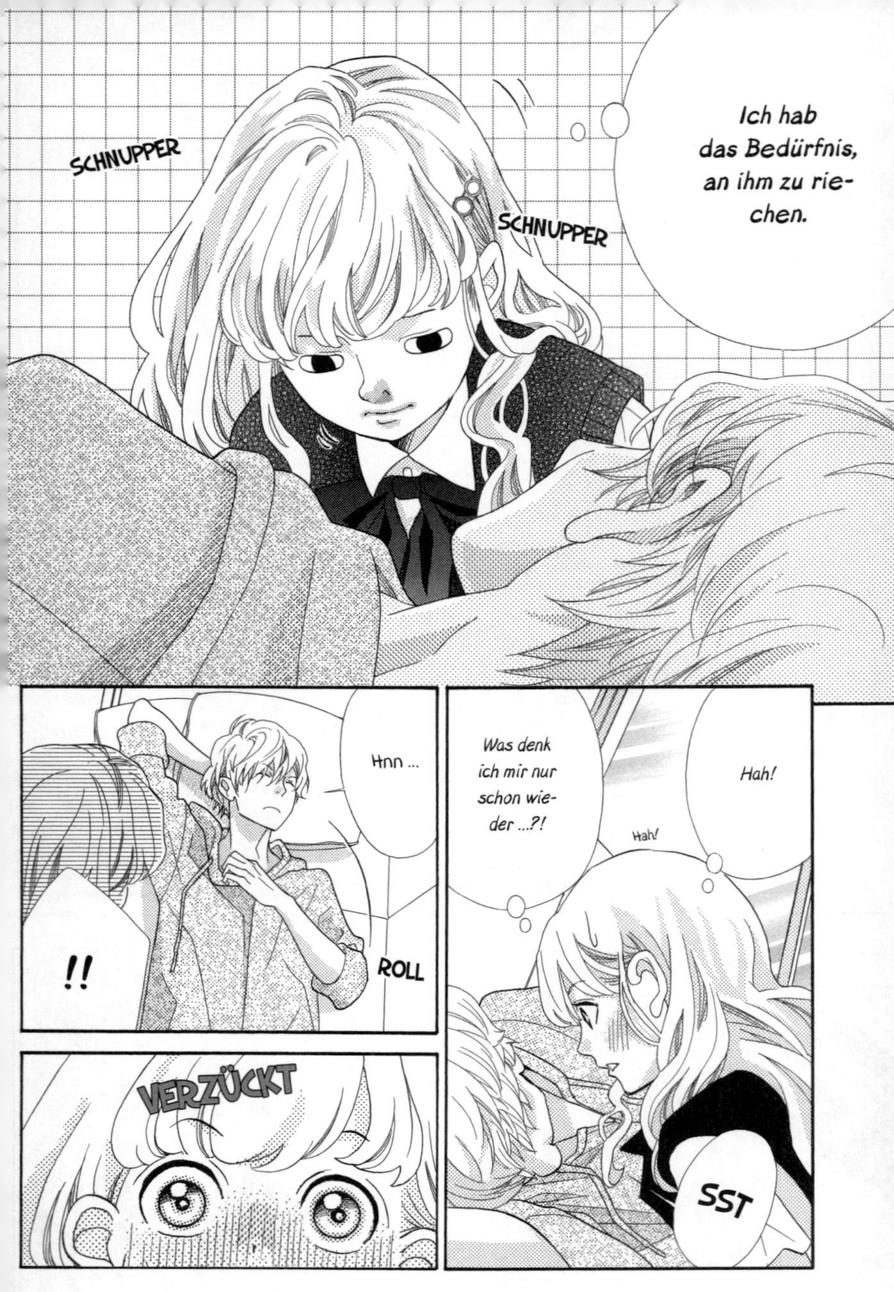
Ich hab das Bedürfnis, an ihm zu riechen.
SCHNUPPER
SCHNUPPER
Hah!
Hah!
Was denk ich mir nur schon wieder ...?!
SST
Hnn ...
ROLL
!!
VERZÜCKT

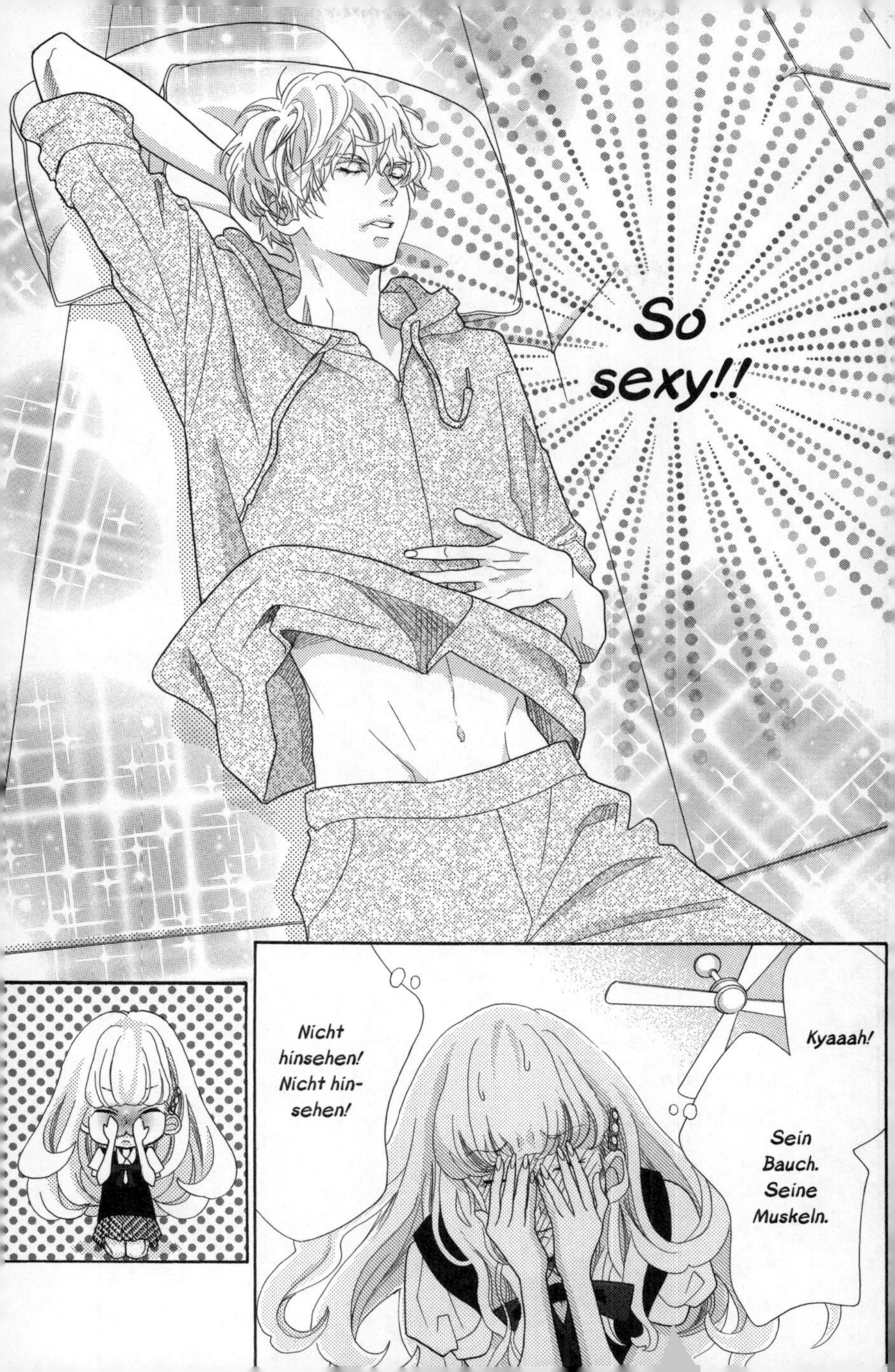
So sexy!!
Kyaaah!
Nicht hinsehen! Nicht hin-sehen!
Sein Bauch. Seine Muskeln.

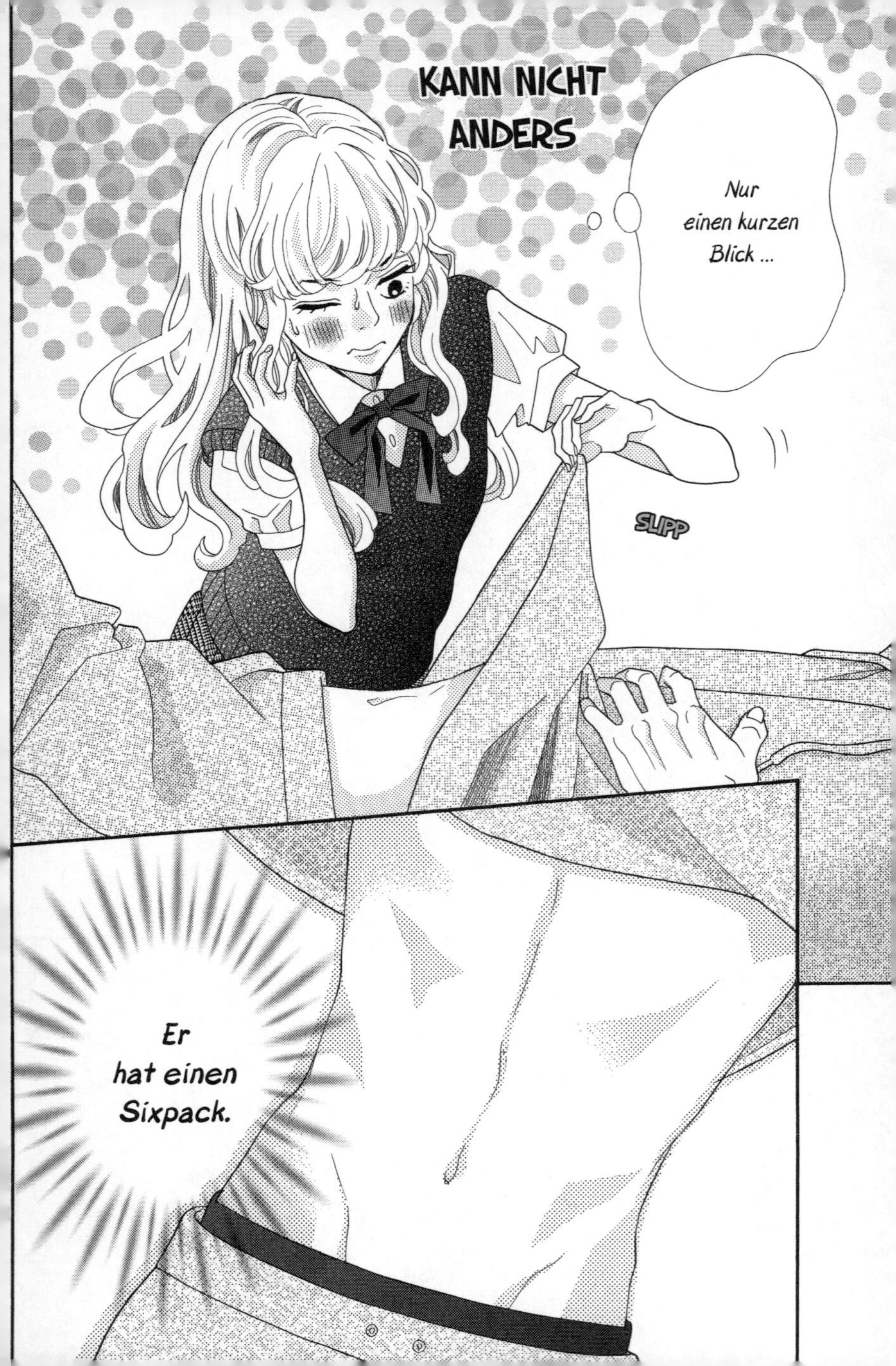
KANN NICHT ANDERS
Nur einen kurzen Blick ...
SLIPP
Er hat einen Sixpack.

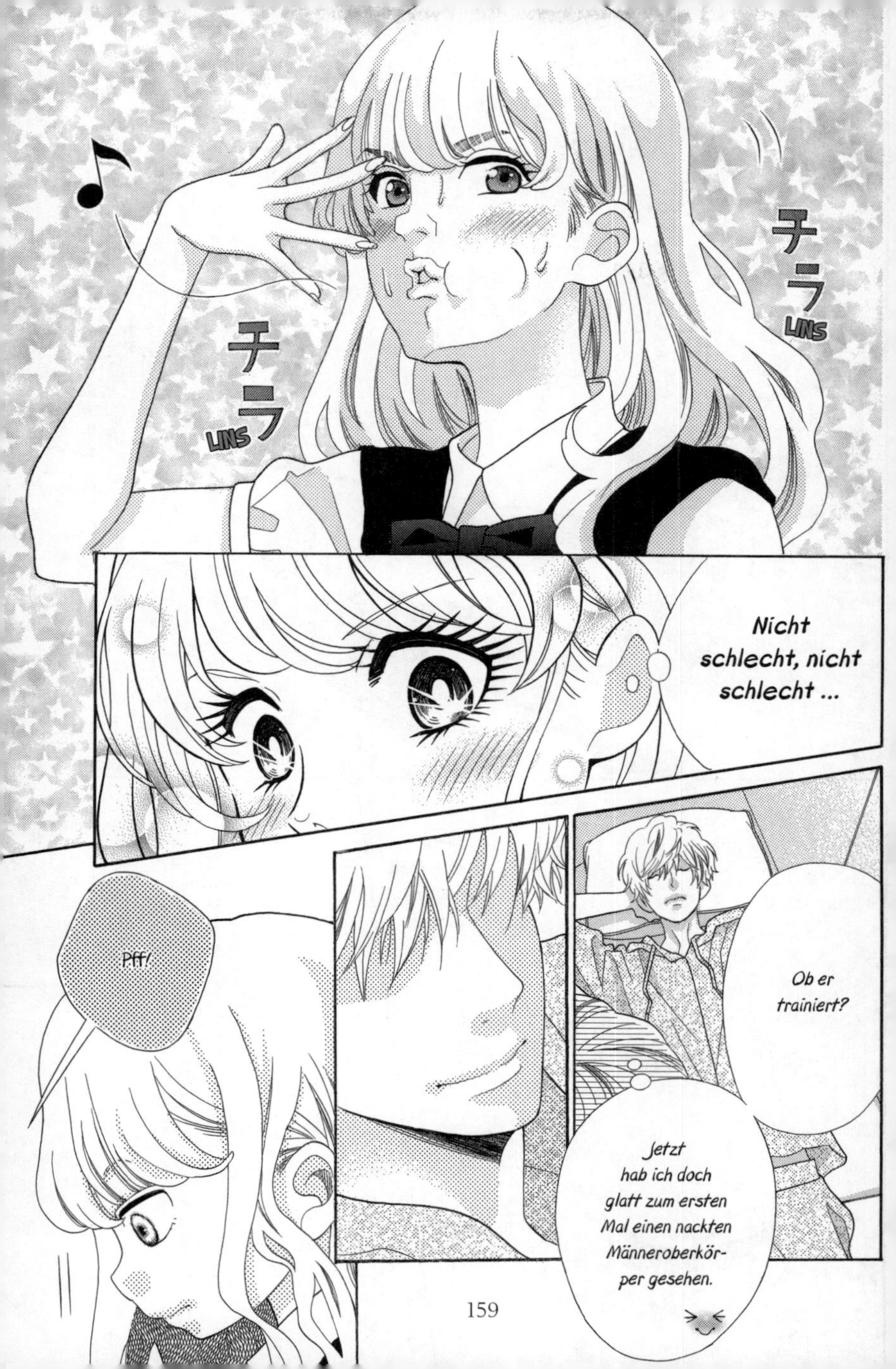
チラ
LINS
チラ
LINS
Nicht schlecht, nicht schlecht ...
Ob er trainiert?
Jetzt hab ich doch glatt zum ersten Mal einen nackten Männeroberkörper gesehen.
Pff!

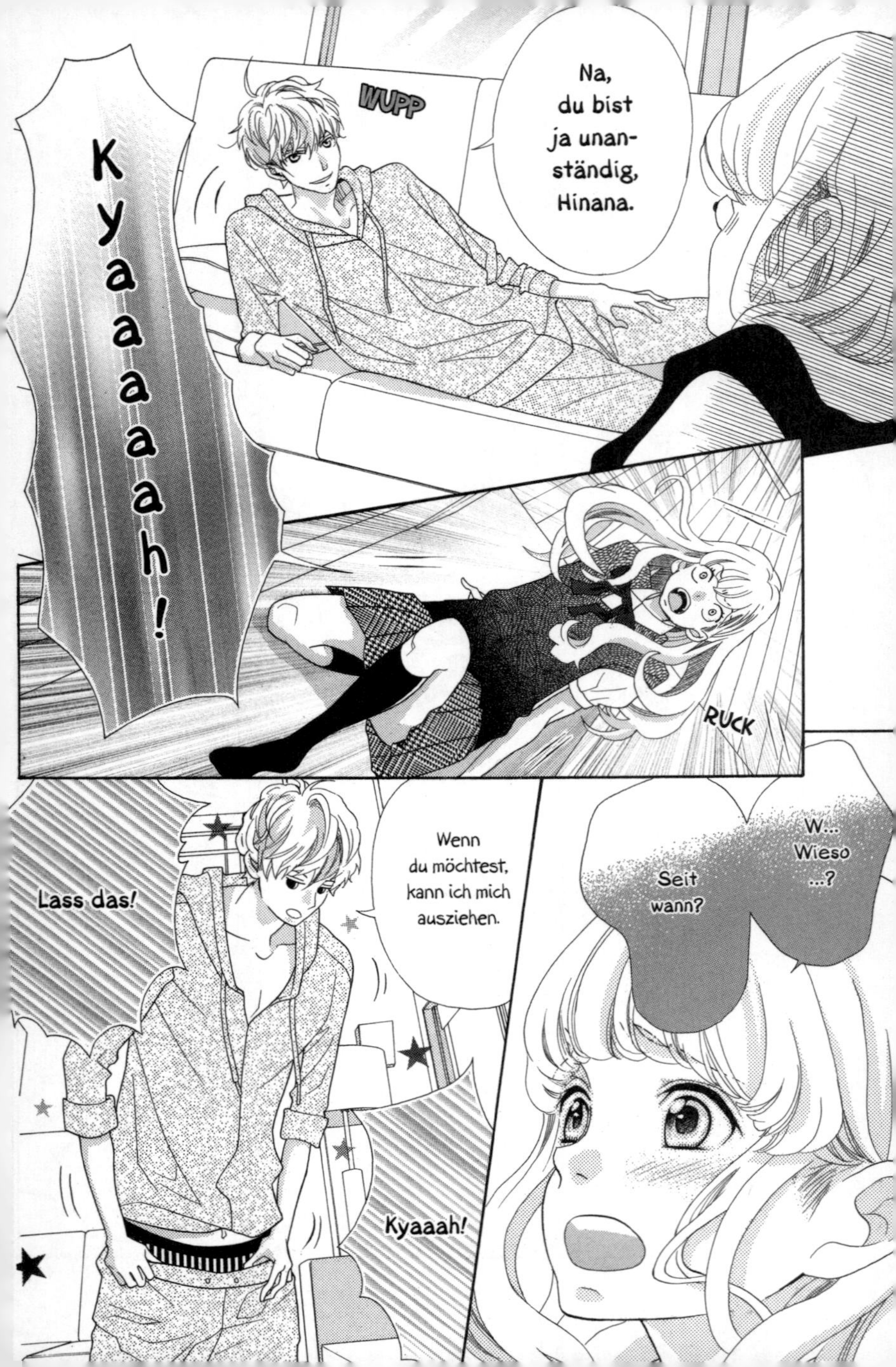
Na, du bist ja unanständig, Hinana.
WUPP
Kyaaaaah!
RUCK
W... Wieso ...?
Seit wann?
Wenn du möchtest, kann ich mich ausziehen.
Lass das!
Kyaaah!

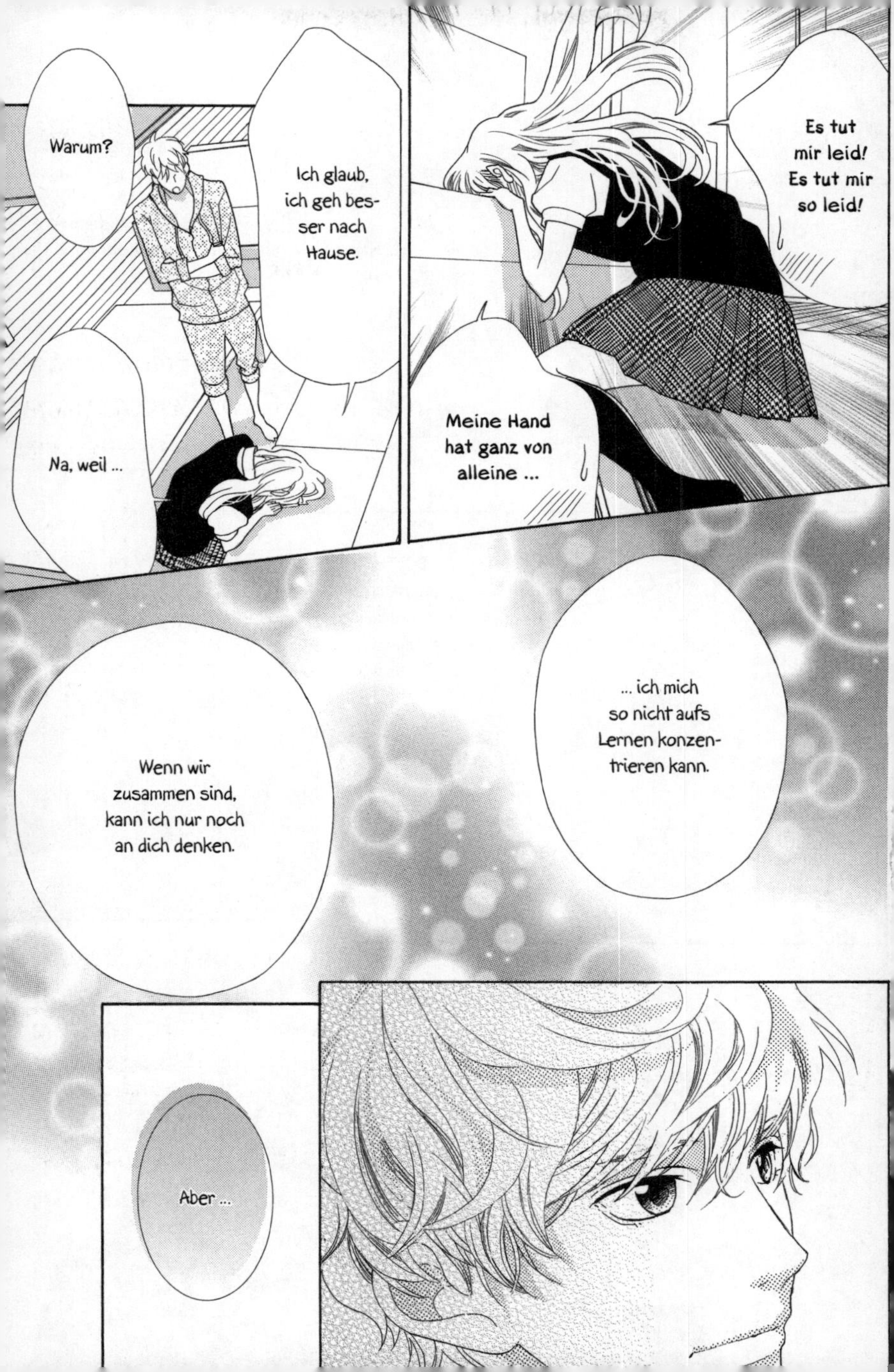
Es tut mir leid! Es tut mir so leid!
Meine Hand hat ganz von alleine ...
Ich glaub, ich geh besser nach Hause.
Warum?
Na, weil ...
... ich mich so nicht aufs Lernen konzentrieren kann.
Wenn wir zusammen sind, kann ich nur noch an dich denken.
Aber ...

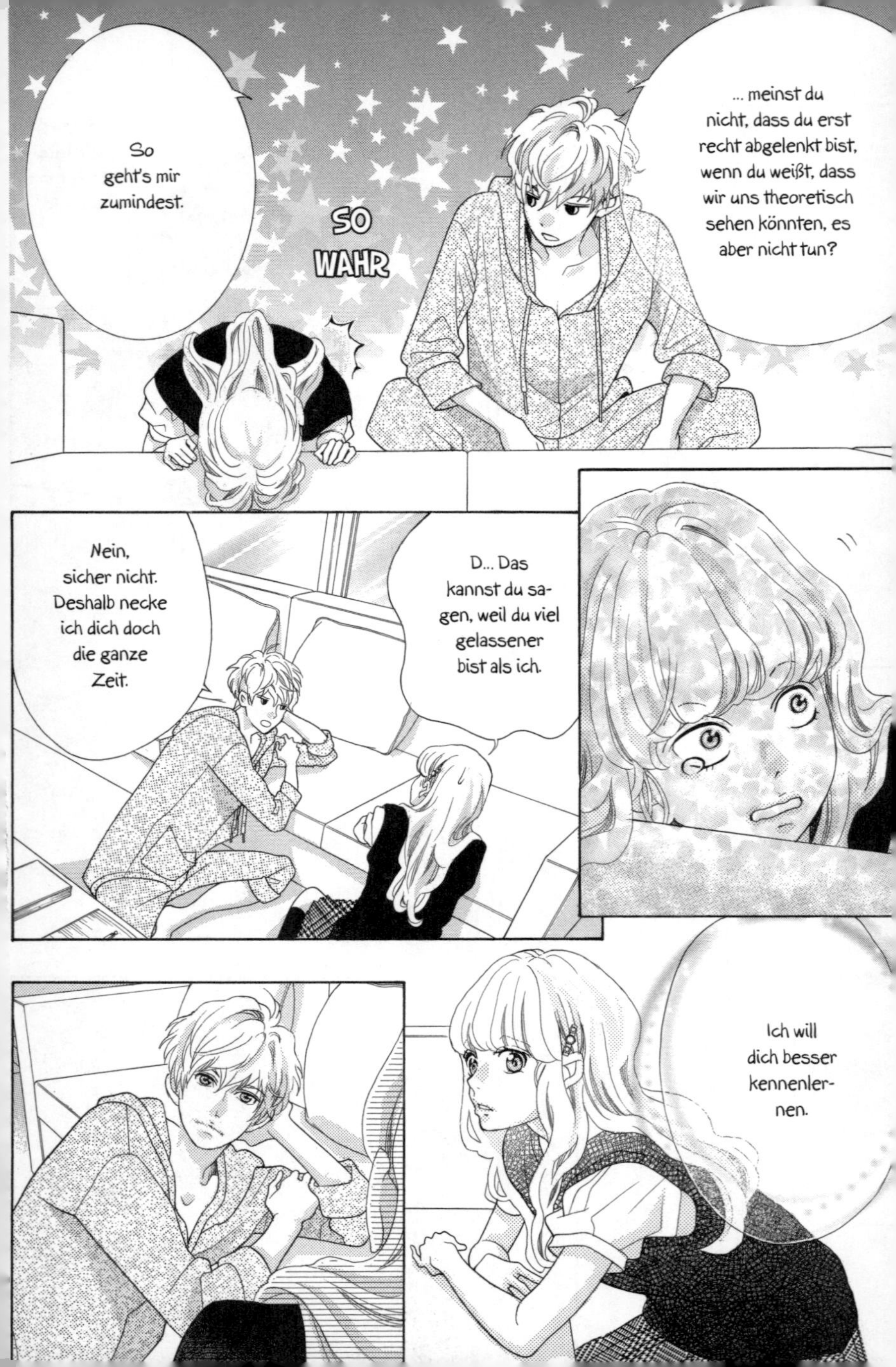
... meinst du nicht, dass du erst recht abgelenkt bist, wenn du weißt, dass wir uns theoretisch sehen könnten, es aber nicht tun?
SO WAHR
So geht's mir zumindest.
D... Das kannst du sagen, weil du viel gelassener bist als ich.
Nein, sicher nicht. Deshalb necke ich dich doch die ganze Zeit.
Ich will dich besser kennenlernen.

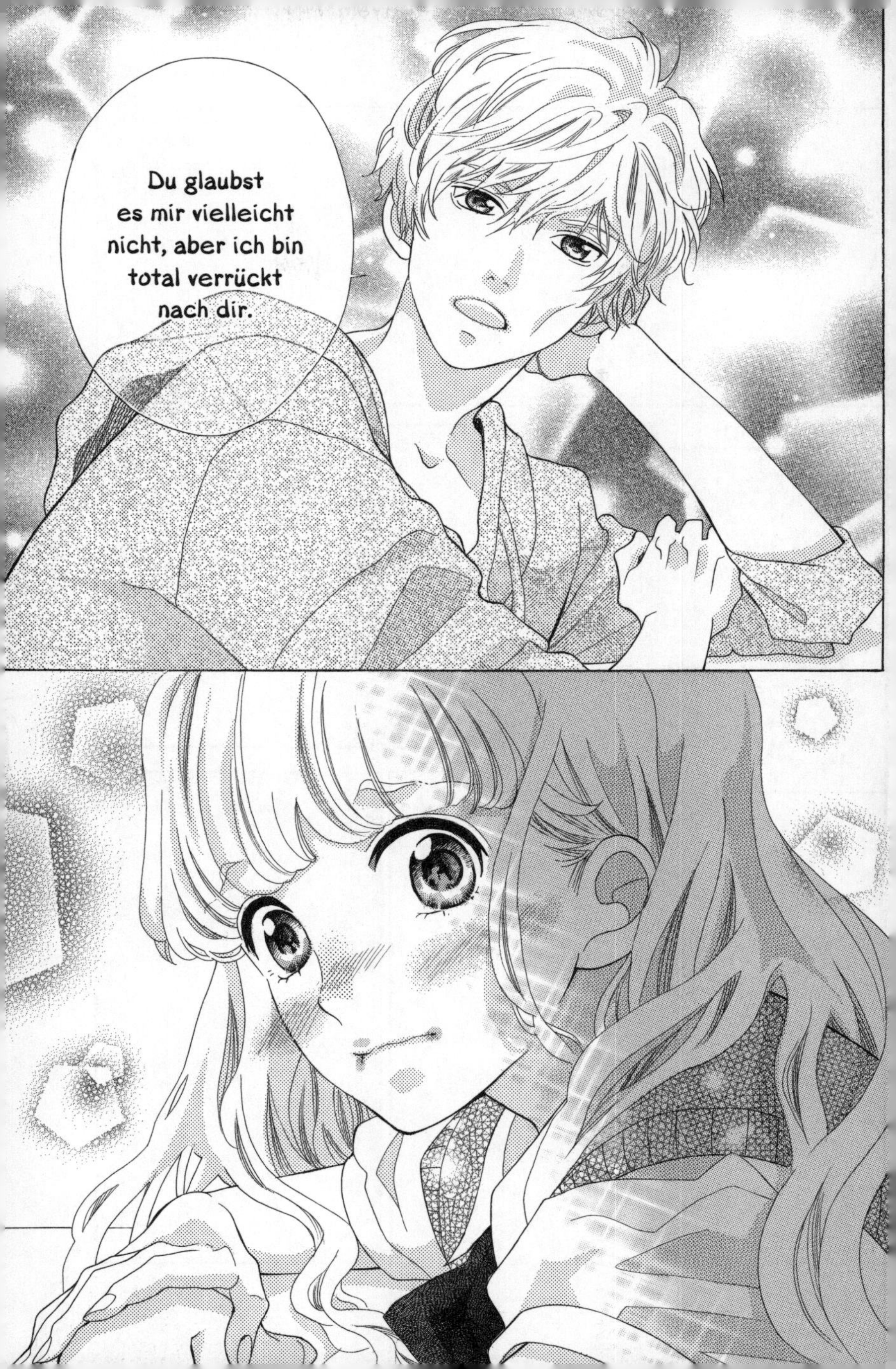
Du glaubst es mir vielleicht nicht, aber ich bin total verrückt nach dir.

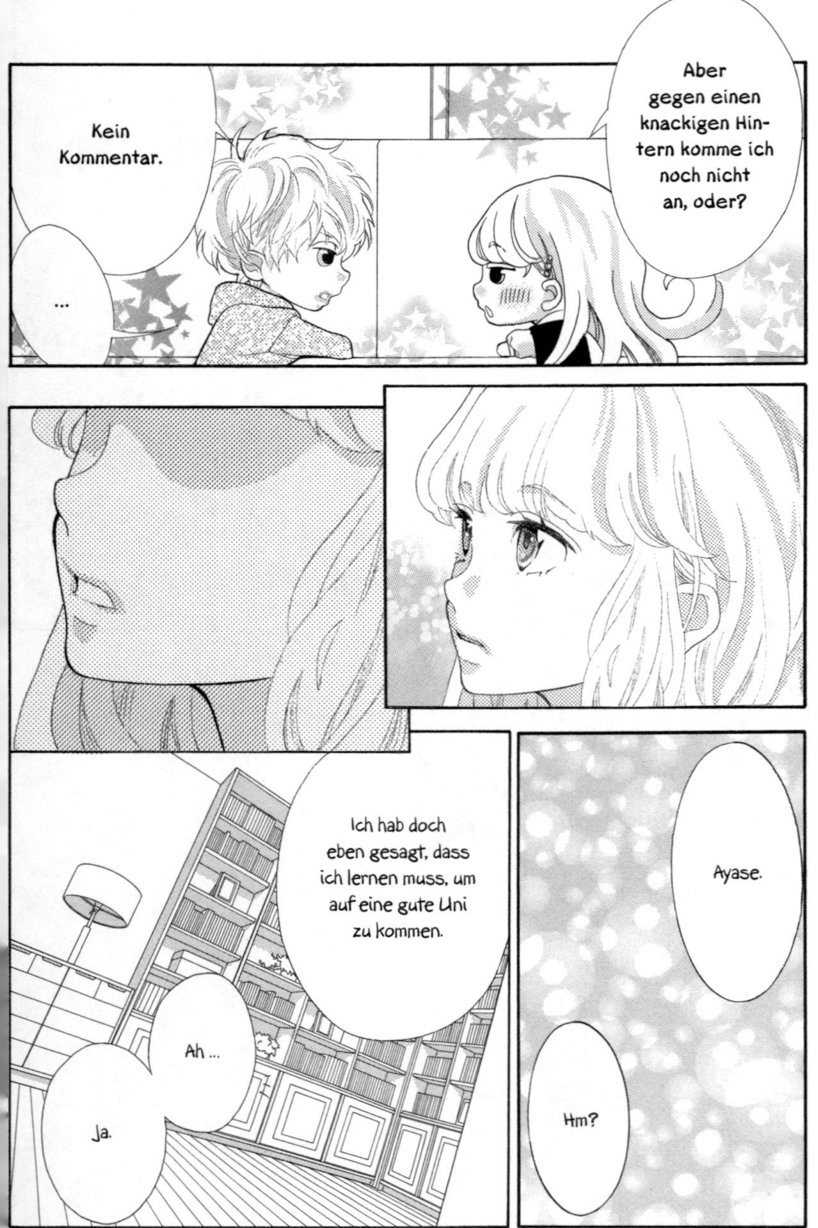
Aber gegen einen knackigen Hintern komme ich noch nicht an, oder?
Kein Kommentar.
...
Ayase.
Hm?
Ich hab doch eben gesagt, dass ich lernen muss, um auf eine gute Uni zu kommen.
Ah ...
Ja.

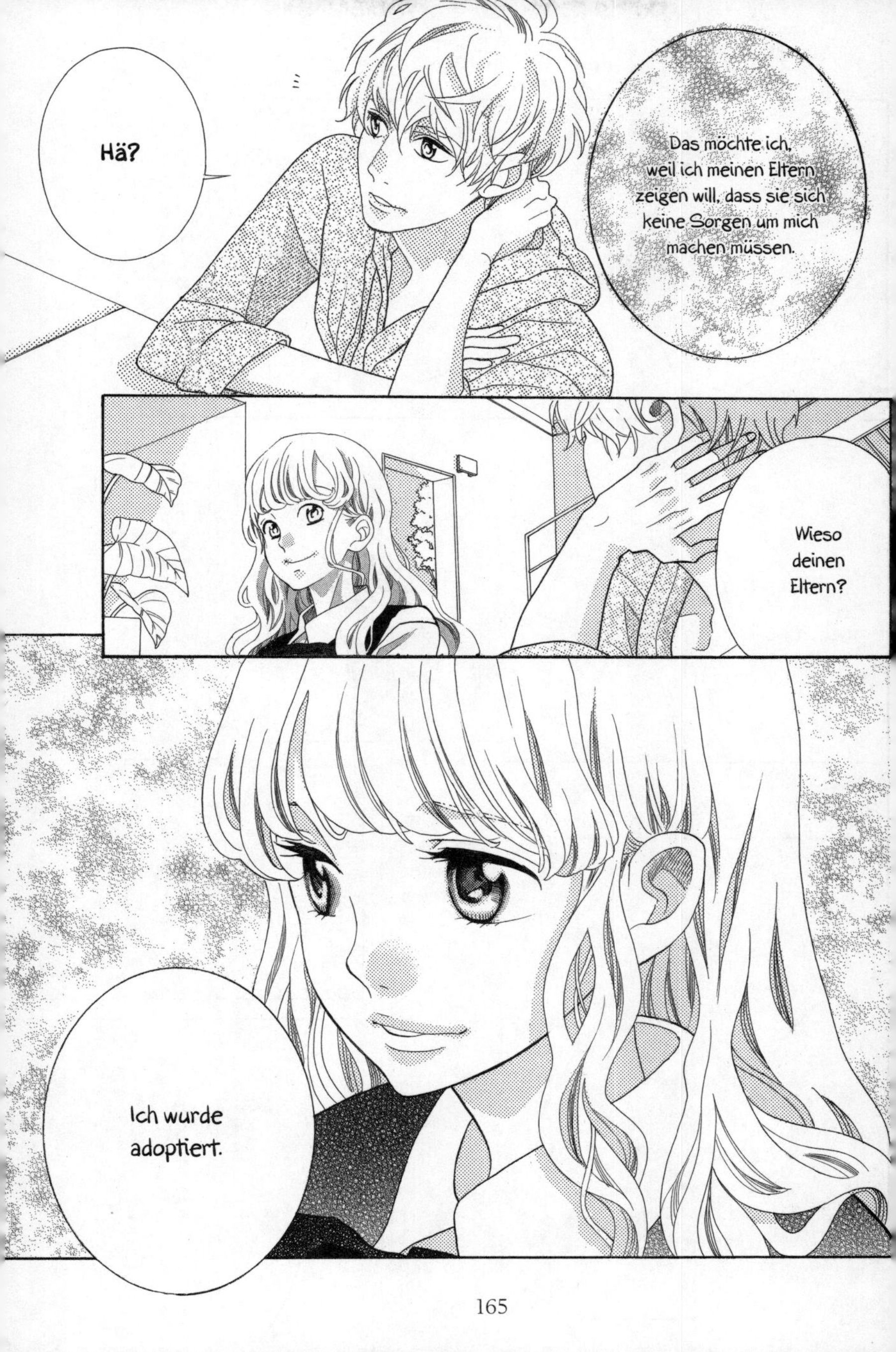
Das möchte ich, weil ich meinen Eltern zeigen will, dass sie sich keine Sorgen um mich machen müssen.
Hä?
Wieso deinen Eltern?
Ich wurde adoptiert.

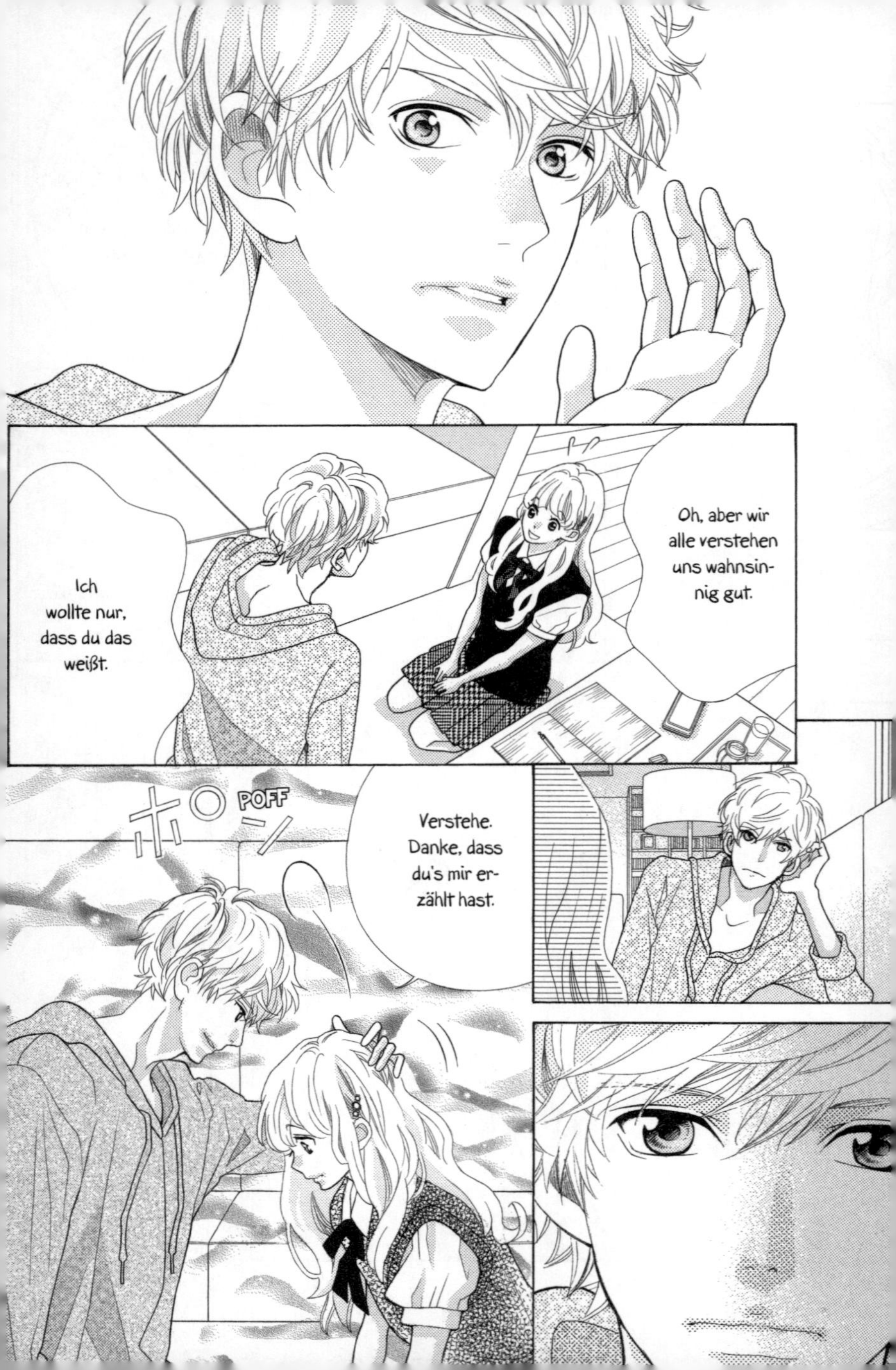
Oh, aber wir alle verstehen uns wahnsinnig gut.
Ich wollte nur, dass du das weißt.
POFF
Verstehe. Danke, dass du's mir erzählt hast.

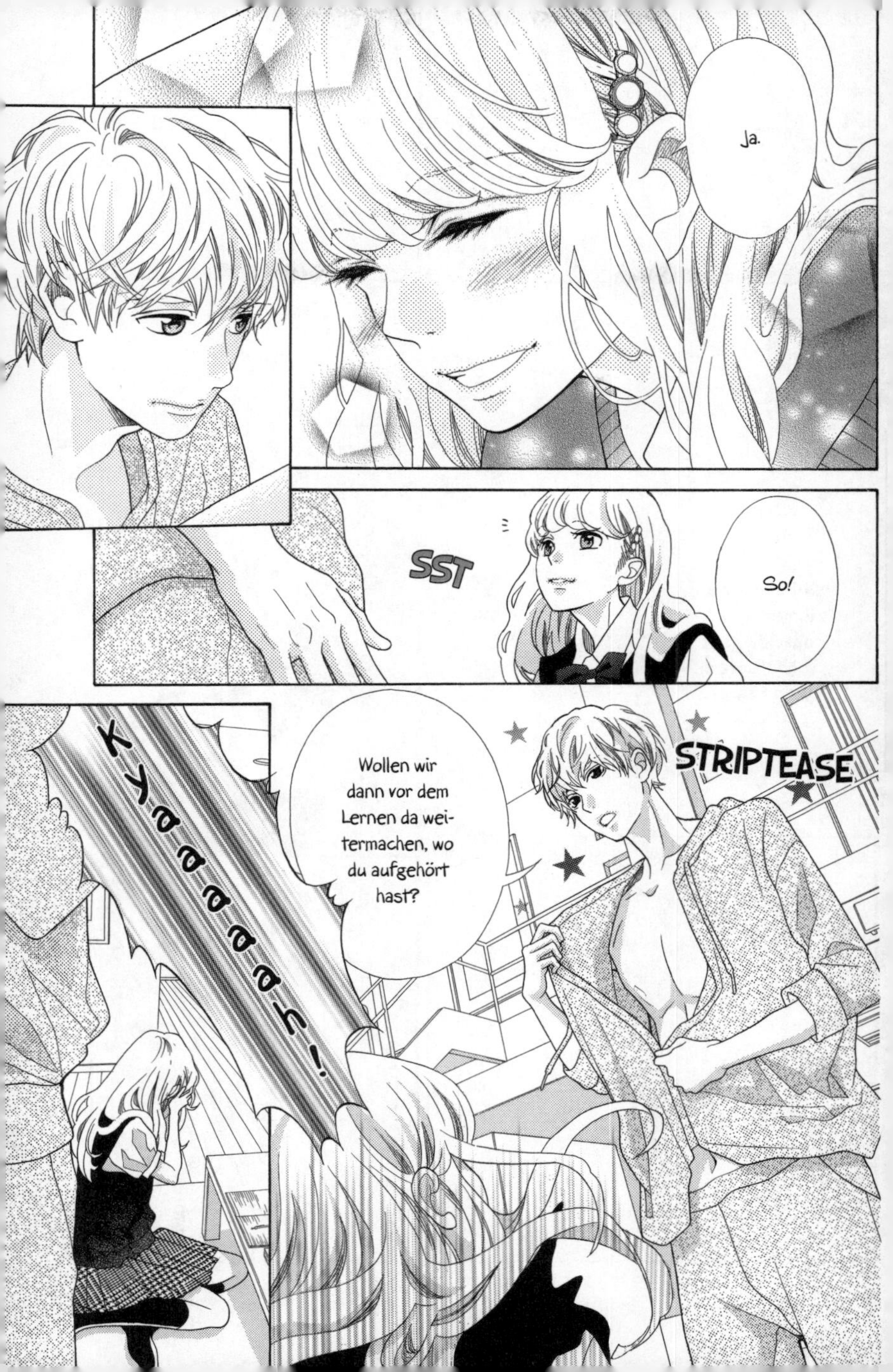
Ja.
So!
SST
Wollen wir dann vor dem Lernen da weitermachen, wo du aufgehört hast?
STRIPTEASE
Kyaaaaaaah!!

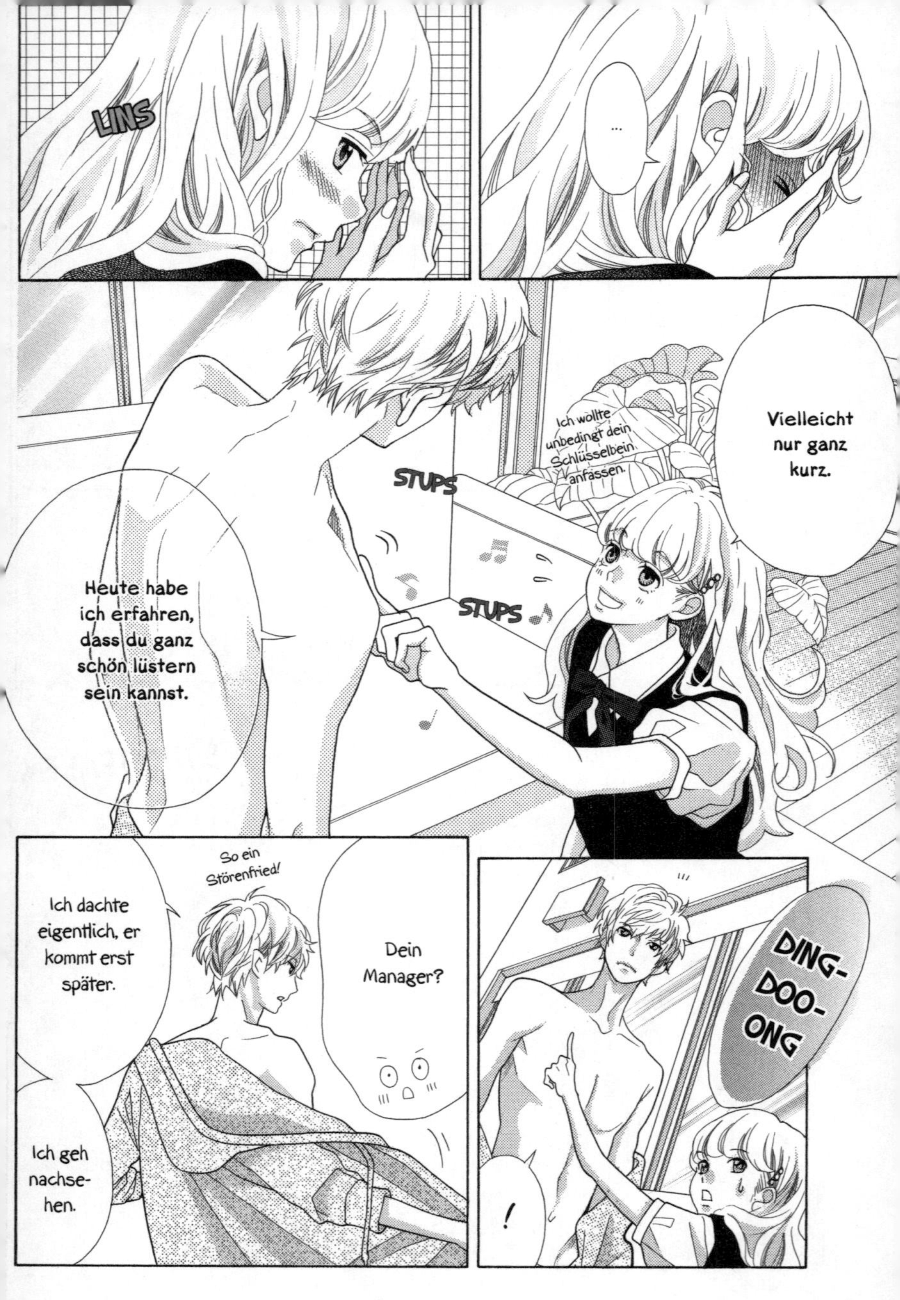
...
LINS
Vielleicht nur ganz kurz.
Ich wollte unbedingt dein Schlüsselbein anfassen.
STUPS
STUPS
Heute habe ich erfahren, dass du ganz schön lüstern sein kannst.
DING-DOO-ONG
!
Dein Manager?
So ein Störenfried!
Ich dachte eigentlich, er kommt erst später.
Ich geh nachsehen.

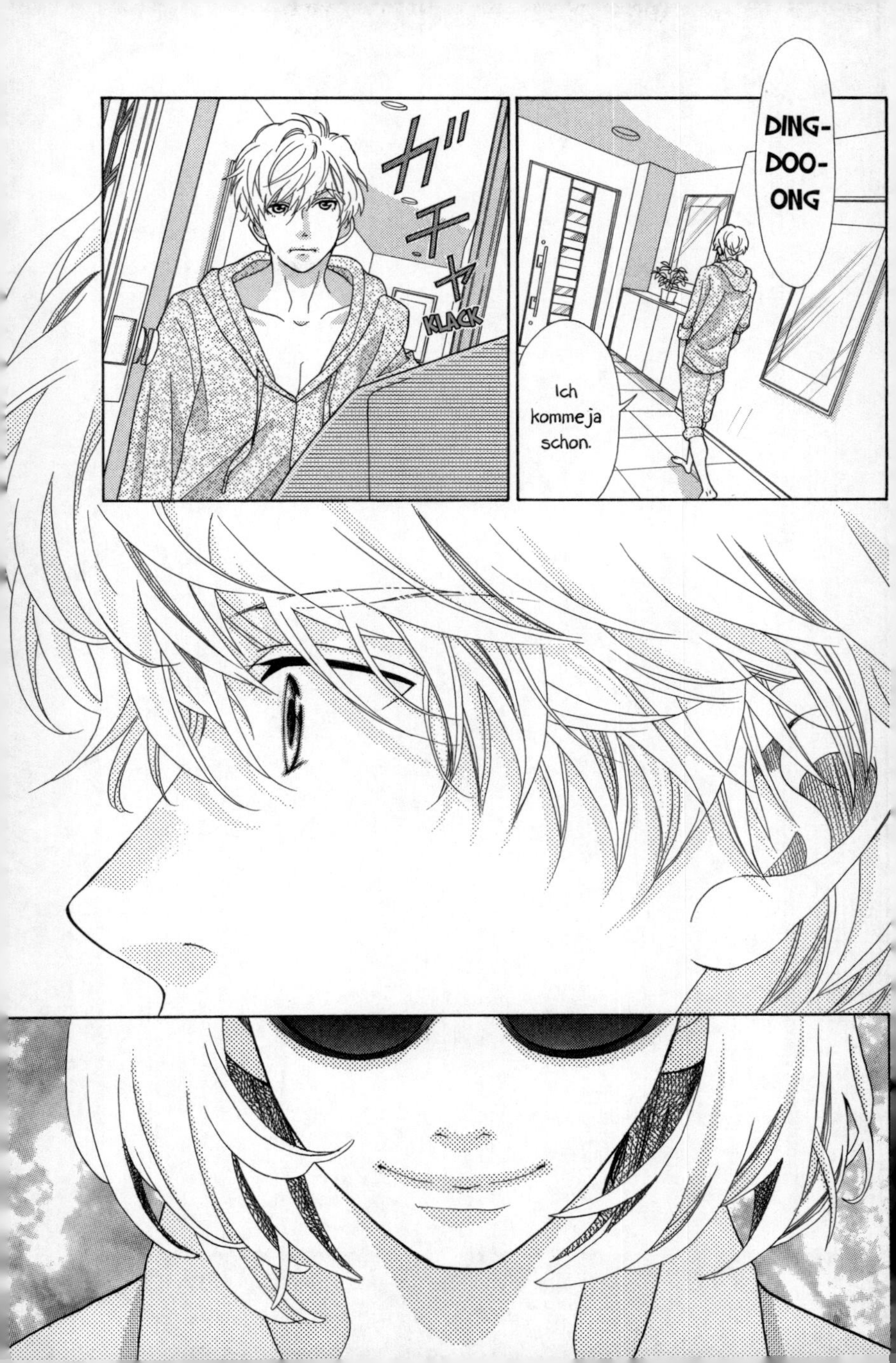

DING-DOO-ONG
Ich komme ja schon.
ガチャ
KLACK

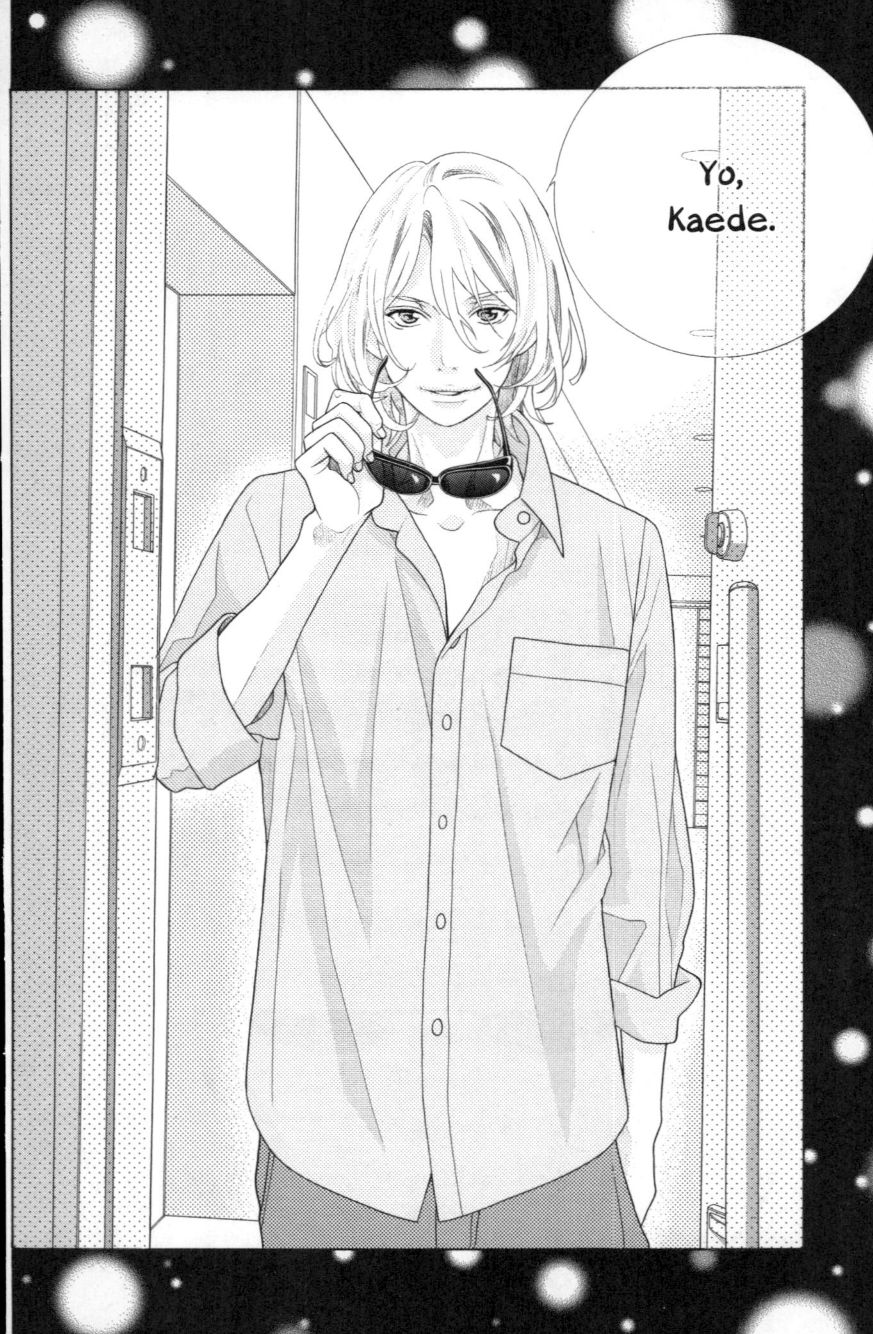
Yo, Kaede.

Fortsetzung folgt

Nachwort

Hallo zusammen! Vielen Dank, dass ihr Band 2 gelesen habt. Ich hoffe, ihr hattet Spaß dabei.

Nachdem Band 1 erschienen ist, habe ich einige Briefe mit Vermutungen erhalten, wer die Inspiration für Kaede war. Aber ehrlich gesagt, gibt es keine. Ich persönlich habe einen Mix aus zwei Personen im Kopf, aber die sind als Vorlage viel zu würdevoll. Es sind einfach meine persönlichen Vorstellungen, die ich geheim halten werde. Funny bone ist nun auch vorgekommen. Auch für sie gibt es keine konkreten Vorbilder.

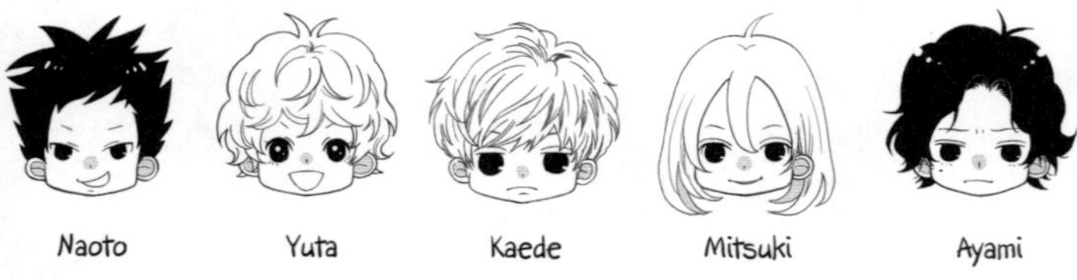

(Naoto ist der Einzige, der namentlich noch nicht genannt wurde, weshalb ich ihn hier erwähne.)

Wie die alle miteinander verbunden sind und wie es mit ihnen weitergeht, werde ich à la Trial and Error ausprobieren. Aber ich werde sicher viel Spaß dabei haben!

Hoffentlich sehen wir uns in Band 3 wieder.

November 2015
Rin Mikimoto
twitter→@rinmikirin

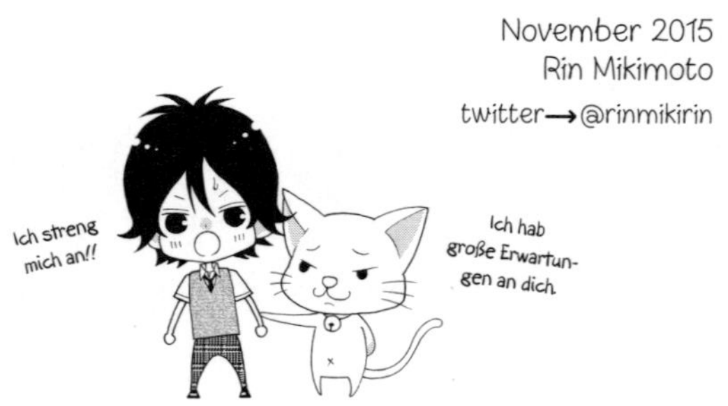

Special thanx

S. Sato

H. Saijyo

M. Kawai

M. Takayashiki

K. Kaneko

Dem gesamten Personal

Allen aus der Redaktion

Horiuchi-sama

Morita

Saiki

arcoinc Kusume

& U

I LOVE YOU

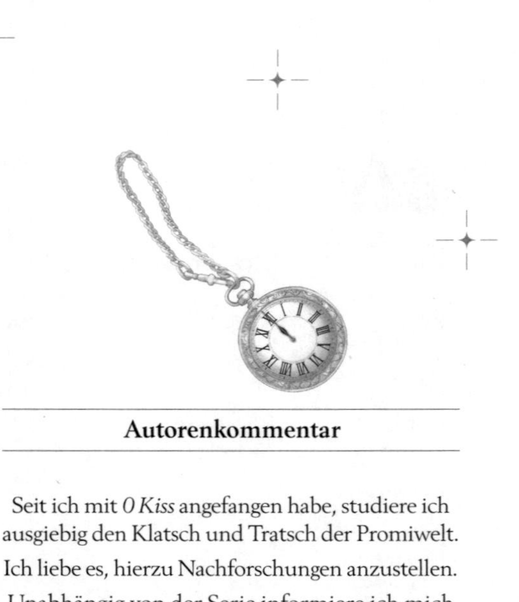

Autorenkommentar

Seit ich mit *0 Kiss* angefangen habe, studiere ich ausgiebig den Klatsch und Tratsch der Promiwelt.

Ich liebe es, hierzu Nachforschungen anzustellen.

Unabhängig von der Serie informiere ich mich momentan auch über Insekten.

Nichts Anspruchsvolles, aber eine Freude, die ich mir öfter vor dem Schlafengehen gönne.

Viel Spaß mit Band 2!

Rin Mikimoto

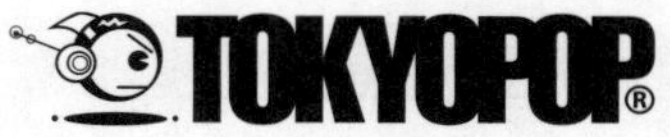

TOKYOPOP GmbH
Hamburg

TOKYOPOP
1. Auflage, 2018
Deutsche Ausgabe/German Edition

Aus dem Japanischen von Hana Rude

First published in Japan in 2015 by Kodansha Ltd., Tokyo.
Publication rights for this German edition arranged through Kodansha Ltd.

Redaktion: Simone Meinecke
Lettering: Vibrraant Publishing Studio
Herstellung: Stephanie Gieck
Druck und buchbinderische Verarbeitung:
CPI–Clausen & Bosse GmbH, Leck
Printed in Germany

ISBN 978-3-8420-4093-9

www.tokyopop.de

EIN FREUND FÜR NANOKA – NANOKANOKARE –

Miyoshi Tomori / Saro Tekkotsu

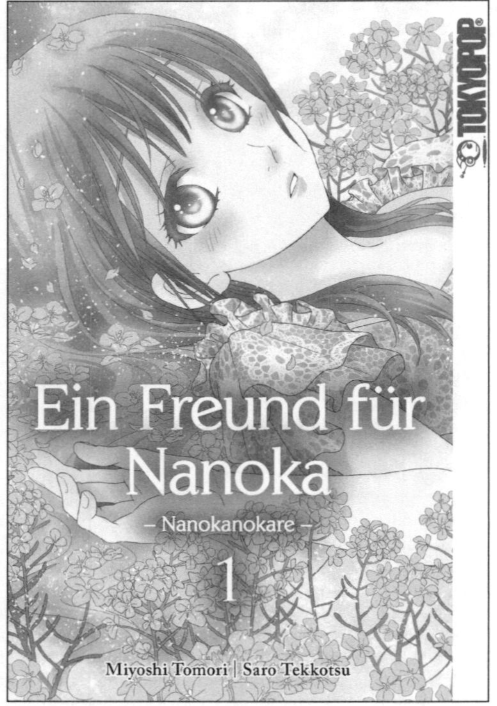

Eine Geschichte über die Macht der Liebe

Aufgrund einer schlechten Erfahrung kann Nanoka sich nur schwer verlieben. Doch als sie zufällig das Gespräch eines Jungen und seiner Freunde mit anhört, macht sie ihm, Hayata, spontan ein Liebesgeständnis, bevor sie überhaupt sein Gesicht gesehen hat! Obwohl sie zurückgewiesen wird, muss Nanoka unbedingt herausfinden, was sie so an Hayata fasziniert ...

MEIN GÖTTLICHER VEREHRER

Keiko Sakano

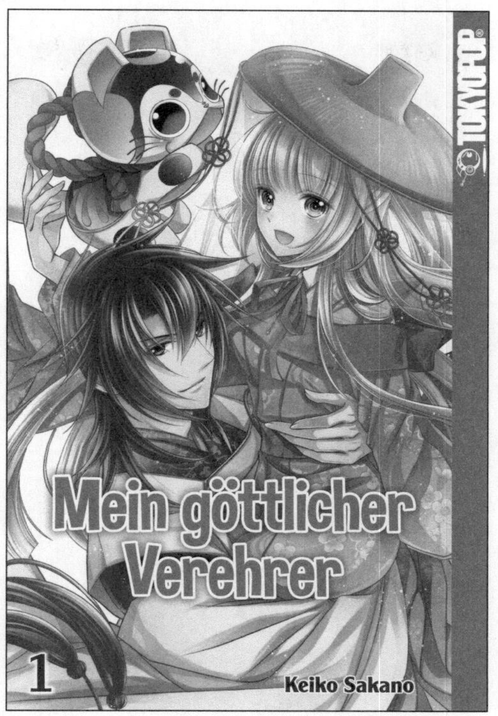

Mein Gott und Ehemann

Trotz ihrer 16 Jahre sieht Amane aus wie ein kleines Mädchen. Darum besucht sie einen Schrein, um bei der dortigen Gottheit für die Lösung ihres Problems zu bitten. Tatsächlich erscheint der Gott auch und verpasst Amane ihre ursprüngliche Gestalt, verlangt von ihr aber die Einlösung eines Versprechens, das sie als kleines Kind gegeben hat: seine Frau zu werden! Und schon steckt Amane im größten Schlamassel ihres Lebens ...

MIRACLES OF LOVE – NIMM DEIN SCHICKSAL IN DIE HAND

Io Sakisaka

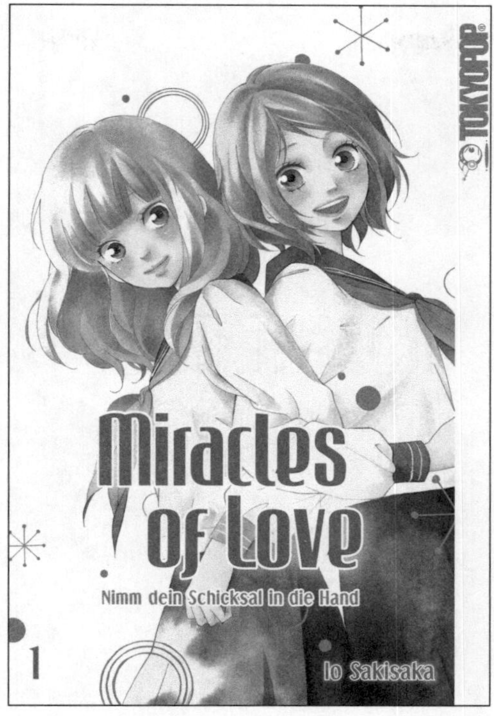

Liebe in all ihren Farben

Obwohl sie völlig unterschiedliche Ansichten zum Thema Liebe haben, freunden sich die verträumte Yuna und die realistische Akari an. Yuna verliebt sich in Akaris attraktiven Bruder Rio. Doch Akari rät ihr von Rio ab und bringt stattdessen Yunas Sandkastenfreund Kazuomi ins Spiel. Aber für Yuna muss die Liebe sie wie ein Blitz aus heiterem Himmel treffen. Außerdem scheint sich Akari Kazuomi anzunähern ...

NOAH!

Yuka Shibano

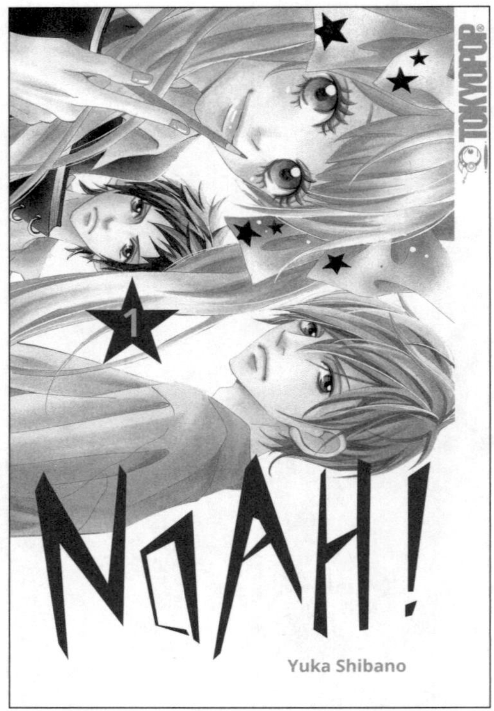

Ist es Liebe oder nicht ...?

Gleich zu Schuljahresbeginn an der Elite-Highschool St. Linière bittet Neuling Noa vor aller Augen ihr großes Idol Rei Aso, ihn malen zu dürfen. Doch die Angelegenheit endet in einem Desaster! Noa ist ganz niedergeschlagen bei dem Gedanken, dass Aso sie hassen könnte. Und noch verwirrter ist sie, als sie auch gute Seiten an ihm entdeckt. Irgendwie wird sie aus ihm nicht schlau ...

ZU JUNG FÜR DIE LIEBE?

Kanan Minami

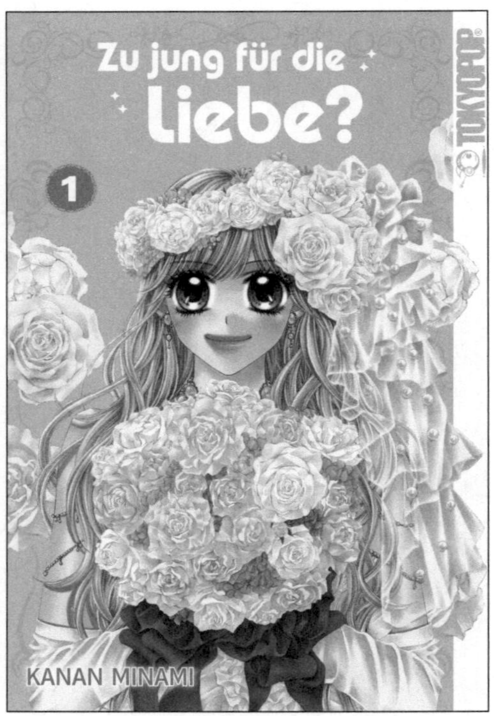

Liebesglück mit Hindernissen!

Die verwöhnte Karin soll mit zarten sechzehn einen Freund der Familie heiraten! Als sie erfährt, dass es sich um den gut aussehenden Nao Tsurugi, den Mädchenschwarm der Schule, handelt, willigt sie aber schnell in die Hochzeit ein. Doch bald danach ist Naos Freundlichkeit verschwunden und Karins Leben hat nichts mehr damit zu tun, was sie sich vorgestellt hat ...

DEAR BROTHER!

Maki Enjoji

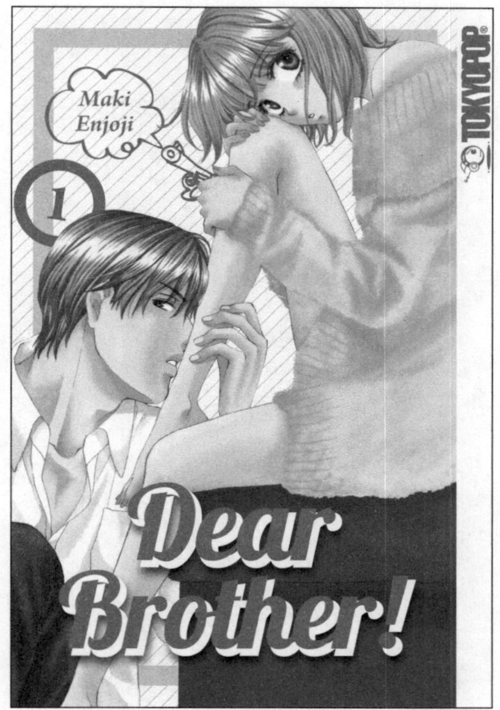

Familienbande und andere Katastrophen

Anlässlich ihrer bevorstehenden Hochzeit nimmt Momo Komatsu Kontakt mit ihren Brüdern auf, die sie seit dem Tod ihres Vaters vor fünfzehn Jahren nicht mehr gesehen hat. Allerdings sorgen diese schnell dafür, dass die Verlobung platzt, da sich Momos Zukünftiger einiges zuschulden hat kommen lassen. Nach und nach ziehen die drei Brüder wieder zu Momo ins Elternhaus zurück und wirbeln ihren Alltag gehörig durcheinander ...

MEINE WUNDERBAREN BRÜDER

Yuki Shiraishi

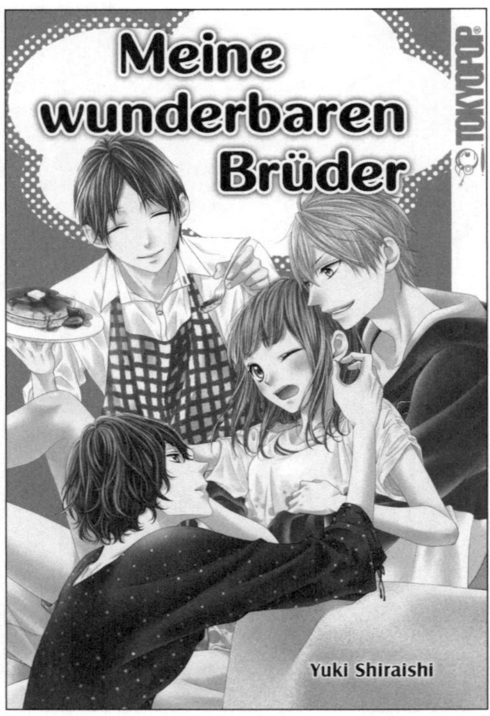

Wie zwischen drei schillernden weißen Schwänen …

Ayumus ältere Brüder Sou, Daichi und Yuto sind fürsorgliche, gut aussehende Jungs und starke Persönlichkeiten. Die drei bedeuten ihr sehr viel, doch neben ihnen fühlt sie sich wie ein minderwertiges hässliches Entlein. Ihre Brüder versuchen sie vom Gegenteil zu überzeugen, aber die Frage, warum sie so anders ist als sie, lässt sie nicht los.

IM BANN DER SCHLANGE

Yuki Shiraishi

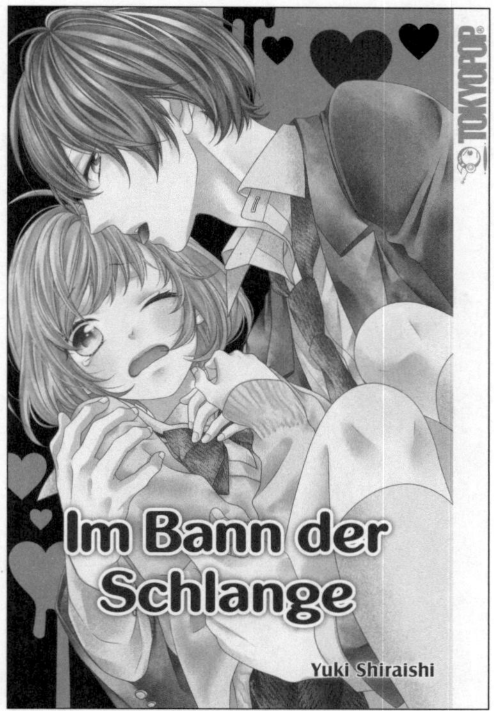

Ein romantisches Katz-und-Maus-Spiel

Für Chika bedeutet der Wechsel an die Highschool, endlich ein ganz normaler Teenager zu sein. Denn schon seit ihrer Kindheit kümmert sie sich pausenlos um ihren sonderbaren Nachbarn Nishiki, dessen Vater die Firma gehört, für die Chikas Vater arbeitet. In seiner Gegenwart fühlt sich Chika wie ein Hamster, der in die Fänge einer Schlange geraten ist. Um ihm zu entkommen, hat sie sich heimlich an einer anderen Highschool angemeldet. Doch Nishiki hat nicht vor, sie einfach gehen zu lassen ...

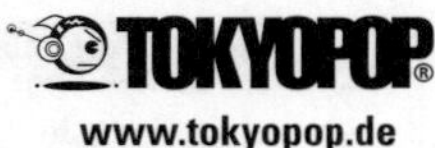

www.tokyopop.de

FESSELN DER LIEBE

Yuki Shiraishi

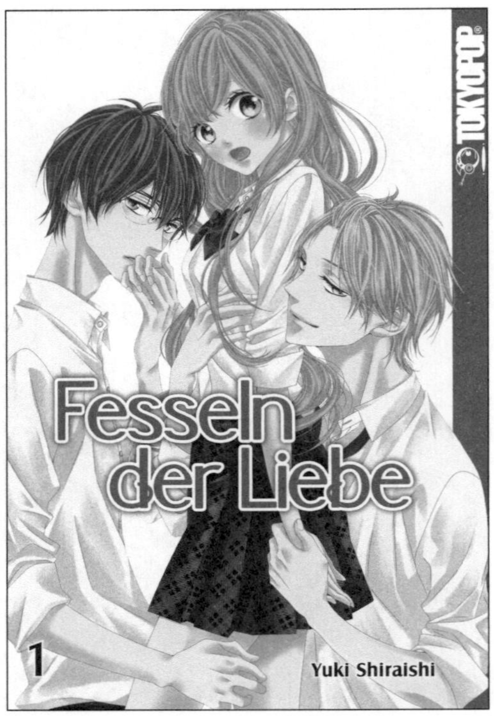

Gefangen von deinem Lächeln

Nach zehn Jahren trifft Yori seine Jugendfreunde Shizuku und Subaru wieder, mit denen er als Kind die Schauspielschule besucht hat. Die beiden haben sich mittlerweile im Showbusiness einen Namen gemacht. Vor allem die hübsche Shizuku drängt Yori, sich auch in diesem Metier zu etablieren. Doch der glaubt, total untalentiert zu sein. Shizukus Lächeln kann er allerdings nicht widerstehen ...

LION AND BRIDE

Mika Sakurano

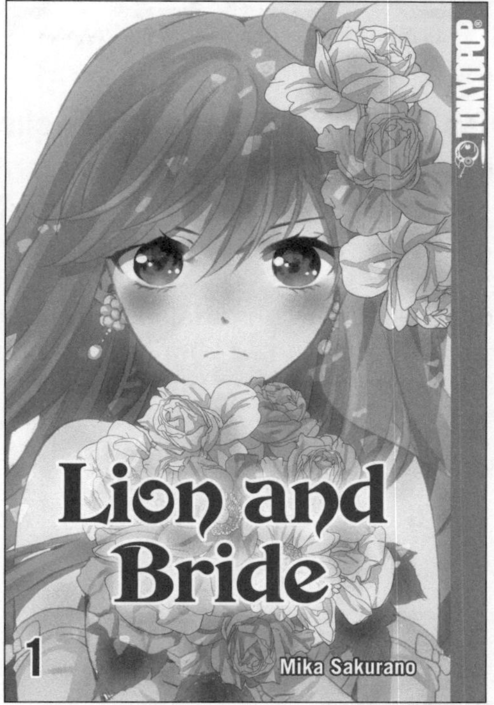

Schülerin, Ehefrau … Mutter?!

Yua und ihr Lehrer Ryota sind unsterblich ineinander verliebt. Da die beiden schon länger von einer gemeinsamen Familie träumen, geben sie sich schließlich das Jawort und ziehen zusammen. Doch schon am ersten Tag als frischgebackenes Ehepaar gesteht Ryota seiner Frau, dass er einen Sohn hat. Und der ist ausgerechnet ein Klassenkamerad von Yua …

STOPP!

Dies ist die letzte Seite des Buches!
Du willst dir doch nicht den Spaß verderben und das Ende zuerst lesen, oder?

Um die Geschichte unverfälscht und originalgetreu mitverfolgen zu können, musst du es wie die Japaner machen und von rechts nach links lesen. Deshalb schnell das Buch umdrehen und loslegen!

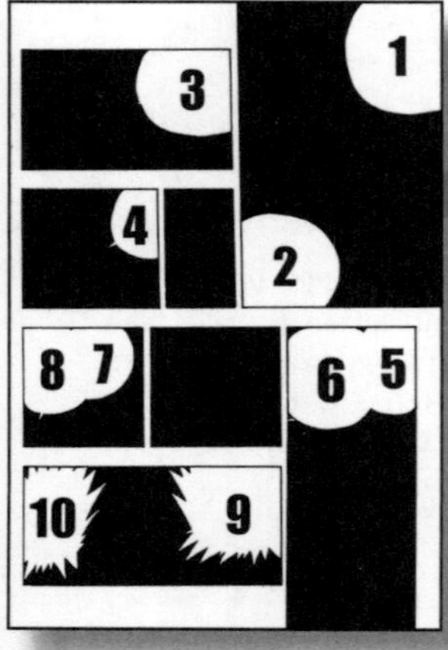

So geht's:

Wenn dies das erste Mal sein sollte, dass du einen Manga in den Händen hältst, kann dir die Grafik helfen, dich zurechtzufinden: Fang einfach oben rechts an zu lesen und arbeite dich nach unten links vor. Viel Spaß dabei wünscht dir TOKYOPOP®!